本书得到上海市哲学社会科学规划课题（2020EGJ001）的资助，特此致谢。

中国与全球治理丛书

丛书主编 苏长和

权力·话语·实践
全球治理深度变革的逻辑

余博闻 ◎ 著

上海人民出版社

丛书总序
为互联互通的世界探索更好的治理方案

为全球治理体系和全球治理能力的现代化提供一套共同价值规范、制度体系、政策网络、人力资源服务体系等,是中国和世界各国在21世纪共同面临的世界性难题。当今世界是一个互联互通的世界,一方面互联互通发展保持着强劲的势头,另一方面,阻碍互联互通的观念、制度乃至政策瓶颈依然存在。同时,世界在互联互通中出现许多从前没有遇到过的新问题。因此,追求更好的全球治理和国际秩序,成为现在以及今后很长时期各国需要面对的现实问题,这也为政治学、公共管理、国际法、国际关系理论的发展带来新的挑战和机遇。

基于这个考虑,我们组织了这套"中国与全球治理丛书"。这套丛书主要探索两大问题,一是事关全球治理体系的理论和实践问题,二是中国在全球治理体系建设中能够发挥什么样的作用。

全球治理体系的理论和实践问题非常广阔。就理论而言,较为迫切的问题是在构建全球治理体系的同时,如何处理好全球治理体系和国家治理体系的关系。以往的政治学理论要么只是一种国内政治理论,要么只是一种国际政治理论,两者分属两个政治系统,似乎还没有一种能够很好地将国内政治和国际关系贯通在一起的一般理论。现在,随着内外联动的加强,很有必要将两个政治系统打通。因此,在思忖全球治理体系建设的时候,需要更多地了解类型各异的国家治理体系,因为没有国家治理体系的支撑,全球治理体系必然如空中楼阁,而在建设有效的国家治理体系的时候,也必须要兼顾到全球治理体系,因为全球性问题长期不得其解,必然会对国家内部治理产生持久的负面影响。关于全球治理的理论议题还有很多,例如全球治理与主权理论发展、全球治理共同价值基础、国际制度体系的设计、全球治理和国际秩序建设等等，都是学界长期进行研究但是仍有进一步探讨空间的理论议题。

在实践领域，全球治理的议题非常广泛，大凡各国在国内治理中碰到的棘手问题，同样也会以跨国的方式表现在国际关系领域。只要我们将各国政府下属部门所对应要解决的问题逐一排列开来，就会发现这些问题开始越来越活跃在国际关系领域，例如法律、司法、安全、货币、经贸、税收、交通、卫生、水利、民政、民族、能源、环境、反腐、检疫检验、农林牧渔、文教、网络等等。所不同的是，国内治理体系中有一个有效的行政体系，然而全球治理体系中，国际行政体系一直阙如。这也正是全球公共议题治理的难点所在。上述几乎所有议题的治理一旦进入实践层面，都会提出政府间协调和政府国际合作效能的重要性。一些专业类国际组织在解决这类议题中的作用是不可替代也是不可忽视的。丛书中的一些作品在针对具体国际组织或者特定全球治理实践议题展开研究的时候，会从不同角度为我们带来关于全球治理体系组织能力的经验思考。

这套丛书还要关注中国与全球治理的关系。改革开放以来，中国与世界关系处于卯榫相合的状态，中国的发展离不开世界，世界的发展也离不开中国；今日的中国，比历史上任何时期都更加靠近世界舞台的中心。中国现在已经成为全球治理的参与者、管理者、贡献者，由此带来涉外事务、国际事务管理在我国国家治理中的比例迅速上升。可以说，中国既面临着国家治理体系和治理能力现代化建设的任务，同时也面临着在与外部世界互动中，与其他国家共同推进全球治理体系和治理能力现代化的任务，这两个任务是叠加在一起的。对于中国这样的新型大国来说，如果能够在这个根本性问题上探索出一条国家治理和全球治理合作共进的模式出来，将会极大地开拓政治学和国际关系新的领域，为人类对更好制度的探索提供来自中国的理论方案，从而推动人类政治文明和制度文明的进步。就此而言，在关于当今世界一些重大政治理论的思想竞争问题上，中外学者实际上处于同一思想起跑线上。这套丛书将格外重视和鼓励那些致力于在中外经验比较中打通国内治理的理论研究成果。

丛书既关注中国在具体全球议题治理中作用的研究,也关注中国的方式和经验总结研究;既重视中国同既有全球治理制度体系关系研究,更会突出中国在制度体系建设中的创造性作用研究。在中国参与全球治理进程中,一些前瞻性问题应该未雨绸缪。例如随着国家和全球两个治理体系互动的加强,各国政府的管理职能会延伸并交叉在国际领域中,中国也不例外。那些具备高效国际行动能力的政府,自然是未来全球治理的引领者,这也是中国着力构建适应全球性大国发展的国家治理体系的意义所在。就此而言,像全球治理人才培养、国际公共政策制定和实施、政府在国际上行动能力提升、与"一带一路"有关的地区治理、互联互通产品提供等等,都是值得探讨的新问题。

如何把世界组织起来,让世界变得更有序,可以说是国际关系学科长期思索的根本性问题之一,世界的互联互通更加提出回答这一问题的迫切性和必要性,这也是我们编辑出版这套"中国与全球治理丛书"的初心所在。复旦大学国际关系国家重点学科早在20世纪90年代就开始布局全球治理研究,目前形成了由若干个中心组成的中国与全球治理综合研究网络。这套丛书展现的并非只是复旦学者的成果,丛书是开放的,是不同学科围绕全球治理问题展开交流的一个思想平台,我们希望在中外学界朋友的帮助和支持下,共同办好这套丛书。

是为序。

苏长和

2017 年 4 月 22 日

于复旦大学文科楼

目 录

丛书总序　为互联互通的世界探索更好的治理方案……… 1

导言…………………………………………………………… 1

第一章　全球治理体系变革的层次差异………………… 8
　　第一节　全球治理的产生与发展………………… 8
　　第二节　全球治理中的权力、理念和方案……… 12
　　第三节　全球治理体系变革的层次差异………… 21
　　第四节　对全球治理变革的既有研究及其不足… 28

第二章　全球治理深度变革的复合动力………………… 41
　　第一节　强制性权力与全球治理变革…………… 41
　　第二节　话语互动与全球治理变革……………… 48
　　第三节　创新实践与全球治理变革……………… 53
　　第四节　三大变革动力的协同与全球治理深度变革…… 62
　　第五节　实证研究设计…………………………… 76

第三章　权力驱动的全球金融安全体系改革…………… 90
　　第一节　全球金融安全体系及其改革…………… 90
　　第二节　G20 推动全球金融安全体系改革的能力与局限
　　　　　　………………………………………………… 95
　　第三节　地区性金融安全合作对 IMF 的有限改革压力
　　　　　　………………………………………………… 105

本章小结 ·· 108

第四章　权力与话语驱动的国际知识产权规则变革 ············ 117
　　第一节　国际知识产权规则体系及其变革 ················· 117
　　第二节　自由贸易谈判与西式知识产权规则的初步扩散
　　　　　　·· 122
　　第三节　负面治理绩效、政策反思和规则制衡 ············ 125
　　本章小结 ·· 134

第五章　创新实践驱动的全球气候治理体系革新 ············ 144
　　第一节　全球气候治理体系及其革新 ······················ 144
　　第二节　创新实践与全球气候治理方案革新 ·············· 150
　　第三节　权威制约与全球气候治理方案革新的限度 ······ 164
　　本章小结 ·· 168

第六章　变革动力协同与国际发展合作体系深度变革 ······ 181
　　第一节　国际发展合作体系及其深度变革 ················ 181
　　第二节　外部批评与国际发展合作体系的有限改革 ······ 189
　　第三节　创新实践与非西方发展合作方案的建构 ········ 192
　　第四节　变革动力的协同与国际发展合作方案革新 ····· 199
　　本章小结 ·· 210

第七章　迈向新的全球治理 ······································ 225

参考文献 ··· 237

后记 ··· 265

导 言

今天的世界比以往任何时候都更需要有效且公道的全球治理。今天的世界比以往任何时候都呼唤全球治理深度变革。全球治理是国家、政府间组织、国际非政府组织、跨国社会运动、跨国公司、个人等多元行为体,开展跨国集体行动,建构国际规范、规则和具体政策,以解决全球性问题的进程。[1]在全球化高度发展、全球挑战层出不穷的今天,有效的全球治理已成为世界政治运转的基础。无论是在金融、贸易、发展这类与国家利益直接相关的领域,还是在环境、人权、跨国活动、公共卫生等涉及更普遍的人类福祉的领域,全球性问题的高度复杂性都使得单凭一国或几国的力量已无法有效应对人类所面对的共同挑战。全球性问题的解决迫切需要全球大多数国家,以及各类非国家行为体的通力合作。正因如此,今天的世界才有如此复杂的国际制度和规则体系、层出不穷的国际合作倡议、频繁的国际谈判,以及众多围绕全球治理开展活动的非国家行为体。全球治理也成为最重要的学术和政策议题之一。

全球治理不仅事关全球性问题的解决,也涉及如何分配全球公共物品的问题。与此同时,在解决全球性问题的过程中建构起的规范、规则和政策也会对各行为体产生约束或建构性影响。换言之,全球治理在解决问题、建构和维持秩序、创造新收益的同时,也可能造成一些人的利益遭受损失,或者未能满足一些人的合理关切。因此,理想的全球治理体系不仅应该有效,而且应该公道。[2]公道的全球治理应包含至少两个特点:其一,其决策过程应充分尊重多元行为体的参与权;其二,具体的规则和政策应体现多元利益和理念,并根据治理绩效和各方诉求进行动态调整。但是,现实情况与理想状态往往并不相同。全球治理具有高度政治性和非中性,能够成功塑造规范、规则并开发出具体政策的行为体往往只是少数,而这些"全球治理者"(global governors)能够将自己的意志注入全球治理体系之中,使全球治理反映他们的利益、理念和知识。[3]这将影响全球公共物品的分配,规制广大处于被治理地位的行为体的行动,并限制全球治理变革的灵活性。

当今的全球治理奠基于第二次世界大战(以下简称"二战")结束之后。在20世纪40年代末到21世纪初这段历史时期内,全球治理呈现出较明显的国家中心主义和西方中心主义特征,尽管这两大特征的表现程度因议题领域而异。一方面,国家——尤其是大国——长期主导全球治理体系的塑造和运行。二战后的世界秩序以国家主权为基础,国家授权是国际活动合法性的来源。因此,可以说今天我们熟知的大多数领域的全球治理活动最初都是由国家参与的国际谈判开启的。[4]另一方面,西方大国凭借其在物质资源、政治权力、外交能力、知识等方面的优势,在很多领域成为全球治理体系的塑造者。越是那些需要更多资源投入或统一治理模式的领域,西方大国的影响力往往就越大。比如,西方在全球金融治理、国际发展合作等领域长期占据主导地位,给这些领域的全球治理体系打上了深深的西方烙印。当然,并非所有议题领域的全球治理体系均由西方所垄断。发展中国家也能在一些领域(如贸易、气候等领域)以集体行动制衡西方的影响,从而使这些领域的规范、规则和政策呈现出一定程度的平衡性。

随着全球治理参与者的多元化、全球性问题的复杂化、全球治理中地方性(local)实践和知识的不断积累,[5]以及各行为体间分歧、矛盾和博弈的加剧,传统全球治理体系的有效性开始下降,变革全球治理的需求也日益上升。总的来说,当今的全球治理变革呈现出几个宏观趋势。第一,在一些具有高度复杂性的议题领域,针对国家中心主义治理体系的改革尝试开始出现。比如,在全球气候治理领域,非国家行为体正积极行动,不仅试图在多边气候制度建构过程中影响国家的决策,还努力在国家主导的多边谈判进程之外直接开展治理行动,尝试建构独立运转的跨国规则和政策体系。第二,随着非西方力量的增强,以中国、印度、巴西等为代表的发展中大国开始在金融、发展等传统上由西方主导的全球治理议题领域对西方的主导地位发起变革。第三,西方国家也并非总以反改革势力的面目出现。在一些发展中国家和发达国家的力量曾取得相对平衡的领域,西方大国也可能发起改革(甚至破坏)行动。比如,在贸易、文化、公共卫生等领域,美国为首的西方大国就正尝试通过绕开多边谈判的方式来推动相关治理规则和政策的变革。美国甚至会以退出、瘫痪国际制度相威胁,只为迫使相关制度或组织按其要求改变。第四,全球治理变革的目标也越发复杂化,人们已经不仅仅关注国际组织中的决策权分配问题,而是同等强调为全球治理提供新知识、新解决方案。[6]第五,推动全球治理变革的手段也不再仅限于围绕多边谈判的博弈。改革者开始大量运用新建平行制度、开展地方性治理创新和试验、革新全球治理知识体系等措施来推动全球治理变革。正是根据上述发展,阿米塔·阿查亚(Amativ Acharya)才提出美国中心的世界秩序将不可避免地让位于一个更多元化的体系。[7]

最近十几年来,全球治理变革问题已成为政学两界关注的焦点。2009年,金砖国家合作机制升级至峰会层次。此后,巴西、俄罗斯、印度、中国、南非和其他志同道合的发展中大国频频在国际场合发声,强调全球治理体系改革的必要性。联合国秘书长安东尼奥·古特雷斯(António Guterres)在2017年于迪拜举行的"世界首脑会议"上指出:"无论在国家层面、国家之间还是在多边机制中,全球治理都面临严重的信任危机,而改革对于重建信任至关重要。"[8]近年来,推动全球治理体系变革已经成为中国外交的重点。习近平主席在2017年提出,"引导国际社会共同塑造更加公正合理的国际新秩序"是中国的一项重要任务。[9]中国共产党第十九次全国代表大会报告也提出,中国将"积极参与全球治理体系改革和建设,不断贡献中国智慧和力量"[10]。中国共产党第十九届四中全会再次强调要"推动建构更加公正合理的国际治理体系"[11]。与政治层面强烈的改革诉求相呼应,学术界对全球治理变革问题也进行了广泛的研究。学者们对全球治理改革的必要性和大趋势、重要国际组织和国际制度的改革、全球治理宏观理念创新、新兴大国和西方大国的互动和博弈、中国在全球治理改革中所发挥的作用等问题进行了深入分析,产出了许多重要研究成果。

尽管已经有了许多学术积累,但既有研究对全球治理变革原理的认识仍有提升空间。首先,多数文献简单地将全球治理变革等同于发展中大国对西方中心主义体系的挑战,这虽然是全球治理变革的重要方面,但并不是问题的全部。如前文所言,由于一些议题领域的全球治理并非西方主导,西方大国也可能成为全球治理变革的推动力量。同时,非国家行为体也可能对国家中心主义的治理体系发起变革行动。因此,关于全球治理的变革进程中的变革推动者与保守势力究竟是哪些,需要具体议题具体分析。其次,全球治理体系变革也不仅仅是正式制度改革。诚然,全球治理的基础是规则和制度体系,但是,规则和制度并非全球治理体系的全部内容。如下一章将要详述的,若要理解一个全球治理体系的样貌,还需进一步观察决策权归属、宏观理念和治理方案三个层次。当我们观察到正式制度改革时,不应满足于大而化之地认为此项改革必然自动引发宏观理念或方案的调整。[12]再次,由于缺乏对全球治理体系多层次性的细致分析,既有研究未能厘清各层次之间的区别与联系。同时,由于未能细致分析全球治理变革可能出现的程度差异——即变革所达到的层次可能不同,既有文献也未能提出一套与全球治理变革的复杂结果相匹配的变革理论。

本书尝试达成三个主要目标。第一,本书将建构对全球治理变革问题的更系统理解,厘清决策权力分配、宏观理念和具体治理方案三个层次上全球治理变革的联系和区别，并将方案维度的全球治理变革概念化为"深度变革"。第二，在达成第一个目标的基础上，本书将详细讨论全球治理深度变革的政治逻辑。这里，笔者将权力博弈、话语互动和创新实践三个变革驱动机制结合起来，讨论三大变革动力的独特功能和局限，以及它们的不同组合方式对全球治理变革程度的影响。第三，为了充分展示综合性分析框架的解释力，本书将对全球金融安全网、国际知识产权规则体系、全球气候治理体系、国际发展合作体系四个典型的全球治理体系的变革进程进行比较分析。这四个案例分属不同领域，变革的推动者不同，且各领域内全球治理体系变革程度有别。对它们进行比较分析能够更好地展示本书分析框架的解释力，也能为关心相关现实问题的读者提供更多参考。

本书提出了两个主要学理观点。其一，全球治理变革可分为决策权调整、宏观理念（如国家中心主义、多边主义、自由主义、干预主义、二元对立思维方式这类抽象理念）变革，以及治理方案变革（即以新理念为基础，融合各类实用型知识，建构新的和可操作的成套规则和政策）三个层次。因为治理方案与实践关联最紧密，变革难度也最高，因此只有出现方案变革时才可视作出现了深度全球治理变革。其二，权力博弈、话语互动（主要是辩论和劝说）、创新实践（包括反思、创新和试验三个子过程）共同构成全球治理变革的复合动力系统。缺少其中某一项变革动力将影响全球治理变革的程度。其中，权力是变革的促进机制，缺少权力将使变革速度放缓、范围受限，但并不影响变革推进到宏观理念和方案维度。话语机制既可能推动宏观理念变革，也可能触及方案层次的变革，但其单独使用不能完成治理方案创新，也不能保证创新性方案的持续扩散。创新实践是治理方案创新的原动力，有积极实践绩效的方案将持续扩散，但在缺少话语和权力支持的情况下，其扩散进程将较为曲折。这一综合性分析框架将国际制度竞争理论、建构主义变革理论、马克思主义和西方社会学的实践论融合在一起。¹³该框架不但能够使我们更好地理解各类全球治理变革现象,也能为致力于推动全球治理变革的行动者提供参考。

本书接下来的内容共分为七章。第一章讨论全球治理的多层次性和全球治理变革的程度差异,并简要评析关于全球治理变革的既有研究。第二章在分别讨论权力博弈、话语互动、创新实践三大变革机制各自的变革效能和局限的基础上,提出关于全球治理变革的综合性分析框架。第三章到第六章为实证分析部分。第三章讨论二十国集团(以下简称G20)主导下的全球金融安全体系变革。本章提出,G20平台下的大国协调机制所能带来的全球金融安全网改革效果主要集中在正式制度层面——即国际货币基金组织(以下简称IMF)的决策权分配调整。由于IMF具有较高的自主性,加之地方性治理方案创新的缺失,全球金融安全体系改革未能达到方案层次。第四章分析美国和欧洲国家为代表的西方大国通过双边、诸边自由贸易谈判改革全球知识产权规则体系的尝试。本章发现,西方大国在已经拥有创新性知识产权治理方案的前提下,选择通过权力和话语机制推动其所青睐的规则的扩散。但是,由于相关规则在发展中国家的实践并不具有积极绩效,其扩散动能有衰减趋势,并开始受到来自发展中大国的制衡。第五章讨论全球气候治理的变革。本案例中的变革发起者是权威性相对较弱的非国家行为体或个别比较积极的国家。但是,这些行为体能够通过积极的治理方案创新和有效的治理实践来推动创新性气候治理方案的传播。当然,由于这类行为体并不具备充分政治权威,其所推动的全球治理变革虽然程度较深,但总有效果不稳定之隐忧。第六章讨论国际发展合作体系的深度变革。非西方国际发展合作方案的出现有赖于地方性创新实践和发展知识的不断积累。改革者在其治理方案已有良好绩效的前提下,又积极建构在发展领域的权威性,这对西方大国和传统国际发展合作方案构成竞争压力,迫使后者积极变革。第七章在总结全书的基础上,讨论本书对政策的启示和本书理论的延展性,并展望全球治理的未来发展趋势。

注释

1. 对全球治理定义的讨论,参见俞可平:《全球治理引论》,载《马克思主义与现实》2002 年第 1 期,第 25 页;James N. Rosenau, "Governance in the Twenty-First Century," *Global Governance*, Vol.1, No.1, 1995, p.13。

2. 习近平:《同舟共济克时艰,命运与共创未来——在博鳌亚洲论坛 2021 年年会开幕式上的视频主旨演讲》(单行本),人民出版社 2021 年版。

3. Deborah D. Avant, Martha Finnemore, and Susan K. Sell, *Who Governs the Globe*? Cambridge: Cambridge University Press, 2010, chapter 1. 从一般意义上讨论制度非中性的文献可参见张宇燕:《利益集团与制度非中性》,载《改革》1994 年第 2 期,第 98 页。

4. 对全球治理中国家权威地位的总结,参见 David A. Lake, "Rightful Rules: Authority, Order, and the Foundations of Global Governance," *International Studies Quarterly*, Vol.54, No.3, 2010, pp.587—613。当然,这篇文章是从批判的角度讨论"全球治理基于国家授权"这一观点的。

5. 本书在使用"地方性"概念时是针对"全球性"或"主流"的全球治理规范、规则、方案而言的。根据具体案例的情况,"地方"可以指单个国家(如新兴大国),可以指由数个国家构成的区域,也可以指非国家行为体。

6. 本书中的"国际组织"皆指政府间国际组织,不包括非政府组织。

7. Amitav Acharya, *The End of American World Order*, Cambridge and Medford: Polity, 2018.

8. 《联合国秘书长古特雷斯:全球治理需要改革以重建信任》,联合国新闻 2017 年 2 月 13 日, https://news.un.org/zh/story/2017/02/270702,访问时间:2022 年 8 月 16 日。

9. 《习近平主持召开国家安全工作座谈会强调　牢固树立认真贯彻总体国家安全观　开创新形势下国家安全工作新局面》,载《人民日报》,2017 年 2 月 18 日。

10. 习近平:《决胜全面建成小康社会　夺取新时代中国特色社会主义伟大胜利——在中国共产党第十九次全国代表大会上的报告》,人民出版社 2017 年版,第 60 页。

11. 《中共中央关于坚持和完善中国特色社会主义制度　推进国家治理体系和治理能力现代化若干重大问题的决定》(辅导读本),人民出版社 2019 年版,第 42 页。

12. 对全球治理"方案层次"的单独归类和分析是本书的一大创新,也是后续对变革原理的分析的基础,第一章将对这一点进行详细解释。

13. 本书将各类与实践相关的理论融合的做法与秦亚青教授建构"参与实践"理论的思路类似,参见秦亚青主编:《实践与变革:中国参与国际体系进程研究》,世界知识出版社 2016 年版。但是,本书的分析框架同时强调权力和话语类变革机制,且对创新实践的原理有一些新论述。关于这一点,第二章将具体讨论。

第一章
全球治理体系变革的层次差异

第一节 全球治理的产生与发展

20世纪80年代以来,全球化加速发展,各类生产要素在全球范围内加速流动和扩散,各国、各地区之间的联系越发紧密,多层级跨国交往越加频繁,掌握资源并能发挥全球性影响的非国家行为体也大量增加。全球化不仅带来了社会进步,也带来一些负面影响,其主要表现就是全球性问题的不断增多和复杂化。[1] 传统上已经被纳入国家间合作议程的贸易、金融等议题迫切需要强化已有合作机制,以适应不断复杂化的挑战并包容更多元的行为体。例如,国际贸易合作原本只是以国与国之间的关税减让谈判为主要形式,但随着全球化的发展,服务贸易得到大发展,技术研发网络、产业链、供应链也越发全球化、复杂化。同时,跨国公司的发展壮大进一步增添了国际贸易体系的复杂性。上述新现象使得传统的国际贸易谈判无法有效治理全球贸易活动。[2] 又如,全球化对二战后建立的国际金融制度也提出了新挑战。国际金融合作的最初任务是维持国际货币秩序稳定。但随着全球化的发展,全球资本流动(及其造成的部分地区的金融危机)、跨国金融犯罪、银行业监管等问题日益突出。这要求一套更系统、更高效的全球金融治理体系。[3] 全球化除了使原本就非常重要的国际合作议题地位更加突出之外,也使许多传统上在国际关系中处于边缘地位的议题——如发展、公共卫生、环境保护等——逐渐成为受到全球各界关注的焦点。虽然发展中国家的发展问题一直位列国际政治议程之中，但在二战结束后的相当长一段时期内，国际援助有很强的工具性，是为超级大国争夺盟友和拓展其全球经济影响力服务的。随着冷战于20世纪80年代逐渐进入尾声，国际发展的公共属性逐渐增加，全球经济发展不平衡和一些地区的普遍贫困问题越发突显。在此背景下，2000年，来自189个国家的领导人通过了《千年宣言》，使国际发展正式成为一项全球性事业。[4]公共卫生问题（如传染病的传播）的严重程度向来与各地区联系的紧密程度相关。[5]19世纪以来，随着公共卫生体系的发展，一些传统的传染病（如天花、鼠疫等）已经被消灭或控制。但是，随着新一轮全球化的不断发展，人口的全球流动越发频繁，产业链的全球化程度提升，老龄化加速，人类对自然界的不断破坏导致携带病毒的生物与人群互动增多，这些新情况都导致传染病全球性传播的形势更加严峻，仅凭单个或少数国家的行动已经不足以维护全球公共卫生利益。[6]虽然全球生态环境的恶化（其表现包括但不限于全球气候变化、土地荒漠化、臭氧层破坏、水污染、生物多样性丧失等）自工业革命以来就呈不断加速的态势，但由于全球化加速了不可持续的生产和生活方式的全球性扩张，全球生态环境恶化在20世纪末进一步加速。与此同时，也正是由于全球化唤醒了人们的环保意识和全球共同体意识，环境保护问题在国际政治议程中的位置不断上升。[7]以上只是全球化深化发展背景下全球性挑战增多的几个典型案例。事实上，20世纪末以来，已经没有多少问题是单纯的国内问题，大多数问题也无法仅靠少数几个国家的合作就能解决。

基于国际关系现实的新变化，"全球治理"概念应运而生。20世纪90年代，"治理"成为国际组织话语体系中的热词，世界银行、经济合作与发展组织（OECD）、联合国开发计划署、联合国教科文组织等重要国际组织开始在其报告中频繁使用"治理"概念。[8]学术界也开始了对全球治理的研究。对全球治理的早期学理研究重在辨析"治理"和"统治"概念的区别。比如，全球治理研究的重要开拓者詹姆斯·罗西瑙(James N. Rosenau)最初将治理定义为一系列领域中的管理机制,这些机制虽可能未得到正式授权,却能产生实际影响。罗西瑙强调治理并不依赖国家强制力来实现,且可比政府的管制行为覆盖更广泛的议题。也正是因为这一点,他才用"没有政府的治理"来表述全球治理。[9]当然,这并不意味着全球治理是完全排斥政府的,学者只是强调全球治理是由政府和非政府行为体共同参与和塑造的。1995年,由德国前总理维利·勃兰特(Willy Brandt)倡议成立的"全球治理委员会"发布了具有里程碑意义的报告《天涯若比邻》(*Our Global Neighborhood*)。该报告较完整地总结了全球治理的内涵:"治理是个人和(公共或私人)机构管理其共同事务的诸多方式的总和。它是一个持续的过程,通过该过程可以协调相互冲突或不同的利益,并推动合作行动。这个过程既包括有权迫使人们服从的正式制度和规则,又包括各种人们自愿支持的非正式的制度安排。"[10]这个对全球治理的定义事实上涵盖了全球治理的两方面,即促进广泛、多层次、由多元行为体参与的跨国合作以及建构制度与规则。

随着研究的深入,学者越来越重视全球治理的高度政治性。安东尼·麦克格鲁(Anthony McGrew)提出:"全球治理不仅意味着正式的制度和组织——国家机构、政府间合作等——制定(或不制定)和维持管理世界秩序的规则和规范,而且意味着所有其他组织和压力团体——从多国公司、跨国社会运动到众多的非政府组织——都追求对跨国规则和权威体系产生影响。"[11]虽然麦克格鲁在这里想强调的是全球治理参与者的多元性,但他也点出了全球治理的一个关键方面,即对权威的追求和使用。虽然治理所依赖的权威不等同于政府的强制性权力,但权威也并不是中性概念。针对此问题,罗西瑙在《全球治理》期刊创刊号中进一步完善了对全球治理的概念界定,提出全球治理是各层级规则体系的总和。全球治理目标要通过控制(他者的行为)才能实现。[12]类似地,戴维·莱克(David A. Lake)也指出,全球治理需要在全球层次运用权威,而权威的使用总是为某些人和某些特定目的服务的。[13]正因如此,才需要区分治理者和被治理者,以反映全球治理的非中性。[14]总之,全球治理中的权威与国际政治权力紧密相关。由于全球治理必然涉及由部分行为体运用权威来建构能够影响其他行为体利益和活动的规则、规范和政策,各方就必然围绕权威的建构和维持,规则、规范和政策的设计和实施等问题存在持续的矛盾和争议。[15]

虽然经过数十年的探索,人们对全球治理概念的认识已较为深入,但是,人们对全球治理体系构成要素的理解有时是大而化之的。总结起来,至少存在三种对全球治理的简化理解。第一,一些人在谈论全球治理时倾向于将其等同于国际体制(international regimes),即调整跨国关系的原则、规范、规则和决策程序的集合体。[16]一些文献在分析全球治理时甚至仅谈正式国际制度和国际组织。[17]诚然,正式国际制度和国际组织对于促进国家间合作至关重要,它们自然也是全球治理体系的支柱。[18]但是,一个全球治理体系的运转并不仅仅依赖落于文本的正式制度或与之相关的国际组织。理念、知识、具体政策等相对而言更加零散、非正式、不易直接观察的要素也实实在在地塑造着全球治理的目标、方法、绩效评价标准等。[19]第二,在上述认识的基础上,人们又可能大而化之地强调西方大国对全球治理的主导地位。[20]虽然西方大国确实对全球治理产生重要影响,但他们的影响并非全方位、全领域的。西方在多大程度上、在哪些方面影响了全球治理,需要具体问题具体分析。如本书的案例研究将要展示的,一些领域(如知识产权)的全球治理体系事实上是由西方大国和其他各国共同塑造的,且由于各方力量的相互制约,西方的主导地位受到一定程度的抑制。还有一些领域(如气候治理)的全球治理甚至同时受到非国家行为体的强大影响。第三,一些研究全球治理的著作存在割裂国家和非国家行为体的倾向。研究者要么只关注国家的行动,要么只关注非国家行为体的行动,并未充分将二者结合起来,分析其互动进程如何塑造了全球治理体系的整体特点。

对全球治理的上述简化想象在许多情况下可能无伤大雅。比如，如果研究的目的是笼统地讨论全球秩序变革、国际制度变革、大国外交战略等问题，则研究者大可以只关注那些由西方大国和自由主义理念主导的全球治理体系。但是，若要建构对全球治理运行和变革的一般规律的系统性认识，就应首先更精细地分析我们所讨论的变革对象究竟是什么。笔者认为，只有厘清全球治理的多层次性，以及各层次之间的区别，我们才能避免将所观察到的某一层次的变革简单推广为整个体系的变革。

第二节　全球治理中的权力、理念和方案

为了更系统地理解全球治理的复杂性，我们需要一种新的层次分类方法。这种分类方法既要综合现实主义、制度主义、建构主义和一般性政策研究对全球治理的认识，又要尽可能地减少层次之间的重叠，突出不同层次的特点。本书提出，若要系统性认识一个议题领域内的全球治理体系的特点和性质，就要从决策权分配、宏观理念的内容，以及各类行为体建构的治理方案（governance solutions）这三个层次入手。

观察一个全球治理体系的性质，首先自然要看该体系内的决策权分配。尽管现实主义和制度主义理论对国际制度的功能和影响有不同认识，但他们都认为制度框架内成员国的权力结构对国际制度的运行至关重要。[21] 与上述理论一样，笔者也认为决策权分配是全球治理体系得以建立和运转的基础。如前文所述，由于全球治理具有天然的非中性，决策权力是各方博弈的焦点。在这里，决策权分配主要关系到哪些行为体拥有调配资源，以及制定具体规则和政策的权力。而这主要取决于两点：一是一个全球治理体系中各类制度和国际组织之间的关系，二是该体系内核心国际组织中关于决策程序、资金来源、成员国决策权力、人事制度等方面

的规定。一方面,如果一个全球治理体系存在许多制度安排和多个平行国际组织,且这些制度安排和组织之间并无等级关系(或没有一个核心组织能够引领其他行为体的行动),那么这个全球治理体系中的权力也就更不集中,各行为体对整个体系的影响也就相对有限。[22]分析这类全球治理体系的决策权分配要首先厘清各国际组织和制度安排之间的力量对比。另一方面,当一个全球治理体系中存在核心或领导性国际组织时,若要判断其决策权分配状况,就只需进一步观察该组织中由"宪章"(或类似的基本文件)所规定的投票权、人事任命权等。[23]

总体而言,全球治理中的决策权分配有三种主要模式。其一,是少数大国垄断决策权。这一般存在于由少数大型国际组织主导,或者相关物质资源供给较为集中的全球治理体系中。由于第二次世界大战结束后的全球经济治理机构是在当时经济实力最强的美国主导下建成的,美国掌控了许多全球经济治理机构"创设时的组织架构、所在地和授权"[24]。其中的典型案例为全球金融治理和20世纪80年代至21世纪初的国际发展合作体系。前一个案例的核心国际组织是IMF,西方大国有投票权优势,且对其管理层任免有重要影响;后一个案例中的引领性组织是OECD和世界银行,前者是西方大国的俱乐部,后者的决策权分配与IMF类似。其二,是相对平衡的、尊重世界各国参与权和关切的权力分配模式,主要存在于以多边谈判为核心机制的全球治理体系中,典型案例是国际贸易治理和早期的全球气候治理。这类体系中,在多边主义和协商一致原则的庇护下,即使小国也拥有否决大国提议的能力。[25]此外,当今的国际发展合作体系也具有很明显的多元性,由于非西方国际组织和合作平台的涌现,西方和非西方治理者都具有塑造该治理体系的能力。其三,是更具包容性的、容纳非国家行为体参与的权力分配模式,典型案例是当今的全球气候治理体系。当然,权力分配模式对理念、方案的属性和变化空间显然是有影响的,决策权分配本身也受到很多国际政治因素的影响,我们将在下一章讨论这些内容。

需要强调的一点是,决策权分配与正式国际制度并不等同,二者只是部分重叠关系。国际制度指相对正式的规则体系,其往往以有法律约束力的国际协议和条约为主要组成部分,而国际组织则指以制度为支撑,但具有一定实体组织和自主性的跨国性组织和机构。[26]由此概念看,国际制度事实上包含了具体的、与全球治理实践联系极为紧密的部分,这些要素将在后文中被归为治理方案层次。但是,由于治理方案不仅包含正式制度中的可操作部分,还有许多具体的、非正式的规范和政策,为了更有助于区分不同层次的差异性并避免不同层次间的重叠,笔者仅将程序性的规则单独提出来,归为决策权分配层次。举个例子,IMF正式制度文本中既涉及决策权分配,又有对全球金融治理有具体指导意义的规则(如对贷款条件的规定)。后者被归为治理方案层次。之所以这样区分,主要是为后文对全球治理变革问题的分析做铺垫。我们将会看到,一个全球治理体系完全可能出现决策权分配不变而其他层次要素变化的情况,也可能出现决策权分配改变而其他层次要素不变的情况。

决定全球治理体系运行的第二个关键要素是宏观理念。建构主义国际关系理论最早讨论了国际体系的理念维度。亚历山大·温特提出了三种无政府文化(即霍布斯文化、洛克文化和康德文化),认为共有知识在很大程度上影响了国家间互动的模式,而国际体系层次的无政府文化影响了体系的运行逻辑是以冲突(霍布斯文化主导)、竞合(洛克文化主导),还是和谐(康德文化主导)为主旋律。[27]除了温特的宏观理论,建构主义理论和实证研究的一大重点是国际规范的运行规律。规范一般被定义为共同体成员对"适当"行为的判定标准,其对国际社会的运行和国家的行为有限制和构成性影响。[28]规范概念的外延较广,既可以指宏观的和相对抽象的理念要素,也包含了关于具体做法的指导性理念。[29]笔者认为,仍有必要将那些宏观层面的"正统"理念与操作层面的具体规范区分开来。这种区分方法有两方面理论支持。第一类是建构主义学者提出的规范丛集(Norm Cluster)理论。该理论提出，一系列具体的国际规范可以因为它们对同一现实问题的关怀，以及它们对该问题相似的价值判断而被归为一个规范丛集之内。在一种价值判断之下是可能衍生出多种具体的适当性行动逻辑的。例如，反对核武器扩散作为一种宏观的价值判断，可以衍生出不转移核武器、不研发核武器、向国际社会报告既有核武器的使用状况等多种具体规范。即便宏观理念为各国所接受，不同国家所强调的具体行动模式仍可能有区别。由此，规范丛集理论从学理角度描述了具体规范和宏观理念(也就是对问题的价值判断)的区别，以及它们的辩证统一关系。[30] 与本书对全球治理理念维度的细分方法相关的第二类文献是巴里·布赞(Barry Buzan)等人对所谓"主要制度"(master institution)和派生制度(derivative institution)的区分。在布赞的论述中，主要制度包括主权、外交、不平等、环境保护这类抽象的价值和理念，而每一个主要制度基础之上都可以衍生出很多具体制度。[31]

无论是规范丛集理论还是布赞的类型学都是针对整个国际体系的，在全球治理分析中，我们可以对上述概念稍作调整，将与治理哲学(这可被定义为基于某种意识形态或抽象的国际秩序理念的，对全球治理目标和路径的总体想象)或治理原则(即关于正当的治理方法的价值判断)有关的抽象理念视为宏观理念。宏观理念能够作为背景知识影响全球治理者在建构方案时的思考方向。比如，自由主义意识形态作为美式世界秩序的基石，促使美国采取干预主义行动，以期向全世界推广西方的价值观和政治制度，而不尊重各地区的差异性。[32] 与之相对的，中国所提出的人类命运共同体理念引导人们在建构全球治理方案时秉持"共商共建共享"的原则，这一理念更强调解放思想、包容性创新和尊重多样性，为非西方行为体在方案层次的多样化创新提供了合法性基础。[33] 但是，人类命运共同体作为宏观理念并不为具体全球治理方案的建构提供明确指南,自由主义作为一种背景知识也可能在实践中有多种具体表现形式。宏观理念和具体实践之间的空间为我们分离出全球治理的第三个层次提供了基础。

全球治理体系的第三个关键层次是治理方案。一般而言,全球治理研究较少将治理方案单独区分出来加以讨论,但这种精细化区分是有必要的,这是因为全球治理归根结底是关于全球性问题的解决,具有明显的实践导向性,这就决定了与具体的治理实践最相关的要素应该被单独讨论。[34] 虽然既有研究所讨论的规范、规则、政策等都可能对全球治理具体实践有直接影响,但如上文所讨论的,并非所有的规范、规则都是具体和可操作的。许多规范(如人类命运共同体、多边主义、自由主义)是宏观的,一些规则(如关于国际组织投票权和治理结构的规则)是程序性的,它们不直接指导实践,因而应被归为上面两个层次。从既有文献来看,杰奎琳·贝斯特(Jacqueline Best)在讨论世界银行和IMF改革时触及了治理方案层次。她所使用的概念是"治理战略"(governance strategy)。全球治理语境中的治理战略不同于基于理性和利益计算的军事战略或大战略,而是指多个机构提出的政策的集合。治理战略包含对治理目标的定义,对所面临的问题及其相互联系的诊断,以及针对性的举措。[35] 这个定义与笔者的想法非常契合,因为该定义既包含了规范、规则、政策等全球治理要素,又明确指明其内涵是操作化的规范、规则和政策,从而与程序性的制度和抽象的理念相区分。当然,贝斯特的定义还有待进一步改进。一方面,由于治理战略一词在理论话语中比较容易与外交或军事战略混淆,因此笔者更愿意采用"治理方案"概念来表述与全球治理实践直接相关的规范、规则和政策。另一方面,贝斯特对相关定义的表述有些零散,我们可以对其进一步整合。

基于上述讨论,笔者认为一套"治理方案"是一个由对全球性问题的定义、操作层面(而非程序性)的规范和规则、具体的政策做法和治理绩效评价标准等要素组成的集合体。例如,气候领域的强制减排和碳定价就可被视为两种不同的治理方案。前一种方案将气候治理定义为公共产品供给问题,明确要求各国采用行政手段削减碳排放,并以减排量作为治理效果的评估标准。后一种方案将气候治理定义为低碳转型和产业升级问题,要求以市场和技术手段推动绿色产业的发展,以此替代依赖化石能源的传统产业。又如,国际发展合作中对融资重点的选择(是经济基础设施,还是社会事业)、对融资方式的选择(是混合各类融资的组合式贷款,还是强调优惠度的官方资金)都构成差异化方案。对一种方案的选择包含治理者对治理目标(如促进经济增长,还是促进社会发展)、具体做法和绩效评价标准(是经济指标改善,还是软性的治理和社会指标改善)的认识。治理方案概念与近年来在政策界流行的"最佳实践"(best practices)有相似性。在全球治理中,最佳实践是指由国际组织或非政府组织所采用并推广的一套包含问题界定、问题诊断和具体解决方案的集合体。其载体往往是一系列文本化的政策指南、基准、政策执行标准、绩效评价指标等。当然,最佳实践是一个高度政治化的概念,旨在为不同国家或地区所面临的同类问题寻找统一的解决路径,为各类治理者提供统一的治理方案,并为这些最佳实践的推广者建构政治权威。[36] 相比之下,本书所主要采用的治理方案概念相对更偏中性。治理方案创新者不一定谋求建构一套适用于各类行为体和同类问题的统一治理模式,也不一定特别积极地包装和推广新方案。

治理方案与决策权和宏观理念两个层次有关,但不等同于前两个层次。方案的确受到决策权和宏观理念的影响。掌握权力的行为体有更多的机会制定和推广治理方案,处于主流地位的宏观理念也可影响治理方案的形态。但是,治理方案也可能由掌权者之外的行为体提出。方案的生成受到治理者知识和经验,以及方案的效果的影响。此外,由于方案需要落地,它也就必然与当地的实践和知识紧密互动。因此,在一个特定宏观理念之下,仍可能建构出多种具体方案(见图1.1)。例如,自由主义理念作为一种宏观理念,引导相关全球治理者(如金融领域的 IMF,发展领域的世界银行)尝试建构市场导向型治理方案并排斥国家主导型治理方案。但至于如何发挥市场的作用,以何种力度促进自由化,可能有多种具体方案。正因为如此,发展领域以自由化为主导的发展方案和以善治为主导的发展方案明显不同,发展领域的方案与金融领域的方案显然也不一样,但这些方案又都源自同一个新自由主义宏观理念。[37] 又如,在人类命运共同体理念指导下,中国的国际发展合作方案强调"共商共建共享"原则,但并不排斥西方的方案。我们事实上追求的是将各方的最佳实践和知识融合在一起。类似地,在气候治理中,从多边主义到多元主义的理念转型是大量治理方案创新的基础,但多元主义之下的方案是丰富多彩的,并不能从一套宏观理念中直接推导出来。后面的章节还将更详细地讨论方案和宏观理念的这种复杂联系。

可操作性高		抽象
发展方案:自由化	华盛顿共识	新自由主义
发展方案:善治,适当自由化		新自由主义
金融危机应对方案:结构改革	华盛顿共识	新自由主义
金融危机应对方案:临时性资本管控+结构改革		新自由主义
发展方案:多元发展方案融合	共商共建共享	人类命运共同体
气候治理方案:南北区分+强制减排		多边主义+共区责任
气候治理方案:多种治理试验+自主贡献		多元主义+共区责任

图 1.1 宏观理念与治理方案举例

为了进一步区分治理方案与决策权和宏观理念,我们可以看看国际组织在建构全球治理方案时遵循怎样的逻辑。随着国际组织研究的发展,学界已经认识到国际组织具有极高的自主性。[38] 对国际组织自主性的研究首先基于政治学的"委托-代理"理论。[39] 国际组织虽然基于国家间制度安排,却在此基础上拥有相对独立的机构、人员和预算,[40] 这使其具备了作为相对独立的国际行为体的条件。国家在一些情况下也愿意给国际组织一定的自主性,因为国际组织的许多功能——如监督承诺执行、议程设置、提供专业知识、中立的仲裁等——都需要相对独立的活动空间、资源和能动性才能实现。[41]同时，国家对国际组织也难实现全面的控制，因为国际组织可以利用信息差和国家间的集体行动困境来为自身赢得行动空间。[42]国际组织也可通过建构伙伴关系来加强自主性。[43]此外，国际组织作为国际官僚机构，还具有"理性-合法性权威""道义权威"和"专业权威"。这几个权威来源都不依赖国家授权。[44]如刘莲莲所言："国际组织运作的根本特征不在于国家趋利性互动关系在国际组织的决策行动中的体现，而在于国际组织作为有形机构、独立主体的'制度逻辑'对'政治逻辑'的限制和塑造。"[45]由于国际组织是自主的，其建构全球治理方案的活动虽在组织制度框架和宏观理念的框定之下，却又有相当的灵活性。一方面，国际组织拥有独特利益，其内部成员关心组织的生存和发展，希望获得更多的预算和扩展组织规模。[46]另一方面，国际组织在建构治理方案时受到组织内部文化——这种文化往往来自组织成员的知识体系和实践经验——的影响。作为一种理解框架，一种共享的"意义体系"，组织文化塑造了组织成员对适当目标和手段的认知。[47]显然，组织文化影响下国际组织建构治理方案的努力不是权力能够直接决定的。正式制度的改革往往不能自动改变国际组织提供的治理方案。甚至新建的国际组织也可能由于继承了旧组织的人员和组织文化而采用传统治理方案。[48]组织文化也不是宏观理念的派生物。国际组织会依据组织文化对宏观规范进行选择和再诠释。[49]例如，前文已经讨论过，同样是在自由主义这一宏观理念之下，IMF 为全球金融稳建构的治理方案就经历了推崇无条件资本自由化到允许有管理的渐进式自由化的变化。[50]此外，自由主义理念还影响了发展领域的世界银行所提出的援助方案，这些方案与 IMF 为金融治理建构的方案显然不同。这说明，宏观理念并不与特定治理方案一一对应。上述对国际组织自主性的讨论进一步说明，识别某一种全球治理体系的性质，要将其决策权力分配结构、宏观性理念以及相关治理者建构和推广的治理方案综合起来加以分析,并尤其注意辨析三层次之间的差异。

在区分了全球治理的三个层次之后,我们就能够更好地判断一个全球治理体系的性质。我们不妨用几个例子来展示这种三层分析法如何帮助我们更清晰地认识全球治理。第一,全球金融治理体系有强烈的西方中心主义色彩。在正式机构的决策权分配层面,IMF这一全球金融治理核心机构的决策权仍为西方大国把持,美国享有对重大事项的否决权。在宏观理念层面,全球金融治理以自由主义和干预主义理念为指导,总体主张在治理过程中减少国家对市场和社会的干涉。在方案层面,IMF在上述理念的指导下建构了一系列具体金融治理工具,如推行资本账户自由化,要求借款国进行结构性改革等。第二,传统的国际发展体系中决策权力分布相对分散,但世界银行作为生产国际发展知识的"知识银行"、OECD及其下设的发展合作委员会(OECD-DAC)作为协调西方捐助国行动的机构,均力图塑造宏观理念和方案,以引领其他行为体的行动方向。由此,在20世纪80年代至21世纪初,国际发展合作也呈现出一系列符合自由主义和干预主义理念的特点,如强调受援国治理改革、社会基础设施等。当然,当今的国际发展合作体系出现了权力分散化、理念更新和方案多元化的趋势。第三,并非所有议题领域的全球治理体系都为西方垄断。例如,在全球贸易治理领域,世界贸易组织(以下简称WTO)相对民主的决策程序使得发展中国家能够制衡发达国家的权力。由此,国际贸易领域的国际规则在不同程度上体现了对发展中国家的优待。但是,在这一宏观权力和理念结构未发生改变的情况下,西方正谋求通过发起新的复边贸易谈判来推动具体规则改革。第四,在一段时期内,全球气候治理呈现出相对平衡的决策权分配,体现了"共同但有区别的责任"、多边主义等基础性原则,并在此基础上设置了自上而下、由发达国家承担强制减排责任的治理方案。而进入21世纪以来,该体系朝着由多元行为体参与的复合治理模式发展,宏观理念上对非国家治理者、市场机制更加包容,这引出了一系列方案革新。

综上所述,系统性理解全球治理体系中的决策权力、宏观理念和治理方案是我们进一步讨论全球治理变革问题的基础。只有准确识别某一体系中既有的权力、规范结构,以及该体系内治理方案的状态,我们才能够进一步讨论改革者有哪些,以及他们的改革目标是什么。

第三节 全球治理体系变革的层次差异

变革是国际政治永恒不变的主题,自然也是全球治理永恒不变的主题。前文在分析全球治理概念时已经阐明,全球治理最少有两个根本特征:以全球性问题的解决为导向和政治非中性。一旦承认全球治理的这两个属性,我们就很容易想象,全球治理不可能是静态的。一方面,全球治理落脚于全球性问题的解决。问题解决效果的好坏是全球治理体系是否应该变化的终极判断标准。一个无法解决全球性问题的全球治理体系早晚要经历变革。另一方面,作为全球治理高度政治性的一个自然结果,全球治理体系的三个层次也均非中性,而是具有明显的权力属性。正式制度和国际组织中的决策权分配往往不均衡。在许多情况下,大国仍掌握主要国际组织的决策权。而即使是那些决策权力分配相对平衡的国际制度中,国家也是权力的垄断者,这对于那些试图发挥更大作用的非国家行为体而言也是不合理的。同时,即使是决策权有所调整,宏观理念层次也可能继续维持一个非中性结构,限制和建构"被治理者"的行为。[51]此外,具体治理方案也不仅仅是技术性的,而是体现方案供给者的知识、理念、利益和权力。[52]既然特定的全球治理体系总是反映一部分行为者的利益和理念,那么它就必然要承受来自各个方面的变革压力。

进入 21 世纪以来,各领域内全球治理体系的变革压力总体上是不断增大的。第一,随着互动的增多、各种客观条件的变化,全球性问题越发复杂化,这使得全球治理的模式需要不断应变调整。第二,"以中国为代表的新兴市场国家和发展中国家群体性崛起,从根本上改变了国际力量对比",这构成了"百年未有之大变局的最大变化"。[53] 非西方力量的崛起从结构上挑战了那些具有西方中心色彩的全球治理体系的合法性,并为全球治理的不断变革注入强大动力。金砖国家作为一个大国集团登上国际政治舞台,其主要目标就是推动全球治理改革。[54] 作为新兴大国的代表,中国也不断强调推动全球治理改革。中国不断争取提升在既有国际组织中的影响力,[55] 并积极推动建构亚洲基础设施投资银行、新开发银行、地区性金融安全网等新国际组织和制度安排。[56] 同时,中国正积极推广人类命运共同体理念,并积极为全球治理提供中国智慧、中国方案。[57] 这都表明中国外交正越来越强调提升中国在全球事务中的领导力。[58] 与此同时,随着西方对全球治理总体控制力的下降,美国和欧洲一些国家也在贸易、气候、科技等领域发起改革行动。围绕全球治理改革的多方博弈正越发复杂化。[59] 第三,除了国家间博弈,非国家行为体能力的提升,加之国家中心主义治理模式在一些领域陷入困境,也对传统上国家对全球治理的主导地位造成冲击。如果说全球治理概念提出之初,学者在谈及"没有政府的治理"时多少有些展望未来的意思的话,那么在以环境治理为代表的一些领域,非国家行为体已经掌握巨量的资源和相当高的权威,从而能够独立影响全球治理的发展方向。第四,除了上述权力和理念方面的变化,地方性知识和实践的发展也极大地丰富了全球治理的知识体系和工具箱。在越来越多的因地制宜的创新和试验开始出现的大背景下,原先的知识提供者已经不再垄断知识生产。[60] 总之,上述几个因素为全球治理的大变革准备了基础性条件。

虽然有利于全球治理变革的因素总体上是不断增加的,但若以决策权分配、宏观理念和治理方案三个层次观之,不同议题领域的全球治理体系变革有程度上的差异性。不同层次的全球治理变革有着不同的内涵,一个层次的变革并不等同于其他层次的变革,也不必然自动导致其他层次的变革。由于治理方案的建构与实施同全球治理实践联系最为紧密,是全球治理的最终归宿,且方案变革所要求的条件也更为复杂,因此方案层次的变革应被视为最深程度的变革。上述对全球治理变革的认识贯穿本书的理论和实证部分。这里,我们有必要详细讨论决策权分配、宏观理念和治理方案层次的全球治理变革分别意味着什么。

第一,决策权分配层次的全球治理变革以调整一个议题领域内支撑全球治理的制度体系和国际组织构成,或调整核心国际组织中的决策程序、成员国投票权、管理层构成等为目标。决策权分配变革至少可表现为三种形式。其一,国际组织中的程序性规则源自成员国间的缔约,也就可以被自上而下地调整。[61]如本书第三章将要讨论的,决策权层次变革的典型案例是2008年金融危机后世界银行和IMF的投票权改革。这次改革的直接动力是国家间通过谈判达成的改革协议。其二,关键国际组织内部的人事制度和具体人员构成的调整也可被视为决策权分配层次的改革。如一些研究所展示的,管理层(尤其是国际组织行政首长人选)的变化和行政模式(这代表行政长官对其他层次的国际组织官僚的控制方式和程度)对于国际组织的运转和改革也发挥着关键影响。[62]因此,改变国际组织的管理层也可部分地达到重构决策权的效果。其三,新建国际组织和国际合作平台创造了新的权威集聚,也就为这些新组织和平台的发起者和创始成员赋予了新的权力。由此,若新建的国际组织获得与传统的主导性国际组织相近的国际影响力,则其将必然改变该全球治理体系内的决策权分配。[63]例如,国际发展领域新合作倡议和平台的涌现(如中国的"一带一路"倡议,美国的"印太经济框架"),以及拥有强大实力的新型多边开发银行的建立也可被视为该体系内决策权变革的表现。需要注意的是,决策权层次的变革是程序性的,其虽可为更大的变革奠定基础,但不一定直接传导到治理方案层次，因而只能被视为浅层变革。如后面的章节将要讨论的，对 IMF 投票权和管理层的调整并未改变该组织在处理全球金融安全问题时所奉行的理念和治理方案。国际组织的新领导也可能无法扭转已有的组织运行模式。新型多边开发银行也不一定采取与传统多边开发银行完全不同的方案。当然，这并不是说决策权层次变革很容易，而只是强调决策权分配的变革与全球治理实践之间的联系并不是天衣无缝的。

第二，宏观理念层次的变革主要涉及一些基础性、抽象性规范和习惯的变化。理念变革意味着行为体对国际秩序的想象，以及其对适当的全球治理目标、路径和手段的价值性判断发生改变。我们可以列举一些较具代表性的宏观理念变迁：从国家中心主义转向包容多元行为者参与的复合式治理理念（如在气候治理领域）、在市场中心主义与国家主义理念间摇摆（如在国际发展和国际金融治理领域）、从干涉主义治理理念转向强调国家所有权（如在国际发展领域）、从南方优待理念转向更平衡的权利义务分配原则（如在气候治理、知识产权领域），等等。[64]进入 21 世纪以来，随着非西方世界的崛起，崛起国与西方就世界秩序的认识出现越来越多的争论。例如，一些学者提出"天下体系""多元共存"等非西方秩序观，并开始尝试总结南亚、伊斯兰世界等地区的世界秩序观。[65]虽然人们可以争论这些秩序观念的合理性和可行性，但一个共识是，这些新宏观理念的提出对西方理念的主导地位构成了一定程度的冲击。具体到全球治理中，秦亚青将西式全球治理理念概括为"一元主义治理观""工具理性""二元对立思维方式"，这些均是典型的宏观维度的理念。而中国提出人类命运共同体理念就是典型的推动全球治理和国际关系宏观理念变革的尝试，因为该理念倡导相互尊重、开放包容、尊重多样性，恰恰就是反对"一元主义治理观"和"二元对立思维方式"。[66]除了人类命运共同体这一核心理念，中国正有意识地建构一套话语体系，以削弱西方对于"什么是公道的秩序""什么是国际法""什么真正的多边主义"等问题的定义权。习近平主席在 2015 年的博鳌亚洲论坛上的主旨演讲中指出:"涉及大家的事情要由各国共同商量来办。作为大国,意味着对地区和世界和平与发展的更大责任,而不是对地区和国际事务的更大垄断。"[67]习近平主席在庆祝中国共产党成立 95 周年大会上的讲话中进一步指出:"什么样的国际秩序和全球治理体系对世界好、对世界各国人民好,要由各国人民商量,不能由一家说了算,不能由少数人说了算。"[68]上述话语可被理解为中国对西方话语体系的抗争,即力图逐步消解西方霸权秩序的理念基础。[69]

宏观理念层次的变革已经涉及对公认的恰当行为的标准进行调整,因而可能对全球治理具体方案产生影响。一些新方案的出现需要以解除宏观理念方面的禁锢为前提。比如,人类命运共同体理念的提出就为非西方方案创新和多种方案共存提供了正当性,抵制了西方对创新和多元方案的污名化。"共商共建共享"的国际合作理念更进一步对西方自上而下的、不平等的、干预性和排他性全球治理方案构成挑战。正如第六章将要展示的,这些理念与"一带一路"配合起来,大大增强了中国在发展领域的治理方案的影响力。关于理念和方案变革的相互支持关系,我们将会在下一章详细讨论,这里只想强调二者的区别。前文已经说过,宏观理念总体上较模糊,灵活解释的空间较大,一种理念之下可能有多种具体方案,因此,宏观理念的变革也不直接等于方案变革,甚至治理方案层次的变革出现时,也并不意味着宏观理念已经被完全置换。本书第四章将讨论的知识产权案例和第五章将分析的全球气候治理案例都将说明,方案变革发生时,宏观理念可能只需要有所松动,而非彻底变革。而第六章要讨论的国际发展案例表明,即使西方已经接受了应尊重受援国主导权、重视基础设施建设等理念,其在建构具体方案时也强调西方特色。

第三,治理方案变革必须以产生创新性、可操作、可推广的治理方案为表现形式。如前文所述,治理方案既包含规范性内容——如对议题性质和治理目标的判断,也包含具体的规则和政策。方案变革可以正式制度文本变化的形式表现出来。例如,正在进行的世界贸易组织改革的核心议题是改变对成员国的权利和义务要求,包括修订投资、贸易、知识产权相关规则,改变特殊与差别待遇原则,改进监督机制,改进争端解决机制等。[70] 又如,金砖国家建立的新开发银行和中国主导、多国参与的亚洲基础设施投资银行都在基础文本中明确提出要以支持发展中国家的基础设施项目为主业。这些显然是制度文本的改变和创新,且也符合方案变革的定义。当然,方案变革也可以只是治理实践的转变,不一定要文本化或制度化。比如,世界银行在20世纪70年代开始逐步转向将减贫视为国际发展的核心目标。这不但改变了对全球问题的认识(不再将发展认定为经济增长问题,转而将发展认定为减贫问题),也导致了发展促进方案转而强调调整分配和发展社会力量。[71] 这些变革都是方案层次的,并没有改变世界银行的正式制度文本。一些治理方案创新甚至没有组织和制度依托。比如,发展领域的许多制度创新(如基础设施引导的发展合作、多元融资体系等)是非西方大国单方面开展的,不涉及调整国际制度架构。许多方案创新是在摸索中形成的,往往先于政策文件而存在。例如,许多全球气候治理的方案创新(如碳标记、低碳城市等)由非国家行为体驱动,他们行动的载体多是没有法律效力的声明、宣誓和非官方标准。[72] 权力和宏观理念变革有利于方案变革。例如,第六章所讨论的国际发展体系变革就同时呈现权力、理念和方案三层次的变革。但是,方案层次的变革是可能在传统决策权力未变,甚至宏观理念都保持基本不变的基础上实现的。例如,在第四章的知识产权案例和第五章的气候治理案例中,我们都可以观察到不同程度的方案变革,但与此同时,在这两个案例中,传统的正式国际制度和宏观理念未被取代(当然,传统制度和理念的垄断地位是大为松动了的)。

需要额外强调的是,方案变革还涉及新方案的稳定性问题。我们所说的全球治理方案变革,应当指新的方案获得体系性、持续性影响力,而那些昙花一现或者很快消失的新方案不应算作本书所讨论的方案变革。从这个视角来看,成功的方案变革除了需要有方案创新之外,还需满足以下两个条件中的任意一个:一是新方案获得了大量的支持,并持续扩散,从而成为与传统方案并列的方案;二是新方案取代了传统方案。例如第五、六章所讨论的气候治理和国际发展合作方案变革符合上述条件。前一个案例中,次、非国家行为体建构的新方案成为全球气候治理体系的重要组成部分,与多边缔约路径并行。新方案虽然没有取代旧的,但也与旧方案出现了某种程度的合成现象,体现了创新的持久生命力。而在后一个案例中,新方案已经开始取代传统方案,成为新兴和传统援助国都采纳的治理方法。也有一些案例出现了方案创新,但新方案的持续性存疑。比如,第四章所讨论的知识产权治理方案变革就非常不稳定。新方案高度依赖少数发达国家的推动,并被许多国家抵制和批评。

综上所述,全球治理变革虽然在多数领域都在发生,但变革所能触动的层次有差异性。有的领域(如金融安全)变革只停留在正式制度中,而理念和方案都是老样子。有的领域(如知识产权)变革同时触及决策权、理念和方案,但新方案并未站稳脚跟。有的领域变(如气候)变革主要表现为方案创新。只有少数领域(如国际发展)实现了权力、理念和方案的变革,甚至出现了传统治理者采用新方案的情况。本书对全球治理变革层次的理解比已有的理解方式更加清晰。比如,秦亚青在讨论体系转型时提出了"体系结构""体系制度""体系文化"三个层次。但是,三个层次是有所重叠的。体系结构专指权力分布,但其与体系制度中的正式决策权层次难以区分。体系制度的变革也可分为决策权变革、宏观理念、具体方案等层次。而体系文化不仅指代宏观理念,也可触及操作层面的规范。除了这三个层次有重叠部分之外,三者都未能涵盖与实践紧密相关的方案维度。[73] 在厘清了全球治理体系变革的复杂性之后,我们便可进一步讨论为什么全球治理变革会呈现此种复杂性。

第四节 对全球治理变革的既有研究及其不足

既有文献对全球治理创新与改革议题的研究主要集中于三个方面：辨析新兴国家对既有体系的影响，讨论大国推动正式制度变革的策略选择，分析全球治理理念和规范变迁的机制。三类研究虽然都贡献了重要的知识，但其也有着明显局限。

第一，在很长一段时期内，关于新兴国家是"现状国"还是"修正国"的辩论是全球治理研究者关注的焦点之一。研究者或是从宏观维度分析新兴大国崛起背景下西方主导的世界秩序的走向，或是更细致地分析印度、巴西、中国、俄罗斯等国与西方的互动关系。[74]作为实力最强的新兴大国，中国与既有全球秩序和全球治理体系的关系吸引了相当多的关注。关于中国角色的争论也是学术界对新兴大国身份的争论的缩影。一些学者视中国等新兴大国为全球体系的一部分，强调崛起大国在经济上对西方体系的依赖，以及体系的主导性观念对它们的社会化作用。[75]另一些学者则认为，新兴大国的崛起将对现有的由西方主导的世界秩序构成冲击。他们提出，中国等非西方大国以削弱甚至颠覆西方大国和自由主义理念对全球治理和世界秩序的影响力为根本目标，并试图按照其自身利益和理念来重塑全球制度和规范体系，进而提供替代性治理方案。值得注意的是，持这一观点的学者不仅包括现实主义理论家，还包括一些持自由制度主义和建构主义观点的学者。这些学者认为，推动新兴大国采取改革和挑战既有秩序的行动的因素包括既有制度体系的缺陷、制度非中性、新兴大国身份和地位无法得到承认等。[76]当然，也有许多学者批评上述整体主义论断忽视了新兴大国行为的复杂性。就中国而言，学者提出，中国在与西方主导的全球治理体系互动时所采取的行动是多样的。中国有时更倾向于改革，有时更喜欢维持现状。[77]例如，虽然中国在国际发展合作、维和等领域贡献了创新性治理方案,[78]但在其他一些领域中国的改革实践仍较保守。如全球金融治理中,中国的正式决策权力虽然有所提升,但仍以学习西方治理方案为主,在实践中对西方方案和理念的继续支持及对其进行改革的声明同时存在。[79]基于复杂且看似有点相互矛盾的证据,一些人索性认为中国在全球治理改革方面的行动呈现矛盾性和不连贯性,并认为中国对全球治理体系的态度是模糊和机会主义的,中国尚不存在完整的全球治理改革战略。[80]

上述研究最重要的贡献是对全球治理变革的重要推动力——新兴大国——的战略意图和行为模式进行详细分析和研判。显然,厘清事实是分析性研究的前提。但是,当今学术界已经很少有研究否认全球治理变革的必然性。全球治理需要变革,这既是权力结构变迁的反映,又是西方主导的全球治理效果不彰的后果。[81]因此,新兴大国和其他国际力量似乎必然要推动全球治理变革。对此问题的争议已经较少。学术界已将关注的焦点转向"全球治理将如何变革"这一问题上来。此外,上述文献将全球治理变革动力限定为新兴大国,而将改革目标限定为西方大国的主导地位,这显然是有所偏颇的。如前文所述,西方大国也可能成为变革的发起者,甚至全球治理的破坏性力量。[82]并且,全球治理变革也不止是国家之间的游戏。

第二,近些年来,大量研究开始集中讨论大国推动正式国际制度变革的策略选择问题。从宏观维度,罗伯特·基欧汉(Robert Keohane)等人提出了"竞争性多边主义"概念用以描述多种制度在全球治理中的相互影响。[83]李巍等学者提出了"现实制度主义"概念,强调国家间政治权力竞争、制度的合法性和制度的有效性三个因素对国际制度变革的关键性影响。[84]在充分厘清国际制度的非中性和各国围绕国际制度改革可能爆发激烈竞争的前提下,学者开始关注国际制度改革者所可能采用的策略选择。包括"增量改进"策略,[85]威胁退出和有条件参与策略,[86]叠加、替代、转换、偏离四种策略[87]等在内的一系列概念、命题和类型学被提出来,用来概括崛起国如何在权力不占优势的情况下推动国际制度变革。当然,部分学者也提出,一些国际制度改革策略——如"退出"和"威胁退出"——也可能被霸权国采用。[88]学者还讨论了影响改革者策略选择的因素。关于这个问题,既有文献的共同点是高度重视政治机遇对改革者的影响。改革者所面临的机遇,与"替代性选项"是否存在以及改革者对全球治理运转的重要性密切相关。[89]此外,议题领域的权力结构(如霸权国的否决能力)和既有制度的弹性也影响着改革者的策略选择。[90]例如,朱杰进综合了权力结构和制度弹性两个变量,认为改革者的策略选择取决于这两种要素的不同组合。[91]当然,并非所有对国际制度变革的讨论都只关注国家,基于委托-代理模型,一些研究发现,大国(尤其是霸权国)的影响和国际组织内部行政结构这两个变量共同影响了联合国教科文组织、国际劳工组织、世界卫生组织等国际组织在正式制度设计、人员雇用、具体议事日程、重点活动领域等方面的变革。变革的结果取决于这两个变量之间的张力。[92]当然,委托代理理论只是将国际组织的自主性视为干预变量,仍将大国视为变革的关键变量。

上述研究使我们能够较充分地认识国家(尤其是新兴大国)推动国际制度改革的方法,以及他们策略选择的影响因素。但是,前文已经讨论过,本书关注全球治理变革的层次差异,而制度改革并不等于治理方案变革。治理方案创新需要改革者提供可操作的新理念,这超越了正式制度变革。即使改革者成功地改革了正式制度设计,也不一定能够最终导向新治理方案的产生、发展和强化。权力和制度是重要的,但仅有这两者是不够的。此外,上述研究对变革规律的认识仍属国家中心主义路径,它们未将国际组织、非政府组织等非国家行为体视为变革的施动者,这也是该类研究的一大缺憾。

第三,还有一类研究分析了全球治理理念和规范变迁的机制。在早期,研究规范的学者所津津乐道的是全球性规范和理念对新兴国家的社会化。[93]但很快,理念和规范本身的变迁成为研究的重点。由于理念和规范不同于正式制度,而是一种被共同体成员普遍认可的行为准则,其变迁往往遵循不同于权力博弈逻辑的话语逻辑。说服和争论成为规范变革的主要动力机制。[94]例如,莱德·麦基翁(Ryder McKeown)提出,即使是美国这样的霸权国也需要综合使用话语和说辞策略来改变国际规范。[95]在此思路下,一些学者指出,崛起国将首先建构新的国际政治话语和宏观理念,以制衡霸权国推崇的主导性理念,进而为国际秩序变迁准备合法性基础。[96]例如,在分析中国改变全球治理宏观理念时,秦亚青就提出要用中国特色的多元协商理念重构既有的全球身份认同,以推动全球治理改革。[97]近年来,关于非西方规范建构和传播过程的实证研究开始增多。[98]

话语逻辑能够改变规则和规范,这是全球治理方案的重要组成部分。但是话语的社会建构产物也可能是模糊的说辞和理念,并非可操作的治理方案。在很多情况下,即使一些原则性话语得到国际社会的接受,也不意味着在方案层面就存在创新。同时,话语逻辑只能解释已有理念的传播,话语本身不是创新的机制。因此,话语是全球治理方案变革的重要动力,但并非变革的全部动力。

总之,既有的对全球治理变革问题的研究都有一定的解释力,其中的国家间权力博弈和话语类机制都是重要的变革推动力。下一章将更详细地对其进行分析。但是,既有文献的局限性也很明显。一方面,上述研究均未能认清全球治理变革问题的多层次性,这导致许多文献将自己的研究问题(正式制度变迁和理念变迁)等同于全球治理变革的全部内容。例如,这些研究在分析中国改革行为时浮于宏观的权力和正式制度维度,并未考虑方案层次,因而对许多改革行为的定性值得商榷。如果从权力、话语以及方案三个层次分别观察中国的全球治理改革实践,会发现简单的多样论文献也可能低估了中国的改革决心,夸大了中国行动的碎片化程度。按照多样论思路,由于改革条件的差异性,中国一般会选择在霸权控制较弱、中国具有一定相对优势的议题中发起强势改革,而在困难的议题上采用保守策略。但实际上,中国在权力和话语维度的改革努力可能已不再多样。中国正在形成越加清晰的改革者身份,并在越来越多的议题中迎难而上地争取决策权和话语权。与此同时,虽然我们说对制度性权力的追求和对国际话语的塑造体现了中国坚定的改革愿望,但中国在这些宏观努力下并不总是提出替代性治理方案。因此,也不应仅凭中国在正式权力和话语方面带有一定斗争性的改革行动就推论这种行为倾向将适用于全球治理的所有维度。例如,中国虽然力推全球金融治理改革,并推动建立了东亚地区金融安全网这一典型的平行制度,但其给出的应对金融危机的方案几乎与 IMF 完全一致,其在方案创新方面实际上非常保守。因此,一旦引入方案创新作为评判标准,中国全球治理改革实践的复杂性会更加凸显。另一方面,较少有研究更进一步,深入研究治理方案层次的变革。具体治理方案不同于权力结构和总体理念,方案的创新较后者而言更加烦琐,也更加复杂。在很多情境下,具体方案的创新也不完全与权力结构相对等。权力的解释效力是有限的。事实上,在所有的改革尝试中,权力结构的转变(即使不是根本性转变)总是改革的大前提。但是,即使有权力和话语的加持,若无与方案层次革新配套的政治机制,改革也不一定能够最终导向新治理方案的生根发芽。总之,为了更好地理解全球治理在什么情况下能够发生稳定、深度的变革,即其主流治理方案发生革新,我们需要一套更具综合性的分析框架。

注释

1. 关于全球化的研究,参见姜鹏:《对全球化的起源、含义及其研究现状的考察》,载《太平洋学报》2000 年第 1 期,第 59—66 页;蔡拓、王南林:《全球治理:适应全球化的新的合作模式》,载《南开学报》2004 年第 2 期,第 64—70 页;[美] 托马斯·弗里德曼:《世界是平的:21 世纪简史》,何帆等译,湖南科学技术出版社 2006 年版。

2. 相关研究参见东艳:《全球贸易规则的发展趋势与中国的机遇》,载《国际经济评论》2014 年第 1 期,第 45—64 页;Ken Conca, "Consumption and Environment in a Global Economy," *Global Environmental Politics*, Vol.1, No.3, 2001, pp.53—71;黄河等:《跨国公司与全球治理》,上海人民出版社 2018 年版,第一章。

3. 相关研究参见李健:《金融全球化进程中的风险防范》,载《国际金融研究》2000 年第 2 期,第 45—50 页;周宇:《试论国际金融体系改革》,载《世界经济研究》2009 年第 5 期,第 23—28 页;巴曙松、陈华良:《2004 年全球金融监管:综述与趋势展望》,载《世界经济》2005 年第 3 期,第 63—68 页。

4. 黄超:《理想与现实:"千年发展目标"的局限与前景》,载《外交评论》2013 年第 5 期,第 142—154 页;王钊、黄梅波:《援助外交的世纪之变》,载《文化纵横》2019 年第 6 期,第 68—78 页。

5. 这一点已被很多历史研究证实,参见[美]凯尔·哈珀:《罗马的命运:气候、疾病和帝国的终结》,李一帆译,北京联合出版公司 2019 年版;[美]贾雷德·戴蒙德:《枪炮、病菌与钢铁:人类社会的命运》,谢延光译,上海译文出版社 2006 年版。

6. 何帆:《传染病的全球化与防治传染病的国际合作》,载《学术月刊》2004 年第 3 期,第 34—42 页;张云筝:《健康问题、传染病与全球化》,载《太平洋学报》2006 年第 3 期,第 69—73 页。

7. 路日亮:《全球化视域中的生态危机》,载《国际观察》2009 年第 4 期,第 4—10 页。

8. 俞可平:《全球治理引论》,载《马克思主义与现实》2002 年第 1 期,第 20—21 页。

9. James N. Rosenau, Ernst-Otto Czempiel, and Steve Smith, eds. *Governance Without Government: Order and Change in World Politics*, Cambridge: Cambridge University Press, 1992, p.5.

10. UN Commission on Global Governance, *Our Global Neighborhood: The Report of the Commission on Global Governance*, Oxford, New York: Oxford University Press, 1995, p.2.

11. [英]戴维·赫尔德等:《全球大变革:全球化时代的政治、经济与文化》,社会科学文献出版社 2001 年版,第 70 页。

12. James N. Rosenau, "Governance in the Twenty-First Century," *Global Governance*, Vol.1, No.1, 1995, p.13.

13. David A. Lake, "Rightful Rules: Authority, Order, and the Foundations of Global Governance," *International Studies Quarterly*, Vol.54, No.3, 2010, pp.590—591.

14. Deborah D. Avant, Martha Finnemore, and Susan K. Sell, *Who Governs the Globe?* Cambridge: Cambridge University Press, 2010, p.7.

15. 任琳:《"退出外交"与全球治理秩序———一种制度现实主义的分析》,载《国际政治科学》2019 年第 1 期,第 84—115 页。

16. 克拉斯纳对国际体制概念的讨论,参见 Stephen Krasner, "Structural Causes and Regime Consequences: Regimes as Intervening Variables," *International Organization*, Vol.36, No.2, 1982, pp.185—205。

17. 将全球治理几乎等同于制度和规则的理解方式,参见 Joseph S. Nye and John D. Donahue, eds. *Governance in a Globalizing World*, Washington, D.C.: Brookings Institution Press, 2000. p.10;何帆、冯维江、徐进:《全球治理机制面临的挑战及中国的对策》,载《世界经济与政治》2013 年第 4 期,第 19—39 页;徐秀军:

《新兴经济体与全球经济治理结构转型》,载《世界经济与政治》2012年第10期,第49—79页。当然,这不是说他们的处理方式是错的,只是说这并非全球治理的全部内容。

18. 这是新自由制度主义理论的主要观点,参见 Robert O. Keohane, *After Hegemony: Cooperation and Discord in The World Political Economy*, Princeton: Princeton University Press, 2005。

19. 有学者甚至主张将全球治理概念和制度完全分离,参见 Lawrence S. Finkelstein, "What is Global Governance," *Global Governance*, Vol.1, No.3, 1995, p.368。虽然这种区分在理论上有一定道理,但考虑到全球治理的实际运行,我们不采用这种有些极端的区分。

20. 这实际上是继承了国际关系研究的总体倾向。对此问题的批判性讨论参见 Oliver Turner and Nicola Nymalm, "Morality and Progress: IR Narratives on International Revisionism and the Status Quo," *Cambridge Review of International Affairs*, Vol.32, No.4, 2019, pp.407—428。

21. 石斌:《相互依赖·国际制度·全球治理——罗伯特·基欧汉的世界政治思想》,载《国际政治研究》2005年第4期,第31—49页;王明国:《权力、合法性、国内政治与国际制度的有效性》,载《世界经济与政治》2006年第8期,第57—63页。

22. Robert O. Keohane and David Victor, "The Regime Complex for Climate Change," *Perspectives on Politics*, Vol.9, No.1, 2011, pp.7—23。

23. 梁西:《国际组织法总论》,武汉大学出版社2001年版,第27—36页。

24. 黄河等:《跨国公司与全球治理》,上海人民出版社2018年版,第13页。

25. Richard Baldwin, "The World Trade Organization and the Future of Multilateralism," *Journal of Economic Perspectives*, Vol.30, No.1, 2016, pp.95—116; Luke Kemp, "Framework for the Future? Exploring the Possibility of Majority Voting in the Climate Negotiations," *International Environmental Agreements: Politics, Law and Economics*, Vol.16, No.5, 2016, pp.757—779。

26. 贝斯·西蒙斯和莉莎·马丁两位学者对国际制度和国际组织概念进行了区分,相关讨论参见 Walter Carlsnaes, Thomas Risse, Beth Simmons, eds., *Handbook of International Relations*(Second Edition), SAGE Press, 2013, pp.328—329。

27. Alexander Wendt, *Social Theory of International Politics*, Cambridge University Press, 1999, chapter 6.

28. Martha Finnemore and Kathryn Sikkink, "International Norm Dynamics and Political Change," *International Organization*, Vol.52, No.4, 1998, pp.887—917.

29. Ulrich Brand, "Order and Regulation: Global Governance as a Hegemonic Discourse of International Politics?" *Review of International Political Economy*, Vol.12, No.1, 2005, pp.155—176.

30. Carla Winston, "Norm Structure, Diffusion, and Evolution: A Conceptual Approach," *European Journal of International Relations*, Vol.24, No.3, 2018, pp.638—661.

31. Barry Buzan, *From International to World Society? English School Theory and The Social Structure of Globalisation*, Cambridge, UK: Cambridge University Press, 2004, chapter 4.

32. Charles A. Kupchan, "The Normative Foundations of Hegemony and the Coming Challenge to Pax Americana," *Security Studies*, Vol.23, No.2, 2014, pp.219—257;对西方自由主义理念的霸权主义和干涉主义内核的批判,参见[美]

约翰·米尔斯海默:《大幻想:自由主义之梦与国际现实》,李泽译,上海人民出版社 2019 年版。当然,米尔斯海默不是反对干涉,而是反对以价值观为准绳的干涉。

33. 吴志成、吴宇:《人类命运共同体思想论析》,载《世界经济与政治》2018 年第 3 期,第 4—33 页;秦亚青、魏玲:《新型全球治理观与"一带一路"合作实践》,载《外交评论》2018 年第 2 期,第 1—14 页;苏长和:《坚持共商共建共享的全球治理观》,载《人民日报》2019 年 3 月 27 日。

34. Lawrence S. Finkelstein, "What is Global Governance," Global Governance, Vol.1, No.3, 1995, p.368.

35. Jacqueline Best, *Governing Failure: Provisional Expertise and the Transformation of Global Development Finance*, New York: Cambridge University Press, 2014, p.26. 类似的涉及方案维度治理行动的研究,参见 Michael Barnett and Martha Finnemore, *Rules for The World: International Organizations in Global Politics*, Ithaca: Cornell University Press, 2004。在这本书里,两位作者所讨论的国际组织建构的"规则"均是高度操作化的。

36. Steven Bernstein and Hamish van der Ven, "Best Practices in Global Governance," *Review of International Studies*, Vol.43, No.3, 2017, pp.534—556; André Broome and Leonard Seabrooke, "Seeing Like an International Organisation," *New Political Economy*, Vol.17, No.1, 2012, pp.7, 11.

37. Charles Gore, "The Rise and Fall of the Washington Consensus as a Paradigm for Developing Countries," *World Development*, Vol.28, No.5, 2000, pp.789—804.

38. 对国际组织自主性的研究,参见 Robert Cox and Harold Jacobson, *The Autonomy of Influence: Decision Making in International Organization*, New Haven: Yale University Press, 1973; Ngaire Woods, *The Globalizers: The IMF, the World Bank, and Their Borrowers*, Ithaca, Cornell University Press, 2006; Thomas G. Weiss, "How United Nations Ideas Change History," *Review of International Studies*, Vol.36, No.1, 2010, pp.3—23; Songying Fang and Randall W. Stone, "International Organizations as Policy Advisors," *International Organization*, Vol.66, No.4, 2012, pp.537—569。

39. 关于委托-代理理论在国内政治研究中的应用,参见 D. Roderick Kiewiet and Mathew D. McCubbins, *The Logic of Delegation: Congressional Parties and the Appropriations Process*, Chicago: University of Chicago Press, 1991。

40. Lisa L. Martin and Beth A. Simmons, eds., *International Institutions: An International Organization Reader*, Cambridge: The MIT Press, 2001, p.2.

41. Kenneth W. Abbott and Duncan Snidal, "Why States Act through Formal International Organizations," *Journal of Conflict Resolution*, Vol.42, No.1, 1998, pp.3—32; David A. Lake and Mathew D. Mccubbins, "The Logic of Delegation to International Organizations," in Darren G. Hawkins, et al., eds., *Delegation and Agency in International Organizations*, New York: Cambridge University Press, 2006, pp.342—344.

42. Lisa Martin, "Distribution, Information, and Delegation to International Organizations: The Case of IMF Conditionality," in Darren G. Hawkins, et al., eds., *Delegation and Agency in International Organizations*, New York: Cambridge University Press, 2006, pp.141—147; Daniel L. Nielson and Michael J. Tierney, "Delegation to International Organizations: Agency Theory and World

Bank Environmental Reform,"*International Organization*，Vol.57，No.2，2003，pp.241—276；Tamar Gutner，"Explaining the Gaps Between Mandate and Performance：Agency Theory and World Bank Environmental Reform,"*Global Environmental Politics*，Vol.5，No.2，2005，pp.10—37；Roland Vaubel，"Principal-Agent Problems in International Organizations,"*The Review of International Organizations*，Vol.1，No.2，2006，pp.125—138；Ngaire Woods and Narlikar Amrita，"Governance and the Limits of Accountability：The WTO, the IMF, and the World Bank,"*International Social Science Journal*，No.53，2001，pp.569—583.

43. 汤蓓：《伙伴关系与国际组织自主性的扩展：以世界卫生组织在全球疟疾治理上的经验为例》，载《外交评论》2011年第2期，第122—132页。

44. Michael Barnett and Martha Finnemore，*Rules for The World：International Organizations in Global Politics*，Ithaca：Cornell University Press，2004，Chapter 2.

45. 刘莲莲：《国际组织理论：反思与前瞻》，载《厦门大学学报(哲学社会科学版)》2017年第5期，第23页。

46. Roland Vaubel，"Bureaucracy at the IMF and the World Bank：A Comparison of the Evidence,"*The World Economy*，No.19，1996，p.195；Manfred Elsig，"Principal-agent Theory and the World Trade Organization：Complex Agency and 'Missing Delegation',"*European Journal of International Relations*，Vol.17，No.3，2011，p.498.

47. Michael Barnett and Martha Finnemore，*Rules for The World：International Organizations in Global Politics*，Ithaca：Cornell University Press，2004，Chapter 2；Jeffrey M. Chwieroth，"Normative Change from Within：The International Monetary Fund's Approach to Capital Account Liberalization,"*International Studies Quarterly*，Vol.52，No.1，2008，p.130.

48. Tana Johnson and Johannes Urpelainen，"International Bureaucrats and the Formation of Intergovernmental Organizations：Institutional Design Discretion Sweetens the Pot,"*International Organization*，Vol.68，No.1，2014，pp.177—209.

49. 吴文成：《组织文化与国际官僚组织的规范倡导》，载《世界经济与政治》2013年第11期，第96—118页；吴文成：《选择性治理：国际组织与规范倡导》，上海人民出版社2017年版。类似研究参见 Bessma Momani，"Limits on Streamlining Fund Conditionality：The International Monetary Fund's Organizational Culture,"*Journal of International Relations and Development*，Vol.8，No.2，2005，pp.142—163。

50. Jeffrey M. Chwieroth，*Capital Ideas：The IMF and the Rise of Financial Liberalization*，Princeton：Princeton University Press，2010；André Broome，"Back to Basics：The Great Recession and the Narrowing of IMF Policy Advice,"*Governance*，Vol.28，No.2，2015，pp.147—165；Ilene Grabel，"Not Your Grandfather's IMF：Global Crisis, 'Productive Incoherence,' and Development Policy Space,"*Cambridge Journal of Economics*，Vol.35，No.5，2011，pp.805—830.

51. 讨论"非中性"问题的研究，参见李巍：《国际秩序转型与现实制度主义理论的生成》，载《外交评论》2016年第1期，第31—59页；李巍：《制度之战：战略竞争时代的中美关系》，社会科学文献出版社2017年版；任琳：《"退出外交"与全球治理秩序———一种制度现实主义的分析》，载《国际政治科学》2019年第1期，第84—115页。当然，此类研究都主要关注正式国际制度。

52. Jacqueline Best，*Governing Failure：Provisional Expertise and the Trans-*

formation of Global Development Finance,New York:Cambridge University Press,2014;Deborah D. Avant,Martha Finnemore,and Susan K. Sell,*Who Governs the Globe?* New York:Cambridge University Press,2010.

53. 中国国务院新闻办公室:《新时代的中国与世界》(白皮书),2019 年 9 月。

54. 这一点在金砖四国领导人首次会晤的声明上就被明确指出了。《"金砖四国"领导人俄罗斯叶卡捷琳堡会晤联合声明》,2009 年 6 月 16 日,http://www.gov.cn/ldhd/2009-06/17/content_1342167.htm,最后访问时间:2022 年 8 月 18 日。

55. Scott L. Kastner,Margaret M. Pearson and Chad Rector,"Invest,Hold up,or Accept? China in Multilateral Governance,"*Security Studies*,Vol.25,No.1,2016,pp.142—179. 注意,新兴大国的定义一直存在争议,笔者认为,新兴大国应包含三个维度:物质维度上,应有相对强大的权力基值(包括国土、人口、资源、市场和管理制度)和较高的经济增长速度及发展潜力;国际制度维度上,应是传统国际秩序的客体,或所谓被领导者;观念维度上,应有较强的国家振兴欲望和全球性政治抱负,在此意义上,可以被称为新兴大国的国家至少应当参加一个由发展中大国组成的集团,并能与西方大国展开有效的互动。对定义的相关讨论参见周鑫宇:《新兴国家崛起与国际权力结构变迁》,载《太平洋学报》2010 年第 8 期,第 31 页;宋玉华、姚建农:《论新兴大国的崛起和现有大国的战略》,载《国际问题研究》2004 年第 6 期,第 50—51 页。

56. 关于中国积极争取全球治理中制度性权力的研究,参见李巍:《制度之战:战略竞争时代的中美关系》,社会科学文献出版社 2017 年版;李巍、孙忆:《理解中国经济外交》,载《外交评论》2014 年第 4 期,第 1—24 页;孙吉胜:《当前全球治理与中国全球治理话语权提升》,载《外交评论》2020 年第 3 期,第 1—22 页。

57. 王毅:《在习近平总书记外交思想指引下开拓前进》,载《学习时报》2017 年 9 月 1 日。

58. Dingding Chen,Xiaoyu Pu and Alastair Iain Johnston,"Debating China's Assertiveness,"*International Security*,Vol.38,No.3,2014,p.177.

59. 王明国:《选择性退出、多边间竞争与特朗普的反制度化国际战略》,载《国际论坛》2020 年第 1 期,第 20—40 页。

60. 赵可金:《全球治理知识体系的危机与重建》,载《社会科学战线》2021 年第 12 期,第 176—191 页。

61. Barbara Koremenos,Charles Lipson and Duncan Snidal,"The Rational Design of International Institutions,"*International Organization*,Vol.55,No.4,2001,pp.761—799.

62. 汤蓓:《试析国际组织行政改革的动力机制——以世界卫生组织为例》,载《国际观察》2013 年第 6 期,第 50—55 页;汤蓓:《试析国际组织行政模式对其治理行为的影响》,载《世界经济与政治》2012 年第 7 期,第 43—63 页。

63. 陈志敏、苏长和主编:《增量改进:全球治理体系的改进和升级》,https://sirpa.fudan.edu.cn/info/1038/1513.htm,最后访问时间:2022 年 8 月 18 日。

64. 后面的实证部分将详述这些变化,这里暂不展开。

65. Amitav Acharya and Barry Buzan,*Non-Western Internations Theory:Perspectives on and beyond Acha*,New York:Routledge,2010;高鹏、朱翊民:《全球国际关系学:国际关系研究认识论的发展与创新》,载《国际政治研究》2022 年第 1 期,第 62—86 页。

66. 秦亚青:《全球治理失灵与秩序理念的重建》,载《世界经济与政治》2013 年第 4 期,第 4—18 页。还可参见苏长和:《从关系到共生——中国大国外交理论的文化和制度阐释》,载《世界经济与政治》2016年第1期,第5—25页。

67. 习近平:《迈向命运共同体 开创亚洲新未来——在博鳌亚洲论坛2015年年会上的主旨演讲》,载《人民日报》2015年3月29日。

68.《习近平谈治国理政》(第二卷),外文出版社2017年版,第41页。

69. Randall L. Schweller and Xiaoyu Pu, "After Unipolarity: China's Visions of International Order in an Era of U.S. Decline," *International Security*, Vol.36, No.1, 2011, pp.41—72.

70. 柯静:《世界贸易组织改革:挑战、进展与前景展望》,载《太平洋学报》2019年第2期,第25—37页。

71. [美]玛莎·芬尼莫尔:《国际社会中的国家利益》,袁正清译,上海人民出版社2012年版,第四章。

72. 详见第五、六章。

73. 秦亚青:《国际体系的延续与变革》,载《外交评论》2010年第1期,第1—13页。

74. 代表性研究参见 Matthew D. Stephen, "Emerging Powers and Emerging Trends in Global Governance," *Global Governance*, Vol.23, No.3, 2017, pp.483—502; Oliver Stuenkel, *Post-Western World: How Emerging Powers are Remaking Global Order*, John Wiley & Sons, 2017; Deborah Welch Larson and Alexei Shevchenko, "Status Seekers: Chinese and Russian Responses to US Primacy," *International Security*, Vol.34, No.4, 2010, pp.63—95; Daniel Flemes, "India-Brazil-South Africa(IBSA) In The New Global Order: Interests, Strategies and Values of The Emerging Coalition," *International Studies*, Vol.46, No.4, 2009, pp.401—421; Eswaran Sridharan, "Where is India Headed? Possible Future Directions in Indian Foreign Policy," *International Affairs*, Vol.93, No.1, 2017, pp.51—68。

75. John G. Ikenberry, "The Rise of China and The Future of the West: Can the Liberal System Survive," *Foreign Affairs*, Vol.87, No.1, 2008, pp.23—37; Alastair Iain Johnston, "Is China a Status Quo Power?," *International Security*, Vol.27, No.4, 2003, pp.5—56; Ann Kent, "China's International Socialization: The Role of International Organizations," *Global Governance*, Vol.8, No.3, 2002, pp.343—364.

76. 代表性研究参见 Yves-Heng Lim, "How(Dis)satisfied Is China? A Power Transition Theory Perspective," *Journal of Contemporary China*, Vol.24, No.92, 2015, pp.280—297; Deborah Welch Larson and Alexei Shevchenko, "Status Seekers: Chinese and Russian Responses to U.S. Primacy," *International Security*, Vol.34, No.4, 2010, pp.63—95; Larry Diamond, Marc F. Plattner and Christopher Walker, *Authoritarianism Goes Global: The Challenge to Democracy*, Baltimore: John Hopkins University Press, 2016, chapter 1 and chapter 12; Matthew D. Stephen, "Rising Powers, Global Capitalism and Liberal Global Governance: A Historical Materialist Account of the BRICs Challenge," *European Journal of International Relations*, Vol.20, No.4, 2014, pp.912—938; Randall L. Schweller and Xiaoyu Pu, "After Unipolarity: China's Visions of International Order in an Era of U.S. Decline," *International Security*, Vol.36, No.1, 2011, pp.41—72; Charles A. Kupchan, "The Normative Foundations of Hegemony and the Coming Challenge to Pax Americana," *Security Studies*, Vol.23, No.2, 2014,

pp.219—257；John Ikenberry，*A World Safe for Democracy：Liberal Internationalism and The Crises of Global Order*，Yale University Press，2020；Rohan Mukherjee，*Ascending Order：Rising Powers and the Politics of Status in International Institutions*，Cambridge University Press，2022；贺凯、冯惠云：《领导权转移与全球治理：角色定位、制度制衡与亚投行》，载《国际政治科学》2019 年第 3 期，第 31—59 页；徐进：《理念竞争、秩序构建与权力转移》，载《当代亚太》2019 年第 4 期，第 4—25 页。

77. Falin Zhang, "Holism Failure: China's Inconsistent Stances and Consistent Interests in Global Financial Governance," *Journal of Contemporary China*, Vol.26, No.105, 2017, pp.360—384.

78. 代表性研究参见 Deborah Bräutigam："Aid 'with Chinese Characteristics'：Chinese Foreign Aid and Development Finance Meet the OECD-DAC Aid Regime," *Journal of International Development*, Vol.23, No.5, 2011, pp.752—764；徐秀丽、李小云：《平行经验分享：中国对非援助理论的探索性构建》，载《世界经济与政治》2020 年第 11 期，第 117—135 页；何银：《发展和平：联合国维和建中的中国方案》，载《国际政治研究》2017 年第 4 期，第 10—32 页。

79. John D. Ciorciari, "China's Structural Power Deficit and Influence Gap in the Monetary Policy Arena," *Asian Survey*, Vol.54, No.5, 2014, pp.869—893.

80. Jeffrey A. Bader, *How Xi Jinping Sees the World & and Why*, Washington, D.C.: Brookings Institution, 2016; Gregory Chin and Eric Helleiner, "China as a Creditor: A Rising Financial Power?" *Journal of International Affairs*, Vol.62, No.1, 2008, pp.87—102; Injoo Sohn, "Between Confrontation and Assimilation: China and the Fragmentation of Global Financial Governance," *Journal of Contemporary China*, Vol.22, No.82, 2013, pp.630—648.

81. David A. Lake, Lisa L. Martin, and Thomas Risse, "Challenges to the Liberal Order: Reflections on International Organization," *International Organization*, Vol.75, No.2, 2021, pp.225—257.

82. 有少数研究注意到了这一点，参见 Steve Chan, Weixing Hu, and Kai He, "Discerning states' Revisionist and Status-quo Orientations: Comparing China and the US," *European Journal of International Relations*, Vol.25, No.2, 2019, pp.613—640。

83. Julia C. Morse and Robert O. Keohane, "Contested Multilateralism," *The Review of International Organizations*, Vol.9, No.4, 2014, pp.385—412.

84. 李巍：《国际秩序转型与现实制度主义理论的生成》，载《外交评论》2016 年第 1 期，第 31—59 页；李巍、罗仪馥：《从规则到秩序——国际制度竞争的逻辑》，载《世界经济与政治》2019 年第 4 期，第 28—57 页；任琳：《"退出外交"与全球治理秩序——一种制度现实主义的分析》，载《国际政治科学》2019 年第 1 期，第 84—115 页。

85. 陈志敏、苏长和主编：《增量改进：全球治理体系的改进和升级》，https://sirpa.fudan.edu.cn/info/1038/1513.htm，最后访问时间：2022 年 8 月 18 日。

86. Scott L. Kastner, Margaret M. Pearson and Chad Rector, "Invest, Hold up, or Accept? China in Multilateral Governance," *Security Studies*, Vol.25, No.1, 2016, pp.142—179; Phillip Y. Lipscy, "Explaining Institutional Change: Policy Areas, Outside Options, and the Bretton Woods Institutions," *American Journal of Political Science*, Vol.59, No.2, 2015, pp.341—356.

87. 朱杰进:《崛起国改革国际制度的路径选择》,载《世界经济与政治》2020年第6期,第79—84页。

88. 陈拯:《霸权国修正国际制度的策略选择》,载《国际政治科学》2021年第3期,第33—67页。

89. Phillip Lipscy, *Renegotiating the World Order: Institutional Change in International Relations*, Cambridge University Press, 2017; Scott L. Kastner, Margaret M. Pearson and Chad Rector, "Invest, Hold up, or Accept? China in Multilateral Governance," *Security Studies*, Vol.25, No.1, 2016, pp.142—179;刘宏松、刘玲玲:《威胁退出与国际制度改革:以英国寻求减少欧共体预算摊款为例》,载《世界政治研究》2019年第1期,第74—100页。

90. 徐进:《中美战略竞争与未来国际秩序的转换》,载《世界经济与政治》2019年第12期,第21—37页;陈拯:《改制与建制之间:国际制度竞争的策略选择》,载《世界经济与政治》2020年第4期,第81—109页。

91. 朱杰进:《崛起国改革国际制度的路径选择》,载《世界经济与政治》2020年第6期,第79—84页。

92. 刘铁娃:《霸权地位与制度开放性:解释美国对联合国教科文组织影响力的演变》,载《国际论坛》2012年第6期,第14—20页;汤蓓:《财政危机下的国际组织变革路径》,载《世界经济与政治》2019年第9期,第132—153页。

93. Alastair Iain. Johnston, *Social States: China in International Institutions (1980—2000)*, Princeton University Press, 2014; Alice D. Ba, "Who's Socializing Whom? Complex Engagement in Sino-ASEAN Relations," *The Pacific Review*, Vol.19, No.2, 2006, pp.157—179.

94. Thomas Risse, "'Let's argue!': Communicative Action in World Politics," *International Organization*, Vol.54, No.1, 2000, pp.1—39; David Ciplet, "Means of the Marginalized: Embedded Transnational Advocacy Networks and the Transformation of Neoliberal Global Governance," *International Studies Quarterly*, Vol.63, No.2, 2019, pp.296—309.对规范变迁研究的综述,参见陈拯:《建构主义国际规范演进研究述评》,载《国际政治研究》2015年第1期,第136—140页。

95. Ryder McKeown, "Norm Regress: US Revisionism and the Slow Death of the Torture Norm," *International Relations*, Vol.23, No.1, 2009, pp.5—25.

96. Amitav Acharya, "Norm Subsidiarity and Regional Orders: Sovereignty, Regionalism, and Rule-Making in The Third World," *International Studies Quarterly*, Vol.55, No.1, 2011, pp.95—123; Randall L. Schweller and Xiaoyu Pu, "After Unipolarity: China's Visions of International Order in an Era of U.S. Decline," *International Security*, Vol.36, No.1, 2011, pp.41—72.

97. 秦亚青:《全球治理失灵与秩序理念的重建》,载《世界经济与政治》2013年第4期,第4—18页。

98. 袁正清、肖莹莹:《国际规范研究的演进逻辑及其未来面向》,载《中国社会科学评价》2021年第3期,第129—145页。

第二章
全球治理深度变革的复合动力

实现全球治理的深度变革可被理解为一个需要破除重重阻力的"闯关"行动。由于一个领域内全球治理体系的不同层次具有不同特性,变革其中一个层次需要有针对性的改革努力。如前一章已经简要讨论的,国际关系理论已经较好地总结了与决策权分配和宏观理念变革相适应的变革动力——权力博弈和话语互动。但是,这两种改革动力并不能自动延伸到治理方案层次。基于实践理论和认知演化理论,本章提出,治理方案创新以及创新性方案的扩散有着独特的动力机制——创新实践。新方案的建构不但需要基于地方性实践的治理知识革新,还需要新方案在随后的初步治理试验中有积极的绩效。除了创新实践之外,既有的权力和宏观理念结构也可能影响方案创新的空间,并能加速或减缓新方案获得体系性地位的进程。因此,如果说围绕正式制度变革的权力博弈已经十分困难的话,触及方案创新的深度变革则需要三大变革机制的协同才可能达成较好效果。

第一节 强制性权力与全球治理变革

一提到推动全球治理变革,人们首先想到的变革动力便是大国对强制性权力的使用。诚然,国家仍然是最强大的国际行为体,拥有最多的资源和最高的合法性。国家本身就是关键全球治理者,它们可在决策权分配、宏观理念、治理方案三个层次成为关键改革力量。但是,如果单纯讨论国家使用强制性权力这一种变革机制,则该机制产生的效应必然有限。强制性权力直接作用于正式国际制度,也可配合和促进其他变革机制起效。但若改革者仅仅使用权力而无话语和方案方面的建树,则其也无法将改革推到更深层次。

一、强制性权力驱动全球治理变革的原理

国际关系两大体系理论——新现实主义和新自由制度主义理论——都从国家中心主义视角来理解全球治理,最看重全球治理中的正式国际制度和国际组织。现实主义理论家将国际制度和国际组织视为"国家尤其是大国借以推行其外交政策并为其国家利益服务的工具",而新自由制度主义理论家也主要将国际制度和组织视为"通过克服集体行动难题、促进国际合作来服务于成员国共同利益的工具"。[1]在这一框架下,相关理论在分析全球治理变革问题时皆将国家运用强制性权力视为变革的底层逻辑,并将分析对象设定为正式国际制度和由此派生出的国际组织。

理性选择制度主义理论最早分析了国家的国际制度设计行为。该理论认为,国家间利益分配、规则执行难易、成员国数量、不确定性等变量决定了国际制度设计的诸多方面,如成员资格、议题领域、治理结构、权利义务要求、决策机制和制度弹性等。[2]也就是说,国家是根据其在合作中的功能性需求来设计国际制度和由此派生的国际组织的。由于多数采用此理论的文献仅聚焦正式国际制度的初始设计,而非制度的动态演变,我们只能推论该理论对变革机制的判断:国际制度和组织应该向着更有利于解决国家间合作难题的方向变化。

国际制度和国际组织的变革不仅是功能性需求的结果,更受到国际权力结构变化的驱动。如何衡量国际权力结构变动?持霸权稳定论的学者认为,霸权国是确保国际秩序建立和良性运转的关键因素,而霸权更替是国际秩序变动的关键动力。[3]当然,单纯强

调霸权国的变化对我们分析全球治理变革问题助益有限。由于全球治理涉及议题多样,且全球治理需要调动多元参与者并在多层次采取措施,单纯的物质实力的可置换性可能有限。因此,即使是霸权国也无法保证自己在每一次互动、世界的每一个角落和每个议题中都享有充分的权力优势,而拥有权威并能够组织起有效的全球集体行动的治理者也不一定是霸权国。[4] 因此,国际领导的转变可能对全球治理变革有更直接的影响。与霸权相比,国际领导(或国际领导集团)不仅要求有关行为体具有较高的物质实力,还要求它们运用所掌握的物质力量、政治影响力和外交技巧等资源,提供全球性公共物品,满足并在一定程度上建构追随者身份认同和利益偏好,推动并维持有效的集体行动,并根据形势变化推动全球治理体系的变革。与霸权不同,国际领导是领导者——追随者关系构成的系统。除了需要具有显著的权力优势之外,国际领导地位的维持还需追随者的支持,即追随者没有充分的能力以挑战现存秩序,或没有这方面的偏好。[5]

国际领导(或领导集团)可以成为国际制度改革的推动力。国际领导(或领导集团)可以依靠谈判技巧,通过巧妙地设计议程和议题联系策略,并运用其政治影响力谋求在多边谈判启动前同其追随者预先达成共识,从而向其他行为体施压,把握国际制度改革方向。[6] 当然,除了国际领导集团主动发起的改革,领导集团成员的变化也会引发制度变革。国际领导体制的稳定依赖于权力结构和领导者——追随者关系结构的稳定,而长期维持这两大结构的稳定不变是不容易的。由于外在环境、物质条件,以及追随者能力和观念的变化,国际领导体制总是处于变迁进程中。随着世界经济的发展和国际资本流动,权力要素可能由最初的集中走向分散,进而向领导者国家(集团)之外的国家和地区重新集聚,从而导致既有国际领导体制合法性和有效性双重赤字:物质力量在国际体系内的重新分配导致旧领导权力配置代表性下降;由于可用资源捉襟见肘,既有国际领导发挥领导作用的意愿和能力都将明显下降,使它既难以维持追随者对其权威的认可,也难以通过提供公共物品和强力手段维持集体行动按其意愿发展。[7]除了权力分布变化,传统的追随者身份的转变也对国际领导集团的转变有直接影响。安东尼奥·葛兰西(Antonio Gramsci)首先论及了追随者意图问题,指出塑造被领导者的反抗观念是推翻不平等制度的关键。[8]斯蒂芬·克拉斯纳(Stephen D. Krasner)也在其"修正结构主义"理论框架下分析了挑战者意图对全球秩序变迁的意义。他指出,挑战者形成统一变革诉求的能力对国际秩序的未来至关重要。挑战者的诉求的性质是"变位权力诉求"——对既有制度架构进行根本性改革的主张,还是"联系权力诉求"——在承认既定秩序的前提下寻求自我利益的最大化,决定了全球秩序变迁的方向和程度。[9]综上所述,在霸权和国际领导理论视野下,全球治理正式制度的形态与霸权和国际领导紧密绑定,也正因为此,国际领导的转变可被视为导致国际制度变迁的直接动力。

虽然霸权和国际领导的变动显然可以驱动全球治理的变革,但这一变革逻辑仍太简单化了。事实上,许多国际制度变革并不仅仅依赖国际领导集团发动的自上而下的改革。大国间可能展开更为复杂的权力博弈。针对权力结构变化与国际制度变迁的关系问题,一些历史制度主义理论强调外部冲击(如战争、革命、危机等)造成的国际结构变动——即"关键节点"——推动了制度变革,并强调制度变迁的路径依赖特性。另一些历史制度主义理论则主张淡化关键节点的重要性,强调大国博弈可能渐进地推动制度变革,这种变革不一定总是路径依赖的。[10]抛开变革是否有路径依赖特点不谈,有一点是多数学者所认同的:崛起国和守成国可能开展"制度竞争",从而为既有制度施加强大压力,催生变革。那么,在进行权力博弈时,改革一方会采取何种策略?其策略选择会受哪些因素影响?这里至少有三种分析视角。

其一,一些研究关注改革者如何处理与既有国际组织和制度的关系。复旦大学国际关系与公共事务学院的《2014 复旦全球治理报告:增量改进——全球治理体系的改进和升级》提出了国际组织改革的"增量改进"战略,指出崛起国可以用内外结合的方式推动国际组织改革,即在国际组织内部推动决策权和制度变革,而在外部通过新设国际组织等方法倒逼传统国际组织改革。[11]另有学者指出,"崛起国能否建立稳定可见的自我约束机制,塑造'新旧'国际制度的合作预期,是决定国际制度能否创建成功的关键",而这需要通过策略性制度设计来实现。[12]其二,学者讨论了外部条件对改革者策略选择的影响。有学者指出,改革者能否对国际组织的传统主导国施加充分压力,取决于其是否有替代方案(这能增强其施压行为的可信性),而这又取决于议题领域的特性。"有些议题可以被分散性治理来解决,而有些议题则需要统一和集中的治理才能被有效管理。因此,不同政策领域的竞争性不同。这种竞争可能存在于制度之间,也可能存在于双边、单边和私有治理者之间。结果便是,替代方案对制度成员的吸引力是不同的。"[13]在此基础上,倾向改革国际组织的国家可根据替代方案的吸引力和挑战既有制度的成本来选择行动策略——退出、威胁退出、再谈判,或者更保守的改革试探。[14]与上述理论类似,一些学者从组织生态学视角提出,组织密度和资源可获得性为组织发展提供了限制或机会。找到组织密度相对较低、资源相对较丰富的生态位是组织群体发展的必要条件。[15]这里,国际组织的生态位从根本上仍受国家资源投入和支持力度的塑造。其三,还有学者同时将改革者和既有制度体系中的改革空间结合起来考虑。如李巍提出:"国际制度竞争则可能成为激活制度的力量……迫使相关国际组织、国际机构和国际机制进行自身改革来提高运行效率,以更好地提供公共服务,否则成员国就会用脚投票,进而使之面临着被淘汰的命运。"[16]这里,李巍同时强调大国博弈和国际组织制度设计的合法性和有效性对组织发展方向的影响,前者为首要和最根本的变革动力。[17]朱杰进也提出,主导性制度的弹性——制度可被重新解释的模糊性和开放性——和霸权国的否决能力对崛起国策略选择有重大影响。[18]

　　综上所述,经过多年的理论发展,我们已经能够较清晰地理解强制性权力推动全球治理变革的基本逻辑。无论相关理论的具体论点如何,其底层逻辑是大体相同的:它们都仅仅关注全球治理体系中正式国际制度和国际组织的变化,都将国家——尤其是大国——视为理所应当的、甚至唯一的变革动力,都认为国家的意愿可以通过政治权力直接施加到变革对象之上。有趣的是,应用委托-代理理论的国际组织研究往往被冠以尊重国际组织自主性的帽子,但是,它们在讨论国际组织变革问题时也认为国家是变化的第一推动者。委托-代理理论认为,国家可以赋予国际组织自主性,也就可以收紧控制,这构成国家推动国际组织变化的机制。国家可以运用调整国际组织人员结构、改善监控机制、威胁转移对国际组织的支持、直接修改国际组织章程等手段来推动国际组织的制度和具体行为变革。[19]因此,委托-代理理论对国际组织变革原动力(国家)和机制(对国家利益和权力的反应)的认识都与前述理论一致,只是增加了一个中间环节,并更加重视组织有限的抗拒或迟滞变革的能力。

二、强制性权力的限度

　　强制性权力能够驱动全球治理体系变革,这一点确定无疑。但是,强制性权力的变革效应有多大,其究竟能够达到全球治理的哪个层次？这些问题还需要进一步讨论。综合既有文献的观点,并结合本书对全球治理的层次划分,笔者认为,强制性权力在推动全球治理体系变革时至少有四方面局限。第一,从权力本身的运行逻辑来看,权力之间的相互制约和斗争可能消解全球治理改革的动力,拖慢全球治理改革进程。理论上,若霸权国或国际领导这种拥有极大国际政治权力的行为体(集团)想推动改革,则其遇到的阻力可能较小。但事实上,顶层的权力变革往往并不容易,改革者一般都会遇到强大的改革阻力。即使霸权国也可能因领导力不足而无法达成其制度变革目标。[20]因此,围绕改革的权力博弈从一开始就是充满荆棘之路,自上而下的改革路径的效果并不见得比后面要讨论的话语互动和创新实践机制更好。此外,如果改革者和守成者过分专注于权力竞争,则他们可能无暇进行更实质性、更灵活的理念和方案创新。第二,单纯的强制性权力无法告诉人们变革的具体方向和内容。前文已经建立了本书的基础性观点,即全球治理体系包含决策权分配、宏观理念、治理方案三个层次。从逻辑上讲,权力本质上只是赋予了权力所有者影响(往往有强迫性)他人行动的能力。[21]从这个意义上,权力是关系性和工具性的。改革者获得了权力后,他们只是有了更多机会和能力来推广自己的新理念和新方案,但若它们没有新的想法,则其改革目标必然极为有限。第三,与前一点相关,虽然国家权力可能是正式制度变革的关键动力,但其也非方案变革的必要条件。前文已经讨论过,全球治理方案的产生并非只依靠国家,许多非国家行为体——尤其是具有自主性的国际组织——也是重要的方案建构者,而国家的推动与这些行为体的方案建构行动之间的联系并非直截了当。一方面,国家不一定能够推动国际组织所提供的治理方案的变革。比如,亚洲基础设施投资银行(以下简称"亚投行")在投票权方面是由中国主导,且亚投行确实获得了一部分世界银行的贷款客户,若以权力视角看,中国成功运用权力推动了多边开发银行的改革。但是,但由于亚投行人员雇用、组织文化等方面更接近传统多边开发银行,其在项目设计和执行过程中采用的规则仍与世界银行非常接近。这说明,物质层面的变化并不自动传导为方案层面的变化。[22]可见,国家的强力推动也并不一定是国际组织文化变革的充分条件。虽然足够强大的国家意志能够直接改变国际组织(甚至其文化),但是,国家往往只在少数情况(如问题涉及高政治领域,有明显的地缘政治经济后果时)下才有明确的改革指示。在多数情况下,国家往往只是给出模糊的指引。[23]另一方面,当我们把治理方案变革作为分析重点时,就会发现许多变革现象独立于国家意志。有经验研究发现,国际组织提供的治理方案的变化可能超前于国家立场的转变。比如,IMF在美国政府大力推动资本自由化之前就已经完成了组织文化从倾向资本管制向倾向资本自由化的转变。[24]第四,即使在改革者有了新方案和理念的情况下,若该方案在长期治理实践中无法取得积极绩效,则权力仅可在一段时期内维持新方案发展。权力引导的变革本质上基于"结果性逻辑",这从逻辑上不能改变行为体对"适当行为"的认知。[25]全球治理的归宿是问题的解决。无法解决问题的方案有再大的强制性权力支持也无法持久,这符合理论家对强制性权力的限度的认识(即硬权力只在部分情境下有效,并不能在不同情境和议题之间任意转化)。[26]即便大国可以利用权力优势促使一些小国接受新方案,但后者完全可以只在同前者的互动中作出积极姿态,而在同其他国家的互动中保持消极。这种机会主义态度意味着方案扩散需要少数大国的持续投入,这对其权力和物质能力都提出极高要求。方案扩散得越广,权力的效果也就可能越差。总之,妄图单纯依赖强制性权力的方案推广者往往会遭遇广大国际社会成员的抵制和制衡行动,从而导致有缺陷的新方案传播动力不断衰减。[27]

第二节 话语互动与全球治理变革

与单纯的强制性权力相比,话语类机制作为全球治理变革的动力有其独特的功能。争论、教育、劝说等话语机制既可以推动宏观理念的转变,也可推动新治理方案的传播。这使该机制所推动的变革不仅停留在正式制度和决策权层次。当然,话语机制也有局限。第一,话语机制的运行难免受到权力的干扰。第二,话语互动的主要功能是传播已经建构完成的全球治理方案,但这些新方案从何而来?这是单独的话语机制无法解决的。第三,由于话语机制所推广的新方案毕竟需要落地到实践进程中,话语的作用可能只是暂时性的,其长期效果仍然取决于实践中的反馈。

一、争论、理念流动与全球治理变革

建构主义国际关系理论对世界政治的理念维度进行了大量研究。早期的建构主义理论家奠定了建构主义的世界观基础，即物质世界的意义需要通过互动来赋予，而话语性（discursive）机制是社会建构的关键动力。[28]在宏观理论之下，建构主义实证研究的重要议程是国际规范研究。早期的国际规范研究集中关注规范的传播和国家的社会化，讨论的是主导性规范如何在规范倡导者的推动下，通过社会压力、劝说、争论等具体机制传入目标国，并最终使目标国将该规范内化为其判断适当行为的标准。[29]早期的规范传播研究明确定义了规范，并指出了推动规范传播的主要机制——即以劝说和争论为代表的话语性机制。但是，这些研究的缺陷也很明显。如阿查亚所言，主导性规范向边缘地区传播仅仅是世界政治理念维度运行规律的一部分内容，同样需要重视的是所谓"规范接收者"（norm-takers）的能动性。[30]有许多学者在这方面作出了努力。比如，一些学者强调国际规范和本土规范、文化的关系问题。他们认为，主导性国际规范传入一个国家时若同本土规范或文化严重冲突，则规范传播必然受阻。反之，若本土规范与外来规范有较好的兼容性，则国际规范传播会更顺利。[31]阿查亚在这方面又前进了一步，他指出，本土行为体并非机械地依据本土规范与外来规范的适配性来在"接受"和"拒绝"两个选项中作出非此即彼的选择。事实上，本土行为体可以"本土化"（localize）外来规范，即对后者进行改造，从而使之与本土规范产生一定程度的融合。[32]

尽管建构主义规范理论已经正视了本土行为体在规范传播过程中的能动性，但即便是规范本土化理论也仍属于规范传播和国家社会化框架之内，其讨论的问题都是主导性国际规范如何影响那些暂时未被社会化的国家，而不是那些主导性规范本身如何变革。这种思路将国际关系的理念维度过度结构化了，也不符合建构主义强调变化的世界观。[33]由此，后来的建构主义规范研究将规范变迁作为重点，提出了至少两个重要观点。第一，主导性规范也可以被改变。体系内的国家或其他行为体可以选择基于本土的理念和文化进行规范创新,从而对主导性规范和理念发起挑战。换言之,国际规范的运行逻辑不是单向的规范传播,而是双向的,既包括主导性规范的传播,也包括其他行为体推动的规范创新和变革。[34]第二,改变主导性规范的方法与规范传播方法大体相同,主要是劝说和辩论,只是发起方为原本处于相对弱势地位的行为体。一方面,既然主导性规范可以通过劝说、教育等机制传播,那么地方性规范也可以通过上述机制传播。另一方面,即使在力量对比不均衡的条件下,相对弱势的一方也可通过辩论来推动国际社会认知的改变,只要其辩论行为具有真实性、正当性和真诚性。[35]

结合本书对全球治理的分层,话语性机制的首要作用对象自然是宏观理念。建构主义研究指出,传统上处于相对边缘位置的国家(尤其是新兴大国)进行规范创新的主要动力是建构适当的国际地位。[36]这种地位追求往往是基于对既有国际领导者的不满,其所直接反对的,是既有国际领导所推广的不公正的秩序理念,以及宏观理念的建构过程对其他行为体的排斥。比如,新兴大国之所以提出改革西方的自由主义秩序观,主要是因为该秩序观仅由西方提出,仅有利于西方的利益,仅反映西方的价值,且具有一元性和排他性。[37]针对此,新兴大国可能直接将本土文化的理念维度抽象出来,形成与西方分庭抗礼的世界秩序理念,并将这些理念融入学术和外交话语中。这方面的典型例子包括中国学者所提出的"天下"观,以及后来中国政府和学界所积极推动的人类命运共同体理念。这些理念都相对抽象,且与中国的文化和世界观紧密相关。[38]

话语类机制当然也可推动方案层面的变革。当新的治理方案已经在某些地区被一些行为体所建构出来后,话语类机制推动的理念流动就成为这些新方案扩散的强大动力。在这方面,我们至少可以发现两个话语机制推动方案变革的途径。第一,如杰弗里·奇威罗斯(Jeffrey M. Chwieroth)所言,治理知识和理念随着人员而流动将引发方案层次的变革。³⁹ 他在研究国际组织治理行动的变化时发现,由人员招募引发的国际组织雇员代际更替可能导致国际组织文化的根本性变化。国际组织(尤其是 IMF 这样的经济治理机构)的官僚对适当治理目标和手段的认知受到西方精英大学专业化训练的建构性影响。而西方大学知识体系的转变(如从凯恩斯主义经济学占主导转向自由主义经济学占主导)则直接导致其毕业生(也就是未来的国际官僚)认知的代际差异。新理念随着新一代经济专家被招募而流入国际组织,组织文化也随着官僚的代际更替完成更新。当然,奇威罗斯也指明,人员招募可能是由国家有意推动的,但也可能是由国际组织自主执行的。前一种情况(实践中极少出现)在理论上属于国家中心主义的变革理论范畴,而后一种情况(实践中更为普遍)则可被归为内生性变革机制。⁴⁰ 第二个由话语机制推动方案变革的途径也是理念倡导行为。倡导行为不只局限于前文所讨论的宏观理念,事实上,可操作的治理方案也可由倡导者通过施压、教育、劝说等手段加以推广。⁴¹ 例如,苏珊·帕克(Susan Park)发现,世界银行在 20 世纪 90 年代将环境和社会安全保障标准纳入其发展融资方案之中,这种治理方案层次的变革就是由国际非政府组织不断通过辩论、劝说等方式向世界银行施压而达成的。⁴² 除了直接针对国际组织的话语互动,非政府组织还可以采取"回旋镖"策略,⁴³ 通过游说国际组织成员国(如游说美国国会)的方式,迂回达成对国际组织施压的目的。⁴⁴ 当然,除了非政府组织,持有新治理方案的国家也可对国际组织提供的方案发起挑战。比如,奇威罗斯发现,促进 IMF 调整其资本自由化政策的推动力是其与韩国、巴西、印度尼西亚等经济体就资本管制问题的话语互动。与传统的国家中心主义理论不同,在该研究中,国家改变国际组织认知的主要方式是话语抗争。⁴⁵ 此外,能力建设也并非单纯的技术性支持,而是试图通过改变目标国决策者的知识结构,提升其政策能力和信心,并在其国内建构支持新规则的政治力量来助力规范和规则扩散。⁴⁶

二、话语互动机制的局限性

虽然话语机制显然具备推动全球治理深度变革的潜力,但话语互动机制也有其局限性。第一,若无权力和创新实践的支持,单凭话语互动不一定能导致全球治理方案的根本性变革。前文已经讨论过,外来规范在本地的社会化往往是一个本土化过程。这不仅对地区和国家适用,对国际组织或其他全球治理者也适用。因此,如果某一治理者——尤其是拥有较高自主性并受到组织文化强大影响的国际组织——受到的变革压力不够强,那么外部变革力量的影响还是要经受治理者内部的认识变化的过滤。有研究发现,国际组织受外部非国家行为体影响的程度可能受到国际组织类型(如服务型组织比论坛型组织更易受影响)、议题契合度(议题契合度越高,非政府组织影响力越强)、国际组织对非国家行为体的资源和服务需求、国际组织内部治理结构等因素的影响。[47]奇威罗斯也指出,国际官僚可能通过规范叠加方式渐进地改变国际组织文化,这种渐进式变革的关键是处理好新理念和既有组织文化的关系,以使政策创新在相对宽松的环境(而非激烈的规范对抗)中逐渐成长起来。[48]总之,外部力量可提供新理念的源泉并助推组织文化变革,但变革归根结底仍有赖于国际官僚的学习。若是这样,则话语并不能保证方案变革。更有可能的情况是,要么外来方案因为不符合治理者内部文化而被拒绝,要么外来方案被吸收(甚至扭曲),从而成为治理者既有方案的一部分。这显然不是令人满意的方案变革。第二,话语类机制只能推广成型的治理方案,单凭话语机制无法实现全球治理方案的创新。从逻辑上,传统建构主义规范理论的一大短板是解释创新理念在没有倡导者情况下的社会建构问题。[49]相关理论中的新理念仍主要来自治理者(如国际组织)的外部——高校的专业知识、非政府组织理念等。那么,这些新方案最初是如何被建构出来的?这就显然不能依靠辩论、倡导,而是要依靠后文将要讨论的创新实践。第三,当一个议题领域内存在较强的传统规范(和以此为基础的方案),且新方案的具体效果并不明朗时,辩论、劝说、教育可能只能初步打破原有的规范性认知,为新方案争取到生存空间。并且,新方案落地后也需要经受反对方的各种以阻滞其扩散为目的的制衡行动。[50]因此,如果不能一步到位地扭转目标国的认知,那么新方案在更广范围、更长时期内的发展就需要其他机制的支持。从长期来看,真正决定新规范(和以此为基础的新方案)是否拥有持久生命力的,是该规范和方案本身的性质。一些学者曾尝试对"好规范"与"坏规范"进行区分:好规范符合国际公益、内在逻辑一致,而坏规范只服务少数国家的利益,且其存在内在不一致和双重标准。[51]但是,这一区分方法过于简化。一个规范的好与坏往往并不是从规范提出之初就已经确定的。许多规范在提出之初并不具有确定无疑的内在逻辑缺陷,且规范推广者也往往会给出大量论证来支持规范的正当性和有效性。换言之,在新规范和方案提出之初,人们对它们的认识很可能处于模糊状态。因此,究竟新规范和方案是好还是坏,取决于其进入实践后的运行情况。

第三节 创新实践与全球治理变革

如果说权力和话语机制对全球治理体系变革的推动作用已经被广为讨论,那么作为变革动力的实践则未得到充分重视。虽然实践可能无法直接作用于正式制度和宏观理念层次,但其直接驱动着治理方案层次的创新与变革。创新实践是新方案的根本来源,没有创新实践,则权力和话语机制推动的改革是无源之水。创新实践还可单独成为新方案扩散的推动力。即便那些权力较弱、缺乏话语权的行为体发起的创新实践,也可能因为新方案产生了较好的治理效果而得以推动全球治理深度变革。当然,创新实践驱动的方案变革可能由于结构性因素的限制而在扩散广度和发展速度上有所欠缺。

一、国际实践的内涵

要讨论创新实践推动全球治理变革的原理,我们需要简单总结"实践"这一概念的内涵。从一般意义上说,实践是"具有社会意义的有规律行动,由于具有较好的绩效,这些行动而得以承载、表现和具体化背景知识和话语,并对物质世界产生影响"[52]。实践是实践理论的元概念,被赋予了许多意义。第一,"从本体视角看,最具根本意义的不是理念,也不是物质,而是统筹理念与物质并使两者共同产生意义的实践活动"[53]。第二,由于实践是施动者和结构互相建构进程中的纽带,将其作为社会本体也就超越了施动者和结构的二分。第三,实践是社会建构过程,这一过程既能引导社会秩序的稳定化,又是推动其动态变化的核心机制。[54]总之,实践同时包含物质和精神因素,兼具施动性和结构性,既能趋向稳定也可能导向变化。[55]

上述关于实践的理论主张虽然在逻辑上十分完备,但其过于复杂,为实践赋予的意义太多,因而难以用作精简的分析工具。因此,一些学者试图通过强调实践所承载的非反思性(unreflective)背景知识来建构对国际政治现象的新颖理解。文森特·波略特(Vincent Pouliot)将皮埃尔·布迪厄(Pierre Bourdieu)的实践社会学引入国际政治分析中,提出了除"后果逻辑""适当性逻辑""争论逻辑"之外的"实践逻辑"。他指出,实践逻辑旨在克服传统理论的"表象偏见"(representational bias),反对仅仅"聚焦行为者有意识的思考,而忽视这些思考背后的、潜移默化地影响实践的背景知识"[56]。波略特将背景知识或"惯习"(habitus)作为分析的核心。当然,一些学者也在研究中使用"习惯"(habit)一词。虽然在社会学理论中,习惯和惯习有着明确区分,但在国际关系理论语境下,习惯的理论意义与惯习和背景知识基本一致,因而对概念的使用常常取决于作者的偏好。[57]"与有意识的、可表达的、有目的性的表象知识不同,背景知识是不言明的、含混的、不假思索的。"[58]表象知识的作用方式是明确提醒行为者应当如何行事。比如,规范作为"持有一种身份认同的行为体关于适当行为标准的共同信念",总是通过教育、劝说、社会压力等方式有意识地影响行为者行为。[59]与之相对的,背景知识被高度融入行为体的日常实践,其指导下的行为被视为理所当然,行为体往往不反思其行为的适当性或可能后果。[60]背景知识/习惯天然具有稳定趋向。"当一种习惯顺利、无阻碍地运转,且(其绩效)达到(行为者的)预期时,行为者就没有需求来审慎、辩证地反思(习惯的适当性)。"[61]

当然,在实证分析中能否将背景知识和规范完全分开？这是实践理论中一个有争议的问题。一些学者(如波略特)主张严格区分背景知识和规范,但也有学者认为背景知识和规范在实践进程中很难拆分。一种社会行为或秩序可能最初主要由背景知识建构起来,但随着实践进程的展开,这些背景知识也往往要寻找某种社会形式作为依托。因此,背景知识可能会在实践中逐渐"凝结"为规范和制度这种相对更具体化的社会形式。[62]例如,多边主义在作为明示规范被写进条约文本和融入国际政治话语之前就已经作为背景知识存在于国际实践中。因此,可以说多边主义经历了从背景知识到规范的演化过程。从这个意义上,实践在特定情况下也是宏观理念形成的基础。

背景知识、规范与实践共同体(community of practice)是相生相伴的。背景知识的非反思特性决定了它只能通过学徒式的"在干中学"才能被习得。[63]实践共同体创造"学习的社会结构和共享实践,而共享实践包含了使该共同体所发展、共享和保持的知识"。人们由于从事共同实践和共享背景知识而结成共同体,共同体反过来通过"常规化、情感和话语"等机制促进新旧成员不断学习、内化实践所承载的背景知识,形成习惯和共同规范,从而维持实践的稳定性。[64]因此,实践的社会意义和背景知识的内涵只有在共同体内才能得到理解。规范也总是依托共同体发挥其建构性影响。共同体构成了实践和认知的场域、社会载体和边界。不同的实践共同体之间可能存在不同的实践形式、背景知识和规范。[65]背景知识和规范的演化也就意味着实践共同体的分化和重组,故而实践共同体往往被实践理论家们作为分析单元。

二、创新实践与全球治理变革

虽然社会实践理论的论述极大地拓展了人们对实践和背景知识的社会意义的认识,但布迪厄及其追随者在强调"非反思性"方面走得太远,以至于以他的理论为依据的国际实践理论总是更适用于解释稳定性而非变化。[66] 为了使实践理论更好地适配全球治理变革问题,笔者这里使用"创新实践"概念来进一步概念化作为变革机制的实践。作为变革机制,创新实践不等于布迪厄理论对实践的理解,而是强调实践动态改变社会现实的能力。这里,笔者所采用的创新实践概念主要是基于认知演化理论的。但是,为了区分三种变革动力,这里讨论的创新实践并不像认知演化框架那样同时包含权力和话语机制。对三种机制相互关系的讨论将留到下一节再展开。

认知演化理论在伊曼纽尔·阿德勒(Emanuel Adler)的著作中得到了最完整的总结。[67] 阿德勒所讲的"认知"是社会认知,或共同体的集体认知,而非个体层面的大脑活动。该理论讨论背景知识和规范发展变化的机制,并提出了关于反思性、创新的路径和特征、新理念的社会选择机制等问题的具有建构主义特色的理论主张。认知演化理论吸收了复杂理论和约翰·杜威(John Dewey)的实用主义哲学关于实践与反思的互动关系的论断。[68] 基于复杂理论,霍夫曼(Matthew Hoffmann)提出:由于行为者天然具有适应性,"政治行为者可以针对治理效果进行评估和采取反应,从而更新他们对于情境的认知"[69]。基于实用主义哲学,塞巴斯蒂安·施密特(Sebastian Schmidt)强调习惯可以在一定的"环境刺激"下受到行为者的"批判性反思"。[70] 阿德勒在归纳认知演化理论框架时也接受了这些关于反思性和创造性的论断。[71]

创新实践推动的全球治理方案变革可分为三个步骤(见图

2.1):(1)不确定性和反思性的上升;(2)创新实践和政策试验;(3)新方案的选择。当然,对这三个过程的区分只是为了理论阐述的方便。在实践和实际分析中,这三个过程之间往往并非线性的先后关系。同时,认知演化是一个循环过程,因此,所谓创新实践,这个创新是相对而言的。分析者所观察到的"正统方案"可能正是上一轮创新实践的结果。

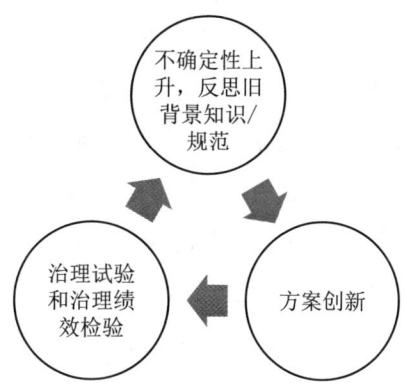

资料来源:笔者根据施密特和霍夫曼的理论框架修改而来。[72]

图 2.1　创新实践的三个步骤

创新实践的启动机制是实践共同体内不确定性和反思性的上升。情境变化导致"一个给定习惯的实际绩效与其预期绩效的显著不一致"[73]。这导致不确定性的上升。不确定性的上升促使原本被深度内化、习以为常的背景知识/规范被重新置于聚光灯下接受批判性反思,这是变化得以启动的必要条件。[74]来自共同体内部或外部的因素均可能导致不确定性和反思性上升。一方面,反思性上升可能是共同体内部成员主动学习或被动习得新理念和习惯的结果。[75]由于某些实践共同体成员可能同时属于多个实践共同体,他们就可能受到不同场域背景知识的交互作用,并将不同的背景知识在共同体之间传递。这些特殊的共同体成员也就成为"理念掮客"(idea brokers)。[76]随着一个共同体内部理念掮客的增多,其内部的反思性可能不断积聚,进而导致共同体内理念和实践的分层化。"随着时间的推移,新(理念和实践)分层可能不断吸引支持者,从而使旧理念不再(在共同体内)占据首要地位。"[77] 简单来说,一个共同体的渐进扩张可能导致其他共同体的背景知识/规范受到冲击。[78] 另一方面,反思性上升可以是剧烈外部冲击的结果。施密特的"环境刺激"概念与阿德勒的"认知冲击"概念都指明,物质和社会环境(如科技发展、战争、自然灾害、公民运动等)的变化可能使传统的背景知识/规范不再适应新环境的需要,开始产生负面绩效,这导致不确定性上升。[79] 总之,无法产生积极治理绩效的实践将建构共同体成员的"治理失败"共识。[80] 如在《谁治理世界》一书中,学者便认识到随着治理绩效变差,国际组织权威将受损,其面临的变革压力也就大大增加。[81] 可见,虽然认知演化理论强调实践的社会建构作用,但其比实践理论更加关注实践者的反思性。这解决了实践理论在解释变化方面乏力的问题。[82]

相关实践者对既有背景知识/规范的批判性反思为创新实践的第二个组成部分——方案创新——创造了条件。认知演化理论认为,创新是一个循序渐进的、充满不确定性的过程。创新过程既包含了实践者的创造性,也受到其在其他领域的既有知识和习惯的建构作用。创新实践建构新治理方案的路径主要有二。第一条路径是通过跨场域的知识迁移来建构新方案。如霍夫曼所言:"当行为者创新时,他们不会完全从零开始。创新实践……不会完全与既有实践相分离,相反,(治理)试验的发起者会借用已有的理念和物质资源。"[83] 施密特也指出:"行为者在面临某种习惯行为的失败时会主动反思和审慎寻找重塑行为模式的路径。这一过程总是受到其他未受阻滞(和质疑)的思想和行为习惯影响。这些沉淀的习惯往往被用作建构新解决方案和新规范的工具。"[84] 因此,创新总是相对而言的。某一知识可能在 A 共同体(及其所在场域)内是运行已久的背景知识,但对于 B 共同体内的实践者而言,其却是陌生的、新颖的。例如 20 世纪 90 年代时,虽然交易制度在经济领域和部分环境领域都得到了广泛的应用,但其在气候领域却尚未被应用过。因此,将交易制度引入气候治理领域是一种受到既有理念和习惯影响的创新。可见,前文所述的跨共同体实践所导致的知识流动不仅是不确定性产生的重要推力,也可以是创新的重要来源。这体现出认知演化不同阶段之间的密切联系。认知演化理论所描述的创新在表征上与"路径依赖"有相似性。但是,认知演化理论强调新习惯和规范的社会建构机制,是认知维度的理论,这与路径依赖理论的理性主义和物质主义论点有本质不同。[85]创新实践建构新治理方案的第二条路径,是根据具体情境一事一议地解决问题,并在不断解决具体问题的基础上总结一般性知识和经验,从而实现累进式创新。杰奎琳·贝斯特在实践理论基础上建构了她的国际组织变革分析框架,更明确了变革的可能方向——以"减少失败风险"为目标的政策重构。在贝斯特的案例中,世界银行和 IMF 发展出更具临时性、弹性和间接性的治理模式,以为预防失败留有空间。[86]这类创新也是基于实践的,但其认知参照点只是当下的情形,并没有明显的指向性。在中国的改革进程中,地方政府的创新在一些情况下只是为了解决本地区的实际问题,并不是从一开始就有明确的方案创新意图。这些地方性实践只是在后来才被抽象出来成为可推广的方案。[87]

创新实践的第三个关键步骤,涉及共同体对新方案治理绩效的评价。从实践逻辑本身来看,创新实践所产出的方案是否能够站稳脚跟,取决于新方案是否能提供被普遍认可的正面治理绩效。由于实践、背景知识和规范在定义上就与积极的绩效紧密相连,当新方案有积极治理绩效时,各类行为体对其认知可能会发生变革,反对派对新方案的批判也会欠缺说服力。[88]这将导致新方案的支持者不断涌现,方案扩散将可能出现网络效应。相反,产生明显负面绩效,无法解决行为者面临的新挑战的治理方案将必然被淘汰。认知演化理论指出,负面治理绩效对规范的稳定性造成重大冲击。即使是那些被高度内化的规范,也可能在产生负面绩效的情境下遭到重新审视,更不用说立足未稳的新方案了。随着负面绩效不断出现,新治理方案将遭到多方批评和质疑,其早期接受者将难有意愿去充当其推广者。同时,新治理方案的其他目标受众在注意到其日益暴露的缺陷后,也会更加审慎地处理与新方案的关系。但是,正是在这里,实践逻辑本身存在一定局限:如更广意义上的认知演化理论所言,新治理方案的治理绩效并非决定其命运的唯一因素,权力和话语同样重要。这一点我们稍后再讨论。

由上述理论可以推之,创新实践对于推动全球治理的变革有独特作用。第一,实践逻辑推出的变革内容从本质上就是深度变革,即方案层次的变革。认知演化理论关于主动反思、新知识来源和共同体的影响等问题的理论观点与传统的规范传播理论相区分。认知演化理论强调反思性是"内生的"。行为体和共同体对既有背景知识和规范的反思是具有能动性的,是在实践进程中产生的,并不依赖规范倡导者的推动。而后者往往需要规范倡导者作为变化的中介力量,假定新规范先验存在,且忽视规范的来源问题。[89] 而理性主义关于变化的理论仅关注制度或秩序均衡状态的破坏与重建,与深层的背景知识和规范的演化无关。[90] 第二,实践将单独构成强有力的变革动力,只要一些行为体具有反思性、创新意识、可借用和改造的地方性知识并建构出可产生优势绩效的治理方案,它们就能推动创新,即使它们可能是传统理论视野中的弱小力量,并不具备权力优势和话语方面的影响力。第三,创新实践不仅要求创新,还要求新方案至少能够在一段时期内经得起实践的检验,即产生良好的治理绩效。

三、实践逻辑的限度

创新实践比权力博弈和话语互动更加直接地作用于治理方案层次的变革,且创新实践可以作为单独的变革驱动力存在,但是这并不意味着单独由实践驱动的变革没有局限。对认知演化理论而言,实践与稳定认知之间的关系取决于实践的绩效。而对实践绩效的认识又受到共同体集体解读的影响。共同体对新方案治理绩效的集体解读总是在不确定状态下进行。这就为话语、权力等因素影响相关解读提供了操作空间。[91]作为创新实践的启动步骤,反思性与共同体对变化的情境的集体解读高度相关,而这一解读过程具有不确定性,这就从一开始便限制了变革的力度。针对存在负面绩效的背景知识/规范,既有共同体内不同成员的反思程度可能不同。如一些学者指出的,治理失败共识的形成高度依赖共同体内部围绕"过往(实践)对当下的意义的争论"[92]。这种争论自然会受到客观治理绩效、话语、权力等多种因素的影响。杰奎琳·贝斯特在建构"失败-变革"机制时指出,有争议的失败作为变革的原动力兼具结构性与施动性。客观意义上的失败并不一定推动变革,只有这种失败引发了组织内部围绕治理目标和手段的剧烈争论——也就是成为"有争议的失败"——时,结构维度的失败才能引导组织的深刻变革。[93]宏观理念在不确定性上升的情境下仍可能存在惯性。在理念维度,共同体成员倾向于用原有的认识体系来解读变化的情境,这是深度反思和创新的一个限制性因素。[94]在政治维度,共同体内权力的传统持有者也可能出于自利的需要,对反思和创新施加政治限制。比如,虽然治理失败被普遍认为是导致世界银行不断改革的原因,但是,对世界银行来说,结构调整贷款的失败是新自由主义的失败,还是具体执行过程的失败?虽然许多批评者认为答案应该是前者,但世界银行的理解却是后者。当然,反思性上升的另一种可能情境是新实践者进入议题领域,在传统共同体之外进行创新和建构新共同体。在此情境下,共同体的分化和重组可能导致原有规范的不完全衰退与新规范的扩散并行不悖。二者之间也可能存在矛盾性,即传统共同体可能对新兴共同体的创新行为施加政治限制,阻止创新的扩散。

此外,创新实践的绩效本身是有待试验、充满不确定性的,很少有创新治理方案能够在试验初期就展现出无与伦比、毫无争议的绩效,这也是其发展的一个可能的限制性因素。因此,在出现了新方案之后,共同体对新方案的评估和选择也并非简单地"选择最优解"。[95]一方面,"不同的行为者可能持有不同的成功标准",因而也就对治理绩效有不同解读。[96]另一方面,政治权力赋予某些行为者在共同体内更大的话语权,从而使之能够更有效地按照自己青睐的方式解读新治理方案的实践绩效。[97]这些都使创新实践的变革效果不可能完全独立于权力和话语机制而存在。这样,结构和行动者维度的变革因素需要被统一起来。结构对变革的影响要经过行动者的实践和反思,而变革的结果不但取决于新方案在实践中产生的治理绩效,还取决于创新者的权威。这一点我们将在下一节展开讨论。

第四节 三大变革动力的协同与全球治理深度变革

前面三节对权力博弈、话语互动和创新实践推动全球治理变革的原理分别进行了分析,并分析了单个机制作为变革驱动力时的效用和局限性。鉴于三大变革动力均有其独特功能,也均有局限性,那么,三大变革动力协同发力应比单个动力单打独斗带来更好的变革效果。因此,本节尝试建立一个包含三大变革动力的综合性分析框架。本章所做的是理论综合工作。将不同理论按照其解释范围进行分工是一种可行的理论综合方法。[98]例如,奇威罗斯在建构理念导向的国际组织变革理论时就强调,关注组织内部动力的理论并不以颠覆国家中心主义框架为目标,而是力争在原有框架的基础上,添加新的分析维度,以解释特定条件下的(无国家推动的)组织变革。[99]笔者认为,三大变革动力的协同对全球治理深度变革至少有两个关键作用:其一,三大变革动力只有共同发力,才能够在宏观层面为改革创造良好的氛围,并不断增加改革者的权威;其二,创新实践在与权威结合时往往能使新方案传播范围更广,生命力更强。

一、三大变革动力的协同与改革空间的建构

三大变革动力协同的首要功能是削弱反改革力量,为改革创造空间。这里,权力博弈和话语类行动(如对旧理念的批判)应更强调协调性和斗争精神,因为只有如此才能有效削弱改革阻力。但是,这些改革行动的目标也应是有限的,并不应谋求一步到位地提出并强行推动新方案。对三大变革动力关系的这种认识与全球治理体系变革的复合性阻力相适应,也符合三大机制各自的独特功能。

全球治理体系变革的阻力具有复合性,这是三大改革动力需要协同的重要原因之一。为了充分阐释这个道理,我们拿全球经济治理举例,来看看为何改革全球经济治理并不容易。一个全球治理体系的决策权分配结构、宏观理念和方案往往构成一个整体,三者有相互强化的趋势。首先,决策权力分配的不公平、不开放限制了改革者的活动空间。[100]如在全球经济治理体系中,主导规范和方案并不是由世界各国集体制定的,而是由西方大国所塑造的。这主要是基于西方国家在第二次世界大战后建构全球治理体系时享有的先发优势。[101]当代全球治理体系的权力结构赋予西方对世界银行、IMF 等重要多边机构重大事项决定权的垄断。作为阻滞改革的保守力量,西方大国运用政治权力限制了非西方治理方案创新的空间。非西方国家沦为治理方案的接受者,它们的声音得不到重视。[102]其次,宏观理念与权力配合,进一步限制创新空间。世界银行和 IMF 长期以来遵循自由主义规范,提供了诸多带有浓厚西方色彩的治理方案(如推行资本账户自由化、以推动对象国治理模式的西化来促进发展等)。[103]在此过程中自由主义逐渐异化为一种价值判断标准,使西方能够压制和污名化与其全球治理方案不符的实践。[104]例如,IMF 在 2008 年国际金融危机早期曾试图污名化一些国家的资本管制做法,因为这些做法与其倡导的资本账户自由化理念相左。[105]无论崛起大国提供的全球治理方案是否有效,西方的话语都会先将其污名化为对所谓"自由秩序"的威

胁。[106]总之,西方对全球治理决策权和话语权的控制相互强化。在这个系统中,西方大国既是治理的主要实施者,也是治理绩效的评判者,同时还是改革的执行者。[107]这就注定了它们本能地倾向于阻碍非西方治理创新。除了西方中心主义理念,其他理念也会抑制创新(这主要取决于具体案例中创新主体是谁)。比如,在第四章将讨论的知识产权规则案例中,发展中国家共享的"南方优待"理念在很长时期内限制了西方的制度改革议程。在第五章将讨论的全球气候治理案例中,国家中心主义理念曾限制了非国家行为体的行动范围。再次,对权力和宏观理念的垄断将抑制方案创新。例如,在金融、发展等领域,由于西方长期垄断全球治理的方案制定和评价权,许多全球治理领域缺乏鼓励创新和试错性试验的政治氛围。此外,非西方国家长期致力于在多边平台与西方大国就宏观原则问题开展争论和谈判,较少尝试在方案层面开展独立的创新实践。从这个意义上说,发展中国家一直是相对被动的一方,它们或是专注于在宏观层面建构新秩序,或是疲于应对西方的在具体领域带来的威胁。[108]而在气候领域,非国家行为体长期以影响国家间谈判为主要活动方式,这也使其无暇进行实质性治理方案创新。

可见,从改革的障碍来看,三个维度的改革抑制因素相互加强:权力结构压制创新,反对改革的话语污名化创新,而创新性方案的缺失影响了改革者的政治权威。[109]因此,在全球治理中方案创新的空间并不总是存在的。诚然,在一些领域(如第六章将讨论的国际发展领域),全球治理的决策权较为松散,治理方案和资源需求都极大,因而难以形成权力和理念完全由少数行为体垄断的结构。但是,在更多的领域,全球治理的决策权和理念都相对更加集中统一,这从一开始就极大地限制了变革推动者的空间。如果不首先采取措施打破权力、理念的垄断,新方案的火种很可能刚一出现就被扑灭。

那么,在那些权力和理念被保守势力垄断的领域,如何开创创新的空间呢?显然,需要首先破除传统势力对权威的垄断。前文已经讨论过,全球治理的三个层次对应着不同的改革逻辑。其中,决策权层次的改革主要需要由权力博弈来推动,话语互动可从外部助力有关改革;而宏观理念变革主要由话语驱动,权力可成为外部助力。相比之下,方案的创新只能由创新实践驱动,但新方案的传播则需要多种机制混合。上述原理决定了改革者需要针对不同性质的改革阻力采取不同的改革策略(见表2.1)。也就是说,改革者应先用一套整体性的斗争策略在权力和理念维度打开改革和创新的局面,之后在方案层次秉持实事求是的实践导向原则。

表 2.1　三大变革动力在宏观层面的分工与合作

改革目标	改革机制	具体做法	效　果
决策权分配	权力博弈,话语争论(辅助)	以政治联盟获得权威,借助话语维度改革树立权威	为实质性治理方案创新创造空间
宏观理念	话语争论,权力推动(辅助)	思想解放,建构新宏观理念(同时保证其与传统理念的辩证统一,且留有模糊性)	
治理方案	创新实践,权力+话语(辅助)	建立"试点"(如经济特区),政策试验—选择—推广	提出可操作性的新治理方案,加强顶层改革动力

资料来源:笔者自制。

改革者需首先从顶层发起强势改革行动。一方面,改革者应努力推动决策权力的调整,其具体手段是建构新政治联盟,并借助话语维度的思想解放和路线斗争提升新政治联盟的权威。另一方面,改革者应以话语争论推动总体话语的重构,从而促进思想解放。思想解放将冲击传统话语,并反过来促进决策权力调整。例如,在尝试打破西方某一议题领域中的垄断性地位时,改革者应对权力结构和西方自由主义意识形态发起坚定挑战。这些挑战可具体表现为追求国际机构决策权调整、建立新的国际机构以及建构新的宏观理念冲击所谓自由主义理念的统治地位。[110]需要强调,虽然具体行动仍可能受政治环境的限制而呈现出一定的策略性,但其总体上将越来越趋于坚定和积极。这一判断与许多强调改革者(如新兴大国)将采用机会主义改革策略的论调有所区别。对权力和话语紧密配合的强调符合前述认知演化理论对权力、话语争论和认识演化关系的论述:在多数情况下,由于传统理念的垄断地位难以轻易被化解,治理失败共识的形成高度依赖共同体内部的争论。在权力和话语都被传统势力垄断的状态下,反思并不随着传统政策负面绩效的出现而自然产生,而是需要改革者首先发起艰苦的斗争。这种先通过权力层次的斗争为改革行动开辟空间,再推动理念层次的思想解放,进而用思想解放反过来加强权力层次的改革动力的做法也是中国在改革开放初期所使用的改革方略。[111]

与争取权力和理念变革时坚定和明确的行动不同,改革者在将行动延伸到方案维度时,应刻意追求相当程度的模糊性,即在"破旧"后将"立新"的工作留给实践中产生的多样可能。方案创新一般包含几个总原则。第一,应战略性地选择创新的突破口,把重点放在全球治理中已遭受治理赤字的薄弱环节。[112]第二,本着实用主义精神,改革者不应强行追求推行自己的改革方案,而应通过创建"治理创新试验区"的方式开展方案创新试验,并且依据经多边程序确立的评判标准来审慎决定由哪些知识要素建构而成的方案更能提供最优全球治理方案。[113]这种改革方略推导出的新型全球治理类似于阿查亚的"多厅影院(multi-screened cinema)"隐喻,即广大国际社会成员将拥有更多元的治理方案选择,[114]而非用新垄断集团来代替旧的。

创新实践与前两大改革动力的这种关系也符合前文对创新实践的理论认识。与现实主义的变革理论强调掌权者将其青睐的方案强加于被治理者的观点不同,实践逻辑要求理想的改革方略应在建构新方案时遵循包容和实用主义理念,以试验和基于绩效的审慎选择为根本机制。否则,实践将无法完成从无到有的方案建构过程。同时,之所以采用这种以实践而非权力为导向的方案创新路径,是因为在不推翻既有体系的前提下,原本处于弱势地位的改革者事实上开展的是体系内改革,它们很难完全获得垄断性权力。因此,它们需要通过使新方案产生积极治理绩效来进一步积聚权威性。换言之,循序渐进的方案创新能够降低改革的成本。[115]这种改革思路在中国的改革进程中有明确体现。洪源远(Yuen Yuen Ang)就认为,中国改革的逻辑可被概念化为"引导创变"(directed improvisation):尽管顶层设计确定了改革的总体目标是发展生产力,但顶层设计并没有规定实现这一目标的具体方法。领导层允许地方政府对中央政府的宏观指示作出多样的回应,为中央政府进一步制定全国性政策提供多种参考。[116]得益于"引导创变"模式下相对宽松的创新和试错空间,改革的试点地区尤其是经济特区在创新方面享有很大自主性,这保证了创新实践的多样性和包容性。而有效的地方创新又反过来增强了改革者的权威。

综合前文对权力、话语和方案维度改革方法的论述,我们可进一步提炼三个维度上改革行动的关系。如图 2.2 所示,思想解放

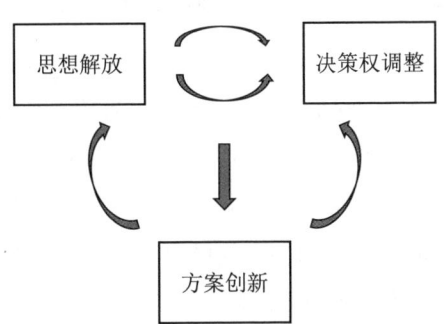

资料来源:笔者自制。

图 2.2 宏观层面权力、话语和方案层次改革机制的关系

和决策权力调整是相互促进关系。二者共同构成方案创新的政治条件。同时,一旦方案创新实践启动并取得一定成效,这些实践就会对顶层改革施加积极反馈,从而进一步强化思想解放和权力层次的调整,并促进改革共识的凝聚。一句话:"思想的解放推动了改革,改革的实践淬炼了思想。在改革中思想持续得到解放,解放了的思想成为进一步改革的推动力量。"[117]

笔者在这里对三大变革动力协同关系的讨论比已有文献更为系统。一些既有文献尝试基于中国理念来更均衡地分析中国与全球治理体系的互动,如秦亚青等学者基于社会实践理论和中国特色实践论建构了一个以"参与实践"为核心概念的分析框架。[118]但是该框架只是笼统强调实践者能能动地改变体系,未对具体改革策略进行充分讨论。在后来的研究中,秦亚青和魏玲强调"共商共建共享"是中国全球治理行动的指导思想。[119]但这一分析思路十分强调中国行动的温和性,并未充分重视中国与守成方互动的矛盾性。孙吉胜全面总结了中国在正式制度、宏观话语和具体规则三个维度上提升全球治理话语权的行动,[120]但未能更进一步明确三个维度上改革行动的区别、分工和联系。确有一些文献在具体议题中观察到中国国内实践和理念对其国际行为的影响,[121]但这些讨论仅针对个别议题,未能提供宏观分析框架。

二、创新性方案的绩效、政治权威与全球治理深度变革

前文已经分析了改革动力的协同对开辟改革和创新空间的意义,并初步讨论了创新实践应遵循的原则。但是,方案革新不仅需要改革空间和新知识,还需要在新知识基础上进行试验、选择等一系列实践。因此,即使在改革空间已经初步开辟的情况下,改革者也不能保证成功的方案创新。权力、话语和实践三大改革动力只有协同起效才能在方案层次发挥最佳的改革效果。

首先,方案创新显然需要以创新实践为前提条件。这一点在

前文讨论创新实践的改革效应时已经讨论过了。这里需要再次强调一点:满足这一条件不仅需要方案"创新",也需要创新行动产出的方案有良好的治理绩效。诚然,创新进程可能由不同逻辑主导:在现实主义逻辑下,权力和私利可能影响新方案的建构和选择。[122]但是,如前文所述,现实主义逻辑推动的新方案若无法产生积极治理绩效,则必然无法经受长期实践的检验。与现实主义逻辑不同,创新实践要求首重治理绩效。比如,中国国内改革过程中的方案创新路径特色鲜明:以"实事求是"这一马克思主义思想为指导,采用"摸着石头过河"的创新思路,并大量运用"试点—推广"模式来优选方案。[123]上述创新逻辑与实用主义哲学所讨论的创新逻辑异曲同工:二者皆强调大胆试验以及在选择方案时以绩效为依据。[124]

第二,改革者运用权力和话语支持具体的方案创新行动也很重要。虽然权力和话语机制并不等同,但为了简化分析,笔者将权力和话语看作二元统一的机制,认为两者决定了变革推动者的"政治权威"。与现实主义理论中的"权力"概念不同,权威关系中被治理者对治理者的服从是自愿而非强迫的。[125]对于被治理者而言,治理者的权威受到话语、规范等社会因素的影响。用建构主义者的话说,权威是社会建构的产物,具有主体间性。因此,对于治理者而言,如果想要建构权威,就必须采取措施建构有利的话语,以说服被治理者认识到其所提供的治理方案的优势。正如伊曼纽尔·阿德勒所言,"知识—实践性权威"(epistemic practical authority)是社会选择的关键。这种权威需要一定的物质性权力支撑,同时需要共同体内的道义性权力(deontic power)和"表演性"(performativity),在这里,权威既涉及实践的客观绩效,也涉及关键行为者对实践的诠释和展示。[126]例如,如果从纯经济增长的角度来看,许多西方发展方案中对人权、良治的强调并不使其具有良好的绩效。但是,凭借西方权威,它们可以在国际发展的话语体系中将人权建构为发展的题中之义。[127]而国际发展合作体系的深度变革不仅需要更新可供推广的发展知识,也需要创新者以权力和话语积极推广新方案,包括重新界定发展的内涵。总之,创新方案若想成为主流,除了要有积极的绩效,还需获得政治权力的支持(或者至少尝试规避保守政治力量对其有意限制)。有学者在研究国际组织变革现象时就指出:"在现实中,对组织内部权力的追求、对人际关系等非正式结构的依赖同样也推动着工作人员的选择,从而会对国际组织的自主行为产生影响。"[128] 国际组织领导层可以定义组织的战略规划并争取政治支持,这对组织所提供的全球治理方案也有塑造作用。[129] 当然,需要再次强调的是,如第三节已经讨论的,引导和劝说机制从本质上都是短效的,其主要功能是在短期内抑制规范争论,并促使目标国给予新规则"落地"的机会。在新方案得到初步扩散之后,其进一步发展就并非仅政治权威就能够支持的,而需要新方案产生持续的积极治理绩效。

综合以上两方面,创新性治理方案的绩效积极与否,与创新者是否具有充分的权力和话语优势从而具备权威性,共同决定了新方案的发展前景。两个因素的不同组合可能造成四种方案变革结果(如表 2.2 所示)。第一,当创新实践所产出的方案能够产生积极的治理绩效,且创新者有较高的权威性时,该方案往往倾向于体系性扩散。因为这将对传统的治理者施加最强的治理竞争压力。第二,如果创新方案取得积极绩效而变革发起者权威性较低,则创新实践机制单独驱动变革的局限性就可能暴露出来。在这种情况下,根据实践理论,积极绩效将能够支撑新方案的发展,但除此之外,新方案可能难以获得体系性认可。也就是说,拥有权威性的保守主义者虽无法彻底否定新方案的积极效果,但也可能凭借其话语权和硬权力而在一段时期内拒绝接受新方案,并为其他行为体采纳新方案制造阻力。这样一来,新方案可能与主流方案平行发展。第三,当创新方案治理绩效差时,则要看改革者是否有较强权威,如果改革者有较强权威,则这种消极绩效可能暂时被掩盖。但基于实践逻辑——治理绩效是方案的终极检验标准——的限制,这种掩盖也只能是暂时的,随着时间的推移,新方案的扩散动能必然不断衰减。当然,如果完全没有方案创新,则变革必然浮于表面。由于表 2.2 重在讨论方案扩散的效果,故没有涵盖完全没有新方案的情况。

表 2.2　治理绩效、权威与方案革新的效果

	创新性方案的绩效(积极)	创新性方案的绩效(消极)
变革发起者的权威性高	治理竞争压力＝新方案得以体系性扩散	若消极绩效暂时被掩盖,则新方案能暂时性扩散,但扩散动能可能衰落
变革发起者的权威性低	新方案与主流方案平行发展	改革失败

资料来源:笔者自制。

创新性方案的绩效积极和变革发起者权威性较高是一对理想组合,这两个条件的同时具备将导致方案层次的变革努力获得最大的成功。因此,有必要进一步解释一下,这种理想状态将产生什么样的变革效应。笔者认为,对全球治理改革的最强推力来自治理竞争。治理竞争是指这样一种状态:在某一议题领域,多个治理者提出多个治理方案,且这些方案之间在理念和方法上存在差异;由于各种治理方案所覆盖的议题领域和服务对象(被治理者/客户)的重叠,被治理者可以在方案间进行取舍,从而使各种方案间产生替代效应。这里需要强调三点。第一,这里的竞争指的是多元行为体根据自身利益和理念而采取的,不一定具有针对性的治理方案建构行为(即这些治理方案虽然客观上冲击了传统的权威性治理者,但这并不一定是这些竞争性治理者的本意)。[130] 这与一些制度竞争相关理论所讲的国际政治行为体(如新兴大国、非国家行为体)以争夺权力为目的、有针对性的制度创制行动不同。[131] 第二,如果多元治理者所提供的治理方案共享核心理念、规范和方法,则不可认为这些治理者和方案之间存在治理竞争。在这种情

况下,多元治理者实际上处于一个松散的"实践共同体"之中。[132]被治理者虽然名义上有一定的选择余地,但由于各治理方案本质上区别不大,被治理者对一方的选择并不能冲击落选一方治理模式的权威性。例如,第三章将讨论,在全球金融治理领域,虽然 IMF 不再是唯一的治理机构,但由于其他机构大都采取与其类似的规则(甚至直接将自己的应急贷款与 IMF 挂钩),治理竞争并不存在。[133]又如,虽然国际发展领域有诸多地区性开发银行(如亚洲开发银行、非洲开发银行等),但它们在华盛顿共识时代都采用了与世界银行相似的贷款方案,因此,它们之间不存在治理竞争。[134]以此类推,我们在分析亚洲基础设施投资银行与世界银行之间的关系时,也应谨慎辨析两者之间在多大程度上(以及哪些方面)存在治理竞争。诚然,亚投行对基础设施的专注对世界银行专注制度改革的治理方案带来了一定的挑战,但亚投行放贷过程基本执行了世界银行的安全保障标准。因此,亚投行和世界银行在所倡导的发展方案方面存在一定的治理竞争,[135]但在放贷规则方面不存在治理竞争。总之,治理竞争不仅要求治理主体在数量维度的多元化,更要求其方案和路径所蕴含的理念内核的多元化。

第三个需要注意的问题是,虽然存在多元治理者,且这些治理者对最优治理路径存在不同理解,但如果它们的活动以影响权威性治理者为目标,而非独立开发可操作的治理方案,则治理竞争不存在。这一条件使治理竞争与规范对抗情境区分开来。在规范对抗情境中,治理者外部的规范倡导者的核心目标是通过教育和劝说等方式促使目标治理者接受某种规范和知识。而在治理竞争状态下,竞争主体力求自主开发治理方案,并通过这种方案的有效实施来获得权威。这种权威塑造过程可以包含话语建构行为,但这并不一定以社会化既有权威性治理者为目标。比如,在国际发展领域,如果非政府组织(NGO)仅仅以向世界银行推广其理念(比如提升世界银行项目的环保标准)为目标,那么它们就应被视为规范倡导者,而非世界银行的竞争者。但是,如果这些非政府组织不再仅仅以施压世界银行为主要任务,而是独立开发并实施与世界银行相异的治理方案(比如某种生态主义发展方案),那么它们就成为世界银行的竞争者。总之,治理竞争需要以创新实践为基础,再加上改革者的权威性,二者缺一不可。

在治理竞争情境下,被治理者不但获得了获取公共物品的额外渠道,更获得了替代性知识。这使得被治理者在不同治理方案之间的选择权和主动性大大增加。[136]因此,传统的权威性治理者不再垄断对最优治理方案的定义权。它们不能再如以往(非竞争状态)那样能够凭知识和话语垄断轻易地获取客户的支持。如李巍所言:"竞争带来活力和进取……,而国际制度竞争则可能成为激活制度的力量……迫使相关国际组织、国际机构和国际机制进行自身改革来提高运行效率,以更好地提供公共服务,否则成员国就会用脚投票,进而使之面临着被淘汰的命运。"[137]这一论断点明了治理竞争的强大改革效应。一方面,正是因为有了竞争,用脚投票才真正具备现实可行性,从而对传统治理者产生实质性创新压力。如果没有优质的替代性方案,用脚投票则只存在理论上的可能性。传统治理者创新的动力也就不足。另一方面,能否提供"更好"的公共服务决定了竞争情境下传统治理者权威的稳定性。"更好"的服务并非简单的"好"服务。"好"服务可以由权威性治理者自行定义,而"更好"的服务需要在受挑战治理者与其他治理者的比较中产生。在竞争压力下,如果一个治理者(或治理者团体)不能够证明自己所提供的治理方案比竞争对手更好,则其权威性就很难维持。这就要求受挑战的一方正视其他治理方案,跳出传统思想定式,寻求更灵活、务实和有针对性的创新。由此推断,被挑战的治理者将被迫参照外部竞争性治理方案进行创新,而不再仅仅以组织原有的、基于传统官僚文化的治理方案为模板进行改良。换言之,失败回应式创新可能仍以传统治理者原有治理模式为蓝本,而竞争回应式创新可能需要以竞争性治理模式为参照。传统治理者在面对治理竞争时所需反思的问题是"如何建构比竞争性治理方案更具吸引力的新政策"。这区别于失败情境下的反思导向:"如何改进原有政策使之获得良好绩效。"治理竞争带来的比较性思维方式将使传统治理者更积极地吸收外部知识,且这一学习过程并不需要外部行为体的教育,而是传统治理者面对压力而主动为之。[138] 由此得出的创新结果也就自然与传统的失败回应式创新有极大区别。

既然创新实践与权威性的组合能够推动传统治理者更加积极地寻求改革,那么传统治理者会如何变化?笔者认为,传统治理者可能有三种行为倾向。[139] 第一种行为倾向是竞优,即商业竞争中常说的"人有我优"。这要求被挑战者直面竞争,在竞争性领域努力建构所提供治理方案的吸引力。为了达到这个目标,受挑战的治理者需要综合并试图超越竞争性方案和受挑战治理者既有方案的优势成分。与此同时,传统治理者还需通过与客户结成伙伴关系的方式力图引导后者认同其治理方案的优势。第二种倾向是谋求在非竞争性领域实现差异化发展,即商业竞争中的"人无我有"。前文提及的组织生态学理论指出,生态位提供一类组织运转所需的社会、经济和政治资源。由于给定生态位的资源相对有限,随着组织的发展,生态位的承载能力便会下降。因此,对于一类组织而言,在面临资源限制的情况下,它们可以选择规避竞争,并寻找竞争性较低,资源相对较多的新的生态位。[140] 虽然该理论的初衷是用来解释一类而非单个国际组织的发展,但规避竞争、差异化发展显然也是单个国际组织面临竞争时所可能采用的策略。第三种倾向为竞次(race to the bottom)。在治理领域,竞次的表现是大量增加服务供给并以满足客户需要为中心(比如价格战),以求快速争取客户支持。虽然竞次策略在市场行为中经常被采用,但在治理竞争中,竞次却并不是合理选项。竞次虽然能够在短期达到增加支持者的目的,但由于出于竞次目的的治理方案可能导致治理失败风险的增加,且不利于传统治理者充分利用其传统优势,这与治理竞争的主题——争取权威——相违背。因此,治理竞争将更有可能导致治理方案的优化而非退化。

总之,本书的分析框架是综合性的,这与一些理论相区别。比如,唐世平的社会演化理论具有一定的现实主义色彩,将权力斗争视为极其重要的社会选择机制。对于认知演化理论而言,背景知识和规范的变化本质上是学习过程。这一过程当然受到权力的影响,但这里所强调的更多是权力的知识和实践维度。认知演化理论与理性主义理论区别更加明显。理性主义关于变化的理论仅关注制度或秩序均衡状态的破坏与重建,与深层的背景知识和规范的演化无关。此外,认知演化理论所关注的实践、背景知识和规范恰恰是一切理性选择的理念基础。[141]

最后,需要澄清的是,笔者所提的治理竞争的逻辑与李巍所提出的现实制度主义的制度竞争逻辑都强调竞争,但二者有所区别。李巍认为:"国际制度竞争的结果……由三大政治基础所决定:一是制度主导国的政治权力地位的变化……;二是国际制度提供公共服务的能力……;三是国际制度本身的合法性。参与性不高或者缺乏足够公平性的国际制度,都将导致其合法性不足,从而走向衰朽。"[142]与李巍的论述相比,治理竞争逻辑强调如下观点。第一,在治理领域,大国的权力并非权威建构的关键条件。虽然权力可以作为一种权威资源,但即使在没有权力做支撑的情况下,权威仍能基于多种社会性要素(如专业知识、道义等)而得以生成。[143]如后面章节将要讨论的,世界银行面对的竞争者实际上是新兴援助者、资本市场和发展中国家的混合体,并不都是大国。第二,如前所述,国际公共物品供给能力的高低取决于被治理者的判断,这受到主观和客观因素的共同影响。第三,由于治理对于结果的关注,程序合法性的影响虽然重要,但不是决定性的。比如,二十国集团的权威更多地来自其治理绩效,而非其程序上的合法性。此外,比起李巍的宏观理论,本理论使治理竞争引发变革的具体机制和变革的可能方向更为清晰化。

第五节　实证研究设计

　　本书实证部分的主要目标是展示前文所提出的综合性分析框架的解释力。本书提出的理论框架既具备一定的可预测性，又包容一定程度的不确定性。一方面，该理论框架包含了因果主张：创新实践将导致新方案的出现，有积极绩效的创新实践必然导致新方案的扩散，创新实践和权威性的结合将是新方案产生广泛、稳定影响的关键。但另一方面，创新实践是否成功，权威如何获得又可以由多个具体变量确定，这些变量需要具体案例具体分析，无法预先理论化。这意味着对本书的理论框架的检验必须关注机制的不同组合（而非变量）与全球治理变革结果之间的联系。由于第四节提出了不同类型的机制组合将产出不同的变革效应，本书实证部分的首要方法是比较案例分析（见表2.3）。这里，笔者按照变革程度差异进行了差异化案例选择，选取了全球金融安全网、知识产权、全球气候治理、国际发展合作四个领域的案例进行比较研究。这四个案例体现了不同的变革深度，即正式制度变革但缺少方案创新（全球金融治理）、新方案扩散但有反复（知识产权）、新方案大量出现并与传统方案共同运转（全球气候治理）、新方案发生系统性扩散并深刻影响传统治理者的行动（国际发展合作）。并且这些案例也具有一定的多样性。所选案例跨越不同议题领域。同时，选案例中的改革者可能是新兴国家、传统霸权国或非国家行为体。这既跳出了传统的现状/修正国二分，也跳出了国家中心主义思路。尽管有多样性，这些案例所呈现出的变革结果可以被本书第一章所提出的变革类型学所涵盖。因此，如果本书的理论框架能够同时解释这四个案例，则该理论框架至少将被证明在本书的研究范围内是有效的。

　　需要强调的是，案例间的比较并非本书所采用的唯一研究方法。定性研究往往难以彻底规避选择偏见，且案例数量的不足也

表 2.3　案例简介

议题领域	变革发起者	该议题领域内全球治理体系变革效果	具体表现
全球金融安全网建设	新兴大国	权力分配改革，理念和方案无根本性变革	IMF 份额和投票权改革，与 IMF 挂钩的地区金融安全网
知识产权	发达国家（美国、欧洲）	方案革新，但不稳定	含 TRIPS-Plus 规则自由贸易协定增多，但发展中国家主动参与意愿低
全球气候治理	非国家行为体	方案创新，但未完全取代原方案	混合式气候治理体系出现
国际发展合作	新兴大国、非国家行为体、普通发展中国家	方案创新，且传统方案大量吸收新元素	强调伙伴国所有权、重视基础设施、混合融资为特色的新发展合作模式被西方大国和世界银行采纳

对案例研究的理论检验能力构成挑战。因此，细致的案例内分析往往是案例研究的关键。[144]本书分析框架的主要功能是解释全球治理变革产生的原因，即权力、话语、实践三个机制共同推导出特定变革结果。因果联系的存在意味着在每个案例中都应采用过程跟踪方法。作为重要的定性研究方法，过程追踪法旨在检测"真实存在"但"无法被直接观察"的因果机制的蛛丝马迹。这要求研究者预先讨论其所提出的理论有哪些"可观察到的现象"(observable implications)，并在案例中考察这些与理论绑定的"可观察到的现象"是否存在。[145]因此，在每个案例中，笔者都将考察如下三个问题：(1)该案例内全球治理变革的类型（因变量的情况）；(2)是否存在创新实践；(3)改革者是否有较高权威。只有(2)(3)的组合和(1)的关系符合本章第四节所提出的理论预期时，才能证明本理论框架是有效的。此外，在过程追踪过程中认真对待潜在的替代性解释也是必要的。[146]因此，在每个案例的最后，笔者都将讨论本书的解释与其他解释（尤其是单纯的权力论和规范变迁论）相比的优势。

注释

1. 刘宏松:《国际组织的自主行为:两种理论视角及其比较》,载《外交评论》2006年第3期,第104页。约翰·米尔斯海默曾对现实主义和自由主义对国际制度的理论认识进行总结,参见 John J. Mearsheimer, "The False Promise of International Institutions," *International Security*, Vol.19, No.3, 1994, pp.5—49。

2. Barbara Koremenos, Charles Lipson and Duncan Snidal, "The Rational Design of International Institutions," *International Organization*, Vol.55, No.4, 2001, pp.761—799; Peter Rosendorff and Helen Milner, "The Optimal Design of International Trade Institutions: Uncertainty and Escape," *International Organization*, Vol.55, No.4, 2001, pp.829—857;田野:《中国参与国际合作的制度设计:一种比较制度分析》,社会科学文献出版社2017年版。

3. [美]罗伯特·吉尔平:《世界政治中的战争与变革》,宋新宁译,上海人民出版社2007年版。

4. David A. Baldwin, "Power Analysis and World Politics: New Trends Versus Old Tendencies," *World Politics*, Vol. 31, No. 2, 1979, pp. 161—194; David A. Lake, "Rightful Rules: Authority, Order, and the Foundations of Global Governance," *International Studies Quarterly*, Vol.54, No.3, 2010, pp.587—613.

5. 关于领导的一般性定义,参见[美]詹姆斯·麦格雷戈·伯恩斯:《领导论》,常健、孙海云等译,北京:中国人民大学出版社2006年版,第6、12页。将权力与影响力联系起来的研究,参见 Joseph S. Nye, "Soft Power," *Foreign Policy*, No.80, 1990, pp.153—171。关于国际领导的讨论,参见庞中英:《效果不彰的多边主义和国际领导赤字——兼论中国在国际集体行动中的领导责任》,载《世界经济与政治》2010年第6期,第4—18页;阎学通:《大国领导力》,李佩芝译,中信出版社2020年版;俞沂喧:《超越霸权——国际关系中领导的性质及其观念基础》,载《复旦国际关系评论(第二十七辑):国际领导:权力的竞争与共享》,上海人民出版社2020年版,第42—59页。

6. 这一点在七国集团、二十国集团的实践中显露无遗,详见第三章。

7. 常健、殷浩哲:《国际领导地位新更替周期研究》,载《复旦国际关系评论(第二十七辑):国际领导:权力的竞争与共享》,上海人民出版社2020年版,第18—41页。

8. [意]安东尼奥·葛兰西:《狱中札记》,曹雷雨等译,中国社会科学出版社2000年版,第455—461页。

9. [美]斯蒂芬·克莱斯勒:《结构冲突:第三世界对抗全球资本主义》,李小华译,浙江人民出版社,第11—13页。

10. 对历史制度主义理论的总结,参见朱杰进:《崛起国改革国际制度的路径选择》,载《世界经济与政治》2020年第6期,第78—79页;James Mahoney and Kathleen Thelen, *Explaining Institutional Change: Ambiguity, Agency and Power*, Cambridge: Cambridge University Press, 2010.

11. 陈志敏、苏长和主编:《增量改进——全球治理体系的改进和升级》,https://sirpa.fudan.edu.cn/info/1038/1513.htm,最后访问时间:2022年8月18日。

12. 刘玮:《崛起国创建国际制度的策略》,载《世界经济与政治》2017年第9期,第84页。

13. Phillip Lipscy, "Explaining Institutional Change: Policy Areas, Outside

Options, and the Bretton Woods Institutions," *American Journal of Political Science*, Vol.59, No.2, 2015, p.342.

14. 对改革者具体策略选择的影响因素的研究,参见 Phillip Lipscy, *Renegotiating the World Order: Institutional Change in International Relations*, Cambridge University Press, 2017; Scott L. Kastner, Margaret M. Pearson and Chad Rector, "Invest, Hold up, or Accept? China in Multilateral Governance," *Security Studies*, Vol.25, No.1, 2016, pp.142—179; 刘玲松、刘玲玲:《威胁退出与国际制度改革:以英国寻求减少欧共体预算摊款为例》,载《世界政治研究》2019 年第 1 期, 第 74—100 页;陈拯:《改制与建制之间:国际制度竞争的策略选择》,载《世界经济与政治》2020 年第 4 期,第 81—109 页。

15. Kenneth W. Abbott, Jessica Green and Robert O. Keohane, "Organizational Ecology and Institutional Change in Global Governance," *International Organization*, Vol.70, No.2, 2016, pp.257—263.

16. 李巍:《国际秩序转型与现实制度主义理论的生成》,载《外交评论》2016 年第 1 期,第 54 页。

17. 类似观点参见李巍:《制度之战:战略竞争时代的中美关系》,社会科学文献出版社 2017 年版;李巍、罗仪馥:《从规则到秩序:国际制度竞争的逻辑》,载《世界经济与政治》2019 年第 4 期,第 28—57 页;Julia C. Morse and Robert O. Keohane, "Contested Multilateralism," *The Review of International Organizations*, Vol.9, No.4, 2014, pp.385—412; Deborah D. Avant, Martha Finnemore and Susan K. Sell, eds., *Who Governs the Globe?* New York: Cambridge University Press, 2010, p.18; Judith Kelley, "The More the Merrier? The Effects of Having Multiple International Election Monitoring Organizations," *Perspectives on Politics*, Vol.7, No.1, 2009, pp.59—64; Katharina Michaelowa, "Comment on Marchesi and Sitori: Why Is Two Better Than One? Some Comments on Cooperation and Competition between the World Bank and the IMF," *The Review of International Organizations*, Vol.6, No.3—4, 2011, pp.461—467。

18. 朱杰进:《崛起国改革国际制度的路径选择》,载《世界经济与政治》2020 年第 6 期,第 79—84 页。

19. 委托-代理理论框架下讨论国际组织变革的研究,参见 Daniel L. Nielson and Michael J. Tierney, "Delegation to International Organizations: Agency Theory and World Bank Environmental Reform," *International Organization*, Vol.57, No.2, 2003, pp.251—252; Darren G. Hawkins, et al., eds., *Delegation and Agency in International Organizations*, New York: Cambridge University Press, 2006, pp.26—31; Robert K. Fleck and Kilby Christopher, "World Bank Independence: A Model and Statistical Analysis of US influence," *Review of Development Economics*, Vol.10, No.2, 2006, pp.224—240; Alexandru Grigorescu, "The Spread of Bureaucratic Oversight Mechanisms Across Intergovernmental Organizations," *International Studies Quarterly*, Vol.54, No.3, 2010, pp.871—886; Randall W. Stone, *Controlling Institutions: International Organizations and the Global Economy*, New York: Cambridge University Press, 2011.

20. 刘宏松:《为什么冷战后国际制度的形成不由美国所愿》,载《世界经济与政治》,2013 年第 8 期,第 68—85 页;王剑峰:《小国在联合国中的制度性权力探析》,载《国际关系研究》,2018 年第 3 期,第 78—92 页。

21. Robert A. Dah, "The Concept of Power," *Behavioral Science*, Vol.2,

No.3，1957，p.203.

22. 对亚投行特点的总结，参见朱杰进：《新型多边开发银行的运营制度选择：基于历史制度主义的分析》，载《世界经济与政治》2018 年第 8 期，第 30—61 页。

23. Jeffrey M. Chwieroth, *Capital Ideas: The IMF and the Rise of Financial Liberalization*, Princeton: Princeton University Press, 2010, p.28.

24. Jeffrey M. Chwieroth, "Normative Change from Within: The International Monetary Fund's Approach to Capital Account Liberalization," *International Studies Quarterly*, Vol.52, No.1, 2008, p.133.

25. Alexandra Wendt, *Social Theory of International Politics*, Cambridge: Cambridge University Press, 1999, p.269.

26. David A. Baldwin, "Power Analysis and World Politics: New Trends Versus Old Tendencies," *World Politics*, Vol.31, No.2, 1979, pp.161—194.

27. Marcos Tourinho, "The Co-constitution of Order," *International Organization*, Vol.75, No.2, 2021, pp.258—281.

28. Alexander Wendt, Social Theory of International Politics, Cambridge University Press, 1999, chapter 6; Nicholas Onuf, *World of Our Making: Rules and Rule in Social Theory and International Relations*, New York: Routledge, 2012.

29. 此类文献有很多，代表性文献如 Martha Finnemore and Kathryn Sikkink, "International Norm Dynamics and Political Change," *International Organization*, Vol.52, No.4, 1998, pp.887—917; Thomas Risse, "'Let's argue!': Communicative Action in World Politics," *International Organization*, Vol.54, No.1, 2000, pp.1—39; Alastair Iain Johnston, *Social States: China in International Institutions (1980—2000)*, Princeton: Princeton University Press, 2008。相关研究综述参见黄超：《建构主义视野下的国际规范传播》，载《外交评论》2008 年第 4 期，第 59—65 页；钟龙彪：《国家社会化：国际关系的一项研究议程》，载《欧洲研究》2009 年第 2 期，第 125—137 页。

30. Amitav Acharya, "How Ideas Spread: Whose Norms Matter? Norm Localization and Institutional Change in Asia Regionalism," *International Organization*, Vol.58, No.2, 2004, pp.242—243.

31. Jeffrey W. Legro, "Which Norms Matter? Revisiting the 'Failure' of Internationalism," *International Organization*, Vol.51, No.1, 1997, pp.31—63; Jeffrey T. Checkel, "Norms, Institutions, and National Identity in Contemporary Europe," *International Studies Quarterly*, Vol.43, No.1, 1999, pp.83—114; Jeffrey T. Checkel, "International Institutions and Socialization in Europe: Introduction and Framework," *International Organization*, Vol.159, No.14, 2005, pp.801—822.

32. Amitav Acharya, "How Ideas Spread: Whose Norms Matter? Norm Localization and Institutional Change in Asia Regionalism," *International Organization*, Vol.58, No.2, 2004, pp.242—243.

33. Emanuel Adler, "Seizing the Middle Ground: Constructivism in World Politics," *European Journal of International Relations*, Vol.3, No.3, 1997, pp.319—363.

34. Xiaoyu Pu, "Socialisation as a Two-way Process: Emerging Powers and the Diffusion of International Norms," *The Chinese Journal of International Politics*, Vol.5, No.4, 2012, pp.341—367; Amitav Acharya, "Norm Subsidiarity and Regional Orders: Sovereignty, Regionalism, and Rule-Making in the Third

World," *International Studies Quarterly*, Vol.55, No.1, 2011, pp.95—123; Alice D. Ba, "Who's Socializing Whom? Complex Engagement in Sino-ASEAN Relations," *The Pacific Review*, Vol.19, No.2, 2006, pp.157—179.

35. 刘宏松、吴桐:《国家间论辩、关键节点与国际制度改革》,载《世界经济与政治》2021年第9期,第4—30页;陈拯:《规范阻滞及其策略——以中俄等在"保护的责任"演进中的实践为例》,载《世界经济与政治》2019年第6期,第65—90页。

36. 陈拯:《身份追求与规范建设——"边缘大国"改造国际人权规范的动机研究》,载《世界经济与政治》2013年第5期,第114—135页。

37. 秦亚青:《全球治理失灵与秩序理念的重建》,载《世界经济与政治》2013年第4期,第4—18页;Deborah Welch Larson and Alexei Shevchenko, "Status Seekers: Chinese and Russian Responses to U.S. Primacy," *International Security*, Vol.34, No.4, 2010, p.76; Amitav Acharya, "Norm Subsidiarity and Regional Orders: Sovereignty, Regionalism, and Rule-Making in The Third World," *International Studies Quarterly*, Vol.55, No.1, 2011, pp.97—100。

38. Randall L. Schweller and Xiaoyu Pu, "After Unipolarity: China's Visions of International Order in an Era of US Decline," *International Security*, Vol.36, No.1, 2011, pp.41—72; 孙吉胜:《传统文化与十八大以来中国外交话语体系构建》,载《外交评论》2017年第4期,第1—31页。

39. Jeffrey M. Chwieroth, *Capital Ideas: The IMF and the Rise of Financial Liberalization*, Princeton: Princeton University Press, 2010; Jeffrey M. Chwieroth, "Organizational Change 'from within': Exploring the World Bank's Early Lending Practices," *Review of International Political Economy*, Vol.15, No.4, 2008, pp.481—505。

40. Jeffrey M. Chwieroth, *Capital Ideas: The IMF and the Rise of Financial Liberalization*, Princeton: Princeton University Press, 2010, pp.40—51。

41. Pak K. Lee, Gerald Chan, and Lai-Ha Chan, "China in Darfur: Humanitarian Rule-Maker or Rule-Taker?," *Review of International Studies*, Vol.38, No.2, 2012, pp.423—444。

42. Susan Park, *World Bank Group Interactions with Environmentalists: Changing International Organization Identities*, New York: Oxford University Press, 2010。

43. "回旋镖"模型本是用来描述非国家行为体对国家施压的迂回路径的,参见 Margaret Keck and Karthryn Sikkink, *Activists Beyond Borders: Advocacy Networks in International Politics*, Ithaca: Cornell University Press, 1998。

44. Hannah Murphy, "The World Bank and Core Labour Standards: Between Flexibility and Regulation," *Review of International Political Economy*, Vol.21, No.2, 2014, pp.399—431; Mark T. Buntaine, "Accountability in Global Governance: Civil Society Claims for Environmental Performance at the World Bank," *International Studies Quarterly*, Vol.59, No.1, 2015, pp.99—111;赵洋、袁正清:《国际组织与国际干涉行为》,载《外交评论》2015年第2期,第104—122页。

45. Jeffrey M. Chwieroth, "Managing and Transforming Policy Stigmas in International Finance: Emerging Markets and Controlling Capital Inflows after the Crisis," *Review of International Political Economy*, Vol.22, No.1, 2015, pp.44—76; Jeffrey M. Chwieroth, "How Do Crises Lead to Change? Liberalizing Capital Controls in The Early Years of New Order Indonesia," *World Politics*,

Vol.62,No.3,2010,pp.496—527.

46. David Belis and Bart Kerremans, "The Socialization Potential of The CDM in EU—China Climate Relations," *International Environmental Agreements: Politics, Law and Economics*, Vol.16, No.4, 2016, pp.543—559; Katja Biedenkopf, Sarah Van Eynde, and Hayley Walker, "Policy Infusion Through Capacity Building and Project Interaction: Greenhouse Gas Emissions Trading in China," *Global Environmental Politics*, Vol.17, No.3, 2017, pp.91—114.

47. 刘宏松、钱力:《非政府组织在国际组织中影响力的决定性因素》,载《世界经济与政治》2014年第6期,第45—68页;Jonas Tallberg, et al., "Explaining the Transnational Design of International Organizations," *International Organization*, Vol.68, No.4, 2014, pp.741—774.

48. Jeffrey M. Chwieroth, "Controlling Capital: The International Monetary Fund and Transformative Incremental Change from Within International Organisations," *New Political Economy*, Vol.19, No.3, 2014, pp.445—469.

49. Sebastian Schmidt, "Foreign Military Presence and the Changing Practice of Sovereignty: A Pragmatist Explanation of Norm Change," *American Political Science Review*, Vol.108, No.4, 2014, pp.817—829; Christian Bueger and Frank Gadinger, *International Practice Theory: New Perspectives*, Springer, 2014, p.16.

50. 陈拯:《规范阻滞及其策略——以中俄等在"保护的责任"演进中的实践为例》,载《世界经济与政治》,2019年第6期,第65—90页。

51. Ryder McKeown, "Norm Regress: US Revisionism and the Slow Death of the Torture Norm," *International Relations*, Vol.23, No.1, 2009, pp.5—25.

52. Emanuel Adler and Vincent Pouliot, *International Practices*, Cambridge: Cambridge University Press, 2011, p.6.

53. 秦亚青主编:《实践与变革:中国参与国际体系进程研究》,世界知识出版社2016年版,序言第3页。

54. Emanuel Adler and Vincent Pouliot, *International Practices*, Cambridge: Cambridge University Press, 2011, pp.15—16.

55. 秦亚青主编:《实践与变革:中国参与国际体系进程研究》,第50—51、64—67页。

56. Vincent Pouliot, "The Logic of Practicality: A Theory of Practice of Security Communities," *International Organization*, Vol.62, No.2, 2008, p.260.

57. Pierre Bourdieu, *Outline of a Theory of Practice*, Cambridge: Cambridge University Press, 1977; Aarie Glas, "Habits of Peace: Long-Term Regional Cooperation in Southeast Asia," *European Journal of International Relations*, Vol.23, No.4, 2017, pp.833—856. 笔者无意讨论概念的使用问题,但由于下文引用的许多重要文献使用了"习惯"一词,本书也主要使用"习惯"一词。

58. Vincent Pouliot, "The Logic of Practicality: A Theory of Practice of Security Communities," *International Organization*, Vol.62, No.2, 2008, p.270.

59. Martha Finnemore and Kathryn Sikkink, "International Norm Dynamics and Political Change," *International Organization*, Vol.52, No.4, 1998, p.891. 关于二者区别的讨论可参见 Aarie Glas, "Habits of Peace: Long-Term Regional Cooperation in Southeast Asia," *European Journal of International Relations*, Vol.23, No.4, 2017, p.836。

60. Vincent Pouliot, "The Logic of Practicality: A Theory of Practice of Security Communities," *International Organization*, Vol. 62, No. 2, 2008, p. 271; Yaqing Qin, "Continuity Through Change: Background Knowledge and China's International Strategy," *The Chinese Journal of International Politics*, Vol. 7, Issue 3, 2014, pp. 285—314; Aarie Glas, "Habits of Peace: Long-Term Regional Cooperation in Southeast Asia," *European Journal of International Relations*, Vol. 23, No. 4, 2017, pp. 833—856.

61. Sebastian Schmidt, "Foreign Military Presence and the Changing Practice of Sovereignty: A Pragmatist Explanation of Norm Change," *American Political Science Review*, Vol. 108, No. 4, 2014, p. 819.

62. Emanuel Adler and Vincent Pouliot, *International Practices*, Cambridge: Cambridge University Press, 2011, p. 19; Sebastian Schmidt, "Foreign Military Presence and the Changing Practice of Sovereignty: A Pragmatist Explanation of Norm Change," *American Political Science Review*, Vol. 108, No. 4, 2014, p. 820. 一种明示规范也可能导出不同的实践形式,参见 Aarie Glas, "Habits of Peace: Long-Term Regional Cooperation in Southeast Asia," *European Journal of International Relations*, Vol. 23, No. 4, 2017, p. 836。规范与实践的辩证关系十分复杂,为了使分析更聚焦,这里暂不展开讨论。

63. Vincent Pouliot, "The Logic of Practicality: A Theory of Practice of Security Communities," *International Organization*, Vol. 62, No. 2, 2008, p. 272.

64. Emanuel Adler, "The Spread of Security Communities: Communities of Practice, Self-Restraint, and NATO's Post-Cold War Transformation," *European Journal of International Relations*, Vol. 14, No. 2, 2008, p. 199, p. 201; Emanuel Adler and Vincent Pouliot, *International Practices*, Cambridge: Cambridge University Press, 2011, p. 17.

65. Emanuel Adler, *World Ordering: A Social Theory of Cognitive Evolution*, Cambridge: Cambridge University Press, 2019, p. 114, p. 225.

66. Sebastian Schindler and Tobias Wille, "Change in and through Practice: Pierre Bourdieu, Vincent Pouliot, and the End of the Cold War," *International Theory*, Vol. 7, No. 2, 2015, pp. 336—338.

67. Emanuel Adler, *World Ordering: A Social Theory of Cognitive Evolution*, Cambridge: Cambridge University Press, 2019.

68. John Dewey, *Human Nature and Conduct*, Southern Illinois University Press, 1988.

69. Matthew Hoffmann, *Climate Governance at The Crossroads: Experimenting with A Global Response After Kyoto*, Oxford: Oxford University Press, 2011, p. 66.

70. Sebastian Schmidt, "Foreign Military Presence and the Changing Practice of Sovereignty: A Pragmatist Explanation of Norm Change," *American Political Science Review*, Vol. 108, No. 4, 2014, p. 820.

71. Emanuel Adler, *World Ordering: A Social Theory of Cognitive Evolution*, Cambridge: Cambridge University Press, 2019, Chapter 4, Chapter 7, Chapter 8.

72. Sebastian Schmidt, "Foreign Military Presence and the Changing Practice of Sovereignty: A Pragmatist Explanation of Norm Change," *American Political*

Science Review, Vol.108, No.4, 2014, p.821; Matthew Hoffmann, *Climate Governance at The Crossroads: Experimenting with A Global Response After Kyoto*, Oxford: Oxford University Press, 2011, p.65.

73. Sebastian Schmidt, "Foreign Military Presence and the Changing Practice of Sovereignty: A Pragmatist Explanation of Norm Change," *American Political Science Review*, Vol.108, No.4, 2014, p.820.

74. Emanuel Adler, *Communitarian International Relations: The Epistemic Foundations of International Relations*, New York: Routledge, 2004, p.73.

75. Emanuel Adler, *World Ordering: A Social Theory of Cognitive Evolution*, Cambridge: Cambridge University Press, 2019, p.205.

76. Ibid., p.225—226. 还可参见 Christian Bueger and Frank Gadinger, *International Practice Theory*. Cham: Palgrave Macmillan, 2018, p.54。

77. Jeffrey M. Chwieroth, "Controlling Capital: The International Monetary Fund and Transformative Incremental Change from Within International Organisations," *New Political Economy*, Vol.19, No.3, 2014, pp.447—448.

78. Emanuel Adler, "The Spread of Security Communities: Communities of Practice, Self-Restraint, and NATO's Post-Cold War Transformation," *European Journal of International Relations*, Vol.14, No.2, 2008, p.204.

79. Emanuel Adler, *Communitarian International Relations: The Epistemic Foundations of International Relations*, London: Routledge, 2004, p.73; Sebastian Schmidt, "Foreign Military Presence and the Changing Practice of Sovereignty: A Pragmatist Explanation of Norm Change," *American Political Science Review*, Vol.108, No.4, 2014, p.820.

80. Jacqueline Best, *Governing Failure: Provisional Expertise and the Transformation of Global Development Finance*, New York: Cambridge University Press, 2014, p.6.

81. Deborah D. Avant, Martha Finnemore, and Susan K. Sell, *Who Governs the Globe?* Cambridge: Cambridge University Press, 2010, p.24; 类似观点参见 Susan Park and Antje Vetterlein, eds., *Owning Development: Creating Policy Norms in the IMF and the World Bank*, New York: Cambridge University Press, 2010, pp.233—235。

82. Sebastian Schmidt, "Foreign Military Presence and the Changing Practice of Sovereignty: A Pragmatist Explanation of Norm Change," *American Political Science Review*, Vol.108, No.4, 2014, pp.821—822.

83. Matthew Hoffmann, *Climate Governance at The Crossroads: Experimenting with A Global Response After Kyoto*, Oxford: Oxford University Press, 2011, p.74.

84. Sebastian Schmidt, "Foreign Military Presence and the Changing Practice of Sovereignty: A Pragmatist Explanation of Norm Change," *American Political Science Review*, Vol.108, No.4, 2014, p.820; 类似观点参见 Sebastian Schindler and Tobias Wille, "Change in and through Practice: Pierre Bourdieu, Vincent Pouliot, and the End of the Cold War," *International Theory*, Vol.7, No.2, 2015, pp.337—338。

85. Emanuel Adler, *World Ordering: A Social Theory of Cognitive Evolution*, Cambridge: Cambridge University Press, 2019, p.163, p.260.

86. Jacqueline Best, *Governing Failure: Provisional Expertise and the Transformation of Global Development Finance*, New York: Cambridge University Press, 2014 pp.4—5;除了贝斯特外,还有学者表达了类似观点,参见 André Broome, "Back to Basics: The Great Recession and the Narrowing of IMF Policy Advice," *Governance: An International Journal of Policy, Administration, and Institutions*, Vol.28, No.2, 2015, pp.159—162。

87. Yuen Yuen Ang, *How China Escaped the Poverty Trap*, Ithaca: Cornell University Press, 2016, p.240.

88. 刘宏松、吴桐:《国家间论辩、关键节点与国际制度改革》,载《世界经济与政治》2021 年第 9 期,第 7 页。

89. Sebastian Schmidt, "Foreign Military Presence and the Changing Practice of Sovereignty: A Pragmatist Explanation of Norm Change," *American Political Science Review*, Vol.108, No.4, 2014, pp.826—827.

90. Emanuel Adler, *Communitarian International Relations: The Epistemic Foundations of International Relations*, New York: Routledge, 2004, Chapter 2.

91. Emanuel Adler, *World Ordering: A Social Theory of Cognitive Evolution*, Cambridge: Cambridge University Press, 2019, p.187; Jeffrey Chwieroth, "Normative Change from Within: The International Monetary Fund's Approach to Capital Account Liberalization," *International Studies Quarterly*, Vol.52, No.1, 2008, pp.129—158.

92. Sebastian Schindler and Tobias Wille, "Change in and through Practice: Pierre Bourdieu, Vincent Pouliot, and the End of the Cold War," *International Theory*, Vol.7, No.2, 2015, p.353.

93. Jacqueline Best, *Governing Failure: Provisional Expertise and the Transformation of Global Development Finance*, New York: Cambridge University Press, 2014, p.6, pp.40—41; Jacqueline Best, "When Crises are Failures: Contested Metrics in International Finance and Development," *International Political Sociology*, Vol.10, No.1, 2016, pp.39—55.

94. Jeffrey Chwieroth, "Normative Change from Within: The International Monetary Fund's Approach to Capital Account Liberalization," *International Studies Quarterly*, Vol.52, No.1, 2008, p.131.

95. Emanuel Adler, *World Ordering: A Social Theory of Cognitive Evolution*, Cambridge: Cambridge University Press, 2019, p.234.

96. Robert Axelrod and Michael Cohen, *Harnessing Complexity*, New York: Basic Books, 2008, p.7.

97. 权力的社会选择功能为唐世平所特别强调,参见 Shiping Tang, *The Social Evolution of International Politics*, Oxford University Press, 2015, p.25。

98. Walter Carlsnaes, Thomas Risse, and Beth Simmons, eds., *Handbook of International Relations*, Sage, 2002, p.229.

99. Jeffrey M. Chwieroth, "Normative Change from Within: The International Monetary Fund's Approach to Capital Account Liberalization," *International Studies Quarterly*, Vol.52, No.1, 2008, pp.129—158.其他采用此理论建构方式的例子,参见 Steven Bernstein and Matthew Hoffmann, "The Politics of Decarbonization and The Catalytic Impact of Subnational Climate Experiments," *Policy Sciences*, Vol.51, No.2, 2018, pp.205—206。

100. John Ikenberry and Charles A. Kupchan, "Socialization and Hegemonic Power," *International Organization*, Vol.44, No.3, 1990, pp.283—315;高飞:《十三届全国人大常委会专题讲座第二十二讲:国际组织与全球治理》,http://www.npc.gov.cn/npc/c30834/202103/0d2a4aaaf5e7405b8bcce8135af07c90.shtml,最后访问时间:2022年8月18日。

101. Jing Gu, John Humphrey, Dirk Messner, "Global Governance and Developing Countries: The Implications of the Rise of China," *World Development*, Vol.36, Issue 2, 2008, pp.274—292;宋静:《美国制度霸权的变迁与中国的国际角色》,载《社会科学》2020年第9期,第24—40页;[美]约翰·伊肯伯里:《大战胜利之后:制度、战略约束与战后秩序重建》,门洪华译,北京大学出版社2008年版。

102. 关于布雷顿森林机构改革的保守性,第三、六章都将进行详细讨论。

103. 对新自由主义理念影响力的讨论也请见第三、六章。

104. 张发林:《全球金融治理议程设置与中国国际话语权》,载《世界经济与政治》2020年第6期,第106—131页。

105. Jeffrey M. Chwieroth, "Managing and Transforming Policy Stigmas in International Finance: Emerging Markets and Controlling Capital Inflows after the Crisis," *Review of International Political Economy*, Vol.22, No.1, 2015, pp.44—76.

106. 朱锋:《面对中国的崛起,西方为什么忧虑》,载《人民论坛·学术前沿》2020年第10期,第18—30页;游启明:《美国对"一带一路"倡议的评估解读:霸权认同理论的视角》,载《国际观察》2019年第3期,第95—119页;方长平:《美国抹黑中国的新表现与新特点》,载《人民论坛》2020年第16期,第16—19页。

107. Michael Zürn, "Contested Global Governance," *Global Policy*, Vol.9, No.1, 2018, p.140.

108. Stephen D. Krasner, *Structural Conflict: The Third World Against Global Liberalism*, Berkeley: University of California Press, 1985.

109. Yuen Yuen Ang, *How China Escaped the Poverty Trap*, Ithaca: Cornell University Press, 2016, p.49.

110. 孙吉胜:《当前全球治理与中国全球治理话语权提升》,载《外交评论》2020年第3期,第1—22页;李巍:《制度之战:战略竞争时代的中美关系》,社会科学文献出版社2017年版;Randall L. Schweller and Xiaoyu Pu, "After Unipolarity: China's Visions of International Order in an Era of U.S. Decline," *International Security*, Vol.36, No.1, 2011, pp.41—72。

111. 关铭闻:《坚定改革开放再出发的信念——纪念〈实践是检验真理的唯一标准〉刊发四十周年》,载《光明日报》2018年5月11日;韩震:《改革开放的历史变迁与理论变革》,载《中国社会科学》2018年第11期,第105页。

112. Ren Xiao, "A Reform-Minded Status Quo Power? China, the G20, and Reform of the International Financial System," *Third World Quarterly*, Vol.36, No.11, 2015, pp.2023—2043.

113. 本书的这一认识在形式上与复旦大学国际关系与公共事务学院于2014年所提出的"增量改进"观点相似,但本书更进一步强调方案维度理念竞争和选择的实用主义逻辑。参见陈志敏:《全球治理体系的中国式增量改进战略》,载《当代世界》2014年第8期,第8—10页;陈志敏、苏长和主编:《增量改进:全球治理体系的改进和升级》,https://sirpa.fudan.edu.cn/info/1038/1513.htm,最后访问时间:2022年8月18日。

114. Amitav Acharya, *The End of American World Order*, Cambridge and

Medford: Polity, 2018.

115. 王东京:《论改革成本》,载《学习时报》2019 年 5 月 22 日。

116. Yuen Yuen Ang, *How China Escaped the Poverty Trap*, Ithaca: Cornell University Press, 2016, p.17.

117. 韩震:《改革开放的历史变迁与理论变革》,载《中国社会科学》2018 年第 11 期,第 105 页。

118. 秦亚青主编:《实践与变革:中国参与国际体系进程研究》,世界知识出版社 2016 年版。

119. 秦亚青、魏玲:《新型全球治理观与"一带一路"合作实践》,载《外交评论》2018 年第 2 期,第 1—14 页。

120. 孙吉胜:《当前全球治理与中国全球治理话语权提升》,载《外交评论》2020 年第 3 期,第 12—17 页;孙吉胜:《中国国际话语权的塑造与提升路径——以党的十八大以来的中国外交实践为例》,载《世界经济与政治》2019 年第 3 期,第 19—43 页。类似的研究还可参见王存刚:《中华人民共和国外交的内质与追求》,载《世界经济与政治》2019 年第 6 期,第 19—42 页。

121. 徐秀丽、李小云:《平行经验分享:中国对非援助理论的探索性构建》,载《世界经济与政治》2020 年第 11 期,第 117—135 页。

122. Emanuel Adler, *World Ordering: A Social Theory of Cognitive Evolution*, Cambridge: Cambridge University Press, 2019, p.187, p.234; Shiping Tang, *The Social Evolution of International Politics*, Oxford: Oxford University Press, 2013, p.25; Jeffrey Chwieroth, "Normative Change from Within: The International Monetary Fund's Approach to Capital Account Liberalization," *International Studies Quarterly*, Vol.52, No.1, 2008, pp.129—158.

123. 高尚全:《中国改革开放四十年:回顾与思考》,人民出版社 2018 年版,第 13 页。

124. 有学者认为,"实用主义"较"实事求是"更为狭隘,不适用于总结中国改革经验。笔者认为,这主要是一个哲学概念争论。广义理解实用主义,其所强调的变革原理与实事求是理念类似。因此,本书仍采用实用主义一词,以便于同更广泛的变革理论对话。相关文献参见赵鸣歧、郑国玉:《中国特色社会主义是实用主义吗?——国外学者对中国特色社会主义的"实用主义"误读述评》,载《毛泽东邓小平理论研究》2019 年第 12 期,第 81—88 页。

125. David A. Lake, "Rightful Rules: Authority, Order, and the Foundations of Global Governance," *International Studies Quarterly*, Vol. 54, No. 3, 2010, pp.592—594.

126. 阿德勒的意思是,共同体在作出选择时既要考虑实践的客观绩效,也受到关键行为者对实践的诠释和展示的影响。参见 Emanuel Adler, *World Ordering: A Social Theory of Cognitive Evolution*, Cambridge: Cambridge University Press, 2019, p.236。

127. Amartya Sen, *Development as Freedom*, New York: Knopf Doubleday Publishing Group, 2011.

128. 汤蓓:《试析国际组织行政模式对其治理行为的影响》,载《世界经济与政治》,2012 年第 7 期,第 48 页。

129. Michael Bluman Schroeder, "Executive Leadership in the Study of International Organization: A Framework For Analysis," *International Studies Review*, Vol.16, No.3, 2014, pp.339—361; Liam Clegg, "Global Governance Be-

hind Closed Doors: The IMF Boardroom, The Enhanced Structural Adjustment Facility, and the Intersection of Material Power and Norm Stabilisation in Global Politics," *The Review of International Organizations*, Vol.7, No.3, 2012, pp.285—308.

130. 马修·霍夫曼指出，多元治理模式的出现可能并不遵循某种统一模式，其背后往往由多元而复杂的利益、理念，甚至偶然性因素驱动。参见 Matthew Hoffmann, *Climate Governance at The Crossroads: Experimenting with A Global Response After Kyoto*, Oxford: Oxford University Press, 2011, Chapter 3。

131. 李巍：《国际秩序转型与现实制度主义理论的生成》，载《外交评论》2016 年第 1 期，第 31—59 页。

132. Emanuel Adler, "The Spread of Security Communities: Communities of Practice, Self-Restraint, and NATO's Post-Cold War Transformation," *European Journal of International Relations*, Vol.14, No.2, 2008, p.199.

133. Ramon Pacheco Pardo and Pradumna B. Rana, "Complementarity Between Regional and Global Financial Governance Institutions: The Case of ASEAN＋3 and the Global Financial Safety Net," *Global Governance*, Vol.21, No.3, 2015, pp.413—433.

134. 一些实证研究参见 Lauren E. Pandolfelli and John M. Shandra, "The African Development Bank, Structural Adjustment, and Child Mortality: A Cross-national Analysis of Sub-Saharan Africa," *International Journal of Health Services*, Vol.43, No.2, 2013, pp.337—361; Andrew Rosser, "Risk Management, Neo-Liberalism and Coercion: The Asian Development Bank's Approach to 'Fragile States'," *Australian Journal of International Affairs*, Vol. 63, No. 3, 2009, pp.376—389。

135. 这还要进一步讨论亚投行的项目是否对世界银行项目产生了替代效应。

136. Katharina Michaelowa, "Comment on Marchesi and Sitori(2011): Why Is Two Better Than One? Some Comments on Cooperation and Competition Between the World Bank and the IMF," *The Review of International Organizations*, Vol.6, No.3, 2011, pp.461—467; Phillip Y. Lipscy, "Explaining Institutional Change: Policy Areas, Outside Options, and the Bretton Woods Institutions," *American Journal of Political Science*, Vol.59, No.2, 2015, pp.341—356.

137. 李巍：《国际秩序转型与现实制度主义理论的生成》，载《外交评论》2016 年第 1 期，第 54 页。

138. 这又与前文所述的规范传播机制相区分。

139. 关于国际组织应对竞争的策略，参见一则对联合国难民事务高级专员办事处(UNHCR)的实证研究。在该研究中，作者总结 UNHCR 应对竞争的策略包括：加强与其他机制的接触、开发新业务领域、寻求与其他机制的合作与互补。本书认同其第二条策略，但认为其他两条策略并非应对来自不同治理模式的竞争，而是应对客户对本组织的主要议题本身支持不足的问题。参见 Alexander Betts, "Regime Complexity and International Organizations: UNHCR as a Challenged Institution," *Global Governance*, Vol.19, No.1, 2013, pp.69—81。

140. Kenneth W. Abbott, Jessica F. Green and Robert O. Keohane, "Organizational Ecology and Institutional Change in Global Governance," *International Organization*, Vol.70, No.2, 2016, pp.257—263.

141. Emanuel Adler, *World Ordering: A Social Theory of Cognitive Evolution*, Cambridge: Cambridge University Press, 2019, p.218.

142. 李巍:《国际秩序转型与现实制度主义理论的生成》,载《外交评论》2016 年第 1 期,第 52 页。

143. Michael Barnett and Martha Finnemore, *Rules for The World: International Organizations in Global Politics*, Ithaca: Cornell University Press, 2004, pp.1—44.

144. David Collier, James Mahoney, and Jason Seawright, "Claiming Too Much: Warnings About Selection Bias," in David Collier, Henry E. Brady, eds., *Rethinking Social Inquiry: Diverse Tools, Shared Standards*, Rowman & Littlefield Publishers, 2004, pp.96—100.

145. Andrew Bennett and Jeffrey T. Checkel, *Process Tracing: From Metaphor to Analytic Tool*, Cambridge: Cambridge University Press, 2014, p.12.

146. Ibid, p.24.

第三章
权力驱动的全球金融安全体系改革

第一节 全球金融安全体系及其改革

金融领域的全球治理以一系列协定、规则和国际组织为基础，旨在管理全球货币事务和金融活动，以维护全球货币和金融秩序稳定。[1]当代全球金融治理体系建立于第二次世界大战行将结束之时。20世纪30年代的全球金融危机使人们普遍认识到建构一套能管理全球金融活动的制度体系的必要性。1944年的布雷顿森林会议不但确立了新的国际货币制度，还成立了国际货币基金组织（IMF），现代意义上的全球金融治理体系得以建立。从一开始，全球金融治理就承担两个核心任务：一是维护以美元为基础的国际货币制度稳定运转；二是管理资本的全球流动。随着全球金融市场的复杂化，全球金融治理体系又纳入一些新目标，如对金融机构（尤其是银行）进行监管、维护全球金融安全等。

全球金融安全体系（也叫全球金融安全网）是全球金融治理体系的重要组成部分。自20世纪80年代中期以来，金融自由化和金融全球化快速发展，IMF和一些发达国家从原来的强调资本监管转向支持资本自由跨国流动。[2]但是，资本自由化的副作用也很明显。随着美国的降息和加息，美元资本周期性地流入和流出发展中国家（尤其是发展较快的新兴市场国家），这导致后者国内金融体系的稳定性遭到频繁冲击，以资产泡沫破裂、资本出逃、本币贬值为特征的金融危机不断出现。由此，全球金融安全体系建设得到重视。全球金融安全体系是一套由一系列规则、国际组织和其他合作安排组成的体系,其功能是为陷入金融危机的经济体提供金融担保和融资,以阻止危机的发生或至少缓解危机的影响。应急纾困贷款对金融危机的解决至关重要。足量的应急资金有时甚至不需要被真正动用,就足以提振市场信心,震慑国际游资的做空冲动,从而达到抑制资本外逃,缓解危机的效果。广义的全球金融安全体系包含四个组成部分:单个国家的外汇储备、双边货币互换安排、地区性金融安全合作机制,以及IMF(见图3.1)。其中,IMF是全球金融安全体系的核心,因为只有IMF能够在短时间内调集足量的资金来对冲危机国的资本外流压力,也只有IMF有足够的权威性来提供各方都认可的危机解决方案。从历次金融危机的情况看,发展中国家主要还是要依靠IMF的贷款来应对金融危机。[3]

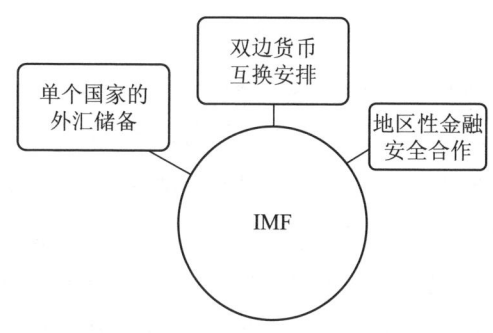

资料来源:笔者自制。

图 3.1　全球金融安全网的组成部分

从1944年布雷顿森林体系建立到2008年全球金融危机这超过60年的时间里,全球金融安全体系具有明显的西方中心主义特征,且未受到实质性挑战。第一,在决策权分配方面,西方大国,尤其是美国对IMF保有绝对控制。在2015年IMF完成份额和投票权改革前,美国为首的西方七国共持有IMF超过46%的份额,拥有超过45%的投票权,美国拥有对重大事项的否决权,发展中国家代表性严重不足。同时,根据美国和欧洲的(不成文)约定,IMF

总裁由欧洲人担任。此外，IMF 的高级管理人员也大多来自西方发达国家。第二，除了通过控制投票权和管理层来影响 IMF 的行动，西方的金融治理知识和理念也塑造了 IMF 管理层和雇员的认知，进而对 IMF 产生关键影响。20 世纪 70 年代末至 80 年代，新自由主义意识形态取代传统的基于阶级妥协的"内嵌式自由主义"（embedded liberalism）开始在西方大行其道，新自由主义经济学理论也开始在西方高校占据主流地位。[4] 随着越来越多受新自由主义经济学训练的新雇员进入 IMF，该组织内部对金融治理的认识逐渐改变。最终，IMF 接受了以推崇自由化和市场中心主义为特点的新自由主义金融治理理念。[5] 第三，在新自由主义理念的影响下，以"华盛顿共识"为代表的全球经济、金融治理方案被建构出来，并得到 IMF 和世界银行的大力推广。华盛顿共识在金融领域强调放松资本管制，以实现市场主导的全球资本的自由流动。[6] 推动各国资本账户自由化由此成为 IMF 所追求的金融治理目标，一国对跨国资本流动的控制被视为对市场的扭曲，将对该国经济表现产生负面影响。[7] 基于此，西方专家认为金融危机是有关国家金融体系和整体治理体系不健康（而非资本过度自由化）的结果。因此，IMF 在给危机国（如 20 世纪 80 年代的拉丁美洲国家和后来的墨西哥）投放纾困贷款时附加了大量"条件性"（conditionality），要求借款国采取紧缩的财政政策，强化金融体系及其监管，继续减少政府对市场的干预并开放市场，甚至改革其他非经济领域的国内制度。[8] 与之相对应的，IMF 未将资本管制作为危机应对手段。贷款条件的大量使用说明，IMF 不是单纯的监管和服务性国际组织，而是依据其定预先制定好的方案"对成员国经济和社会进行全面的结构性干预"[9]。

IMF 主导的全球金融安全体系于 1997—1998 年亚洲金融危机后开始遭遇挑战。20 世纪 80 年代末至 90 年代初，东南亚国家经济的快速扩张与美国的低利率叠加，导致大量国际资本涌入这一地区。但是，随着 20 世纪 90 年代中期美元进入加息升值周期，东南亚国家开始承受越来越大的资本外流压力。1997年7月2日,泰国宣布放弃固定汇率制,导致泰铢汇率暴跌,大量资金出逃。泰国的危机引发连锁反应,危及亚洲多国。从危机一开始,一些有识之士就认识到此次危机与资本账户过度自由化、各国缺乏对资本流动的有效管理有关。[10]但是,IMF却未给出符合危机国国情的危机应对方案。面对亚洲各国的困境,IMF和西方各国行动缓慢。他们不主张通过资本管制来应对危机,而是继续如往常一样强调对危机国进行系统性制度改革,浪费了大量时间。[11]IMF在对印度尼西亚的纾困贷款中附加了100多项结构性改革条件。[12]类似地,IMF也要求韩国进行包括开放国内金融服务市场、开放资本账户在内的一系列改革。[13]西方国家和IMF对亚洲金融危机的应对遭到不少批评,一些学者甚至将其斥为仅仅为"华尔街-(美国)财政部联合体"的利益服务。[14]但是,亚洲金融危机后各方对IMF的批评并未产生什么实质性改革结果。IMF在全球金融安全体系中的核心地位未变,IMF的治理结构没有变化,其对资本账户自由化的强调没有动摇。唯一稍有变化的,只是IMF内部的一些研究部门开始讨论推动资本自由化的速度和程序问题。[15]

2008年开始的全球金融危机对全球金融安全体系施加了更强大的改革压力。由于此次金融危机是由美国对其国内金融风险治理失效而引发的,且该危机导致一些发达国家陷入衰退,全球经济地位下降,以新兴大国为代表的各发展中国家便再次发起改革IMF和全球金融安全体系的倡议。[16]从改革的结果上看,2008年以来全球金融安全体系的改革可谓喜忧参半。从决策权分配层次来看,全球金融安全体系的确有所变化。首先,根据2010年在IMF层面通过的份额和治理结构改革方案,有超过6%的份额从代表性过高的发达国家转移到新兴市场和发展中国家。金砖四国——巴西、俄罗斯、印度和中国——持有的特别提款权份额升至14.18%,全体新兴经济体持有份额升至42.29%。尤其值得一提的是,中国的份额从3.994%跃升至6.390%,排在第三位。其表决权份额也从3.803%增加到6.068%。其次,欧洲国家在IMF的执行董事会中让出两个席位,以提高新兴市场和发展中国家在执行董事会的代表性。[17]再次,IMF的管理层也有所优化。中国人民银行前副行长朱民在2010—2016年间担任IMF副总裁,成为首位进入IMF管理层的中国人。

虽然决策权层次的上述改革被认为是IMF"历史上最根本的治理变革"[18],但这些改革仍有明显局限性。除了美国国会对改革进行拖延和阻挠外,此改革协议只是将欧洲的部分份额和席位转移出去,而美国对IMF重大事项的否决权仍得以保留。并且,IMF总裁由欧洲人担任的惯例仍在延续。此外,IMF治理结构改革频率也较为缓慢。针对此,2012年金砖国家峰会发布的《德里宣言》已经指明了IMF需要进行份额和投票权分配原则本身的改革,增加决策权分配改革的动态性:"迫切需要在2012年国际货币基金组织/世界银行年会前如期落实2010年治理和份额改革方案,在2013年1月前全面审查份额公式……,并于2014年1月前完成下一轮份额总检查。这一动态改革进程有助于确保国际货币基金组织的合法性和有效性。"[19]动态份额和投票权检查,以及对份额计算公式的调整等议题在G20杭州会议中再次得到强调,但各方分歧明显,改革困难重重。[20]

当然,除了IMF治理结构的有限改革外,全球金融安全体系也的确更加多元化了。经过两次金融危机的洗礼,各国都大大加强了外汇储备管理,建立了一系列双边货币互换安排,并建构了一些地区性金融安全网(著名的例子包括清迈倡议多边化机制、金砖国家应急储备安排等)。我们后面还将具体讨论一些典型案例,这里只想说明,这些新机制在名义上都增加了各国应对危机时的可选融资途径。

如果说决策权层次的改革是有进展但不充分的,那么若从治理方案层次观察,我们就不得不说全球金融安全体系变革仍是浮于表面的。虽然新兴大国在IMF中的制度性权力增加了,但IMF所提供的全球金融安全治理方案总体保持原样。如前文所述,亚洲金融危机之后,许多专家学者都提出应调整资本账户自由化目标,并限制 IMF 在提供应急贷款时施加条件性。事实上,马来西亚在亚洲金融危机期间自行采用了资本管制,对危机的缓解起到了积极作用。这对 IMF 的权威性构成初步挑战。[21] 2008 年全球金融危机以来,除了要求提升权力之外,许多国家也提出应加强 IMF 在危机应对时的灵活性。在各种压力之下,IMF 逐渐接受了"危机期间的临时性资本管制可能有益"的观点,并重申了 IMF 无权要求各国废止资本管制。[22] 但是,IMF 仍然强调资本账户自由化的总目标,将资本管制视为临时性、阶段性措施。同时,应对危机时施加充分的贷款条件性——这是 IMF 的金融安全治理方案的核心特征——仍被 IMF 认为是提升金融体系稳定性和市场信心的关键举措。[23]

综上所述,以 IMF 为核心的全球金融安全网呈现出明显的西方中心主义特征,且改革深度不足。即使经历了亚洲金融危机和 2008 年全球金融危机的冲击,全球金融安全体系也仅在决策权层面有所调整,且相关改革并未触及美国对重大事项的否决权和西方对 IMF 管理层的控制。IMF 的全球金融安全治理方案调整缓慢,主要表现为 IMF 研究部门推动的方案微调。[24] 鉴于此,本章以下部分将尝试解释全球金融安全体系改革程度较浅的原因。笔者认为,之所以出现这种现象,主要是由于改革者——无论是二十国集团(以下简称 G20)中的新兴大国还是开展地区金融安全合作的东亚国家——主要依靠提升权力来推动改革。由于知识上的局限和对 IMF 的依赖,各方缺乏在金融治理领域的创新实践。

第二节　G20 推动全球金融安全体系改革的能力与局限

一、G20 成为全球金融治理改革平台

前面已经谈到,相对于其他议题领域而言,全球金融安全治理

体系中的权力和资源更为集中。IMF拥有相对于其他各类金融合作安排更为丰富的资源和更高的权威性,而IMF的投票权和管理权又集中于大国手中。因此,全球金融安全体系的改革倡议往往是在大国集团中达成共识后再图落实的。换言之,全球金融安全体系的改革与大国集团的变化往往是相伴而行的。要充分理解2008年以来全球金融安全体系的改革问题,就有必要首先回顾作为该领域全球治理改革动力源的大国集团的演变。

传统上,1975年成立的七国集团(以下简称G7)是全球金融治理领域最重要的大国协调机制,可被视为全球金融治理的领导集团。G7的国际领导地位基于其显著的物质力量优势,以及其提供国际公共物品的能力。[25] 2001年时,G7中的美、日、德、法、英、意六国国民生产总值(以下简称GDP)居世界前六位,G7加上俄罗斯的总GDP占世界GDP的67%以上。[26]在金融领域,前文已经说明,G7掌握了IMF的决策权力。G7成员国占有IMF超过四成的份额和投票权,而由于非正式大国协调能够使七国发出一致声音,G7不但能够为IMF设置议程,还能推动相关议程得到落实。在全球金融安全治理方面,G7能够直接制定维护全球金融体系稳定的治理方案。例如,1995年,为应对墨西哥金融危机,G7成员通过哈利法克斯峰会达成了对墨西哥的金融救助方案。又如,为了应对1997年亚洲金融危机对韩国的冲击,G7决定向IMF增资,并决定通过IMF、世界银行和亚洲开发银行向韩国提供350亿美元融资。显然,全球金融安全体系从决策权到方案制定方面都与G7这一非正式大国集团紧密相关。许多重大改革议程均是由G7定下基调,再由国际组织推动落实。[27]因此,改革力量若想推动全球金融安全体系,乃至整个全球金融治理体系的改革,就需首先谋求改变作为决策源头的大国集团。

进入21世纪以来,伴随着物质力量的快速增长,新兴大国在国际政治和经济体系中的影响力日趋增大。他们对全球治理集体行动的参与无论从数量还是从程度上都空前上升,其自信心和全球性政治抱负也大为提升。新兴大国崛起造成了 G7 在全球经济治理中领导地位赖以为继的关键因素——权力优势逐渐弱化。[28]在经济总量方面,2009 年金砖国家 GDP(按购买力平价计算)占世界总量已达 24.3%,与 G7 所占的 40%比重已相差不到 20 个百分点。[29]2008 年爆发的全球金融危机加剧了新兴大国同西方发达国家差距减小的势头。IMF 在 2010 年时预计,到 2015 年,G7 的 GDP 占世界比重将下降至 36%,而金砖国家所占比重将升至 29.1%。[30]加拿大国际治理创新中心(CIGI)则预测,2050 年发展中国家和发达国家在全球经济总量中的份额将各占 50%。[31]新兴大国还掌握着维持全球金融安全的关键资源——外汇储备。2009 年底时,新兴经济体的外汇储备占全球总额超过 50%,其中中国有 2.4 万亿美元外储,占全球近 30%。俄罗斯、印度、巴西等金砖国家也都跻身前十大储备经济体。[32]总之,G7 正日益缺乏治理全球经济的最佳力量配置和最高权威性,"主要工业化国家在 20 世纪 70 年代甚至 80 年代,可以通过七国集团的协调解决大部分全球问题,但从 20 世纪 90 年代开始已经十分困难"[33]。

在上述背景下,G7 开始与新兴大国展开定期对话。2003 年 6 月的 G8(即 G7 加上俄罗斯)[34]法国峰会首次邀请了中国、巴西、墨西哥、沙特阿拉伯、印度、马来西亚六个经济新兴大国领导人和埃及、塞内加尔、尼日利亚、阿尔及利亚、南非五个"非洲发展新伙伴计划"参加国领导人举行了南北领导人非正式对话会议。2005 年 G8 峰会邀请了中国、印度、巴西、南非、墨西哥五个发展中大国及阿尔及利亚、埃塞俄比亚、加纳、尼日利亚、塞内加尔、南非、坦桑尼亚七个非洲国家领导人举行了"8+5""8+7"对话会议。2006 年峰会则邀请了中国、印度、巴西、南非、墨西哥、刚果布六个发展中国家领导人举行对话会议。2007 年海利根达姆峰会上正式建立的 G8+5 结构性对话机制是西方大国以包容新兴大国的方式维持其领导体制的最关键尝试。经过 2008 年洞爷湖峰会和 2009 年拉奎拉峰会的加强,G8+5 在地位上成为 G8 改革的"重要成果",在形式上走向完善。海利根达姆-拉奎拉进程建立了相对完善的对话机制。其职能机构包括用以设立会议议程和议题的夏尔巴(首脑特使)机制和用以推进对话进程的常设工作组,每一个工作组由G8国家之一和五个新兴国家(常被称为G5)之一共同领导,由经济合作与发展组织(OECD)为对话提供组织与技术支持。

海利根达姆-拉奎拉进程虽然在初期取得了一定成果,但从长期来看,这一机制只能是一个过渡形态。其原因在于,G8+5机制只能缓解权力结构和领导体制非相合性对体制造成的冲击,却不能根本解决这种矛盾。维护G7领导地位是创立G8+5体制的核心目标,这使非平等性成为该体制的根本特征。参加对话的发展中国家由西方大国根据需要进行选择和安排。对话议题主要由峰会主办国根据自己的偏好提出,并在与另外七国形成共识的基础上得以确定。受邀国对事先召开的G8峰会没有任何影响力,多半只是被动参与讨论,这使对话成为"单向道"。[35] 如有学者总结的,"G8+5对话议题包括:创新和保护知识产权、开放的投资体系、能源效率、发展问题等,这些内容均是发达国家对发展中大国的需求,却不能体现发展中大国的诉求"[36]。因此,一个更具包容性的大国协调机制是非常必要的。

G20始创于1999年,初衷是协调各国经济政策,防止类似于1997年亚洲金融危机的事件再次发生。随着国际形势的发展,尤其是2008年新一轮金融危机的发生,G20从协商论坛迅速发展为最重要的全球经济治理协调机制,被认为是弥补G7国际领导力缺陷的关键。从2008年首次峰会的召开,到2009年升级成为"国际经济合作主要平台",G20在协调各国政策以采取有力措施帮助世界应对金融和经济危机方面取得了显著成果。与G7相比,G20有巨大的整体物质力量和充分的包容性。在2008年时,G20成员国总共占有世界经济总量的85%,世界贸易总额的80%和世界人口的三分之二。[37] 从地域分布来看,其成员遍及全球所有地区,几乎囊括所有具有重要影响的发达国家和新兴大国,其中,欧洲有英国、法国、德国、意大利和俄罗斯五国,亚洲有中国、日本、韩国、印度、印度尼西亚、沙特阿拉伯和土耳其七国,美洲有美国、加拿大、墨西哥、巴西、阿根廷五国,非洲有南非,大洋洲有澳大利亚,这使之可以符合全球化时代新的地缘政治现实,且具有充分的代表性。华盛顿峰会以后,G20 的决策方式具有形式上的平等性,这使其与 G8+5 机制区别开来。无论在议程设置、会议程序,还是在实际会议进程中,G20 所有成员在理论上都有完全平等的发言权,保证了发达国家和发展中国家可以在 G20 内部就各自诉求进行充分磋商,从而实现了程序性民主,这使 G20 在处理国际经济金融事务时无疑更具公正性和合理性。[38] 总之,就自身结构来看,G20 比 G7 和 G8+5 有巨大进步,它的成立是朝着"全球性"的国际金融治理结构改革迈出的关键性一步,因为"它第一次将新兴大国纳入到讨论国际金融治理的平等结构中,为新兴大国参与国际金融治理提供了一定的制度保障"[39]。

由于全球金融治理改革的首要动力是非正式大国协调,随着 G20 取代 G7 成为国际经济协调与合作的主要平台,新兴大国在非正式维度拥有了更多的决策权力,可谓进入了全球金融治理的核心决策圈中。它们得以对全球金融治理体系改革施加更强的影响力。

在 G20 中被置于优先地位的全球金融治理改革议程是 IMF 的治理结构改革。虽然 2008 年全球金融危机事实上已经揭示了西方自由放任式金融治理模式的严重内在缺陷,但新兴大国显然更关心如何利用此次危机来在国际金融组织中获得更多的权力。当然,这种改革焦点也无可厚非,因为随着金融危机的发展,IMF 特别提款权份额和投票权分配与各国经济实力不匹配的情况被凸显出来,最容易得到各方重视。各国均承认,以新兴大国为代表的发展中国家代表性严重不足,而以德国、法国、英国、意大利、加拿大、荷兰、比利时、瑞士、澳大利亚为代表的高收入国家均存在不同程度的"过分代表现象"。[40]

为了实现此优先改革诉求,新兴大国很快团结起来向西方施压。早在金砖国家集团尚未成立的2008年,G8+5机制中的G5(中国、印度、巴西、南非和墨西哥)就联合发表立场声明,强调"(需)保证国际金融体系的透明性和合法性,增加发展中国家在国际经济机构中的代表性和决策权,加强发达国家与新兴市场国家经济协作,加强G20的作用"[41]。2009年意大利拉奎拉峰会上,G5再次发表声明,强调它将与其他世界领导一道,致力于国际金融体系和联合国改革,使之"足以反映国际政治新现实,并向公平、平衡、高效方向发展"[42]。金砖国家集团成立后,各次峰会的联合声明都对全球经济治理改革目标提出了明确主张。2009年3月在英国霍舍姆召开G20财长和央行行长会议期间,金砖四国(当时南非还未加入金砖集团,故为四国)财长发表了联合声明,主张改革现有美元主导的国际货币体系,改革IMF,重新分配特别提款权配额并在2011年1月之前完成对该组织新一轮的份额全面审核。[43]同年,《"金砖四国"领导人俄罗斯叶卡捷琳堡会晤联合声明》指出:应"推动国际金融机构改革,使其体现世界经济形势的变化。应提高新兴市场和发展中国家在国际金融机构中的发言权和代表性。国际金融机构负责人和高级领导层选举应遵循公开、透明、择优原则"[44]。2010年的《"金砖四国"领导人第二次正式会晤联合声明》以罕有的严厉措辞指出:"布雷顿森林机构改革……早该进行。国际货币基金组织和世界银行应尽快解决其合法性不足的问题……。首要目标是向新兴市场和发展中国家实质性转移投票权,使其在世界经济中的决策权与份量相匹配……。基金组织和世界银行高管职位的遴选应本着公开、择优的原则,无需考虑人选国籍。上述机构的职员组成需更好反映其成员的多样性。需特别注意增加发展中国家的参与度。国际社会必须推动上述改革产生我们预期的结果,否则有关国际机构将面临出局的风险。"[45]中国方面,2008年,时任国务院总理温家宝在会见IMF总裁多米尼克·卡恩时明确提出应"使IMF的治理结构更好地反映全球经济格局的变化"[46]。同年,时任中国国家主席胡锦涛在G20峰会讲话中提出应"提高发展中国家在国际金融组织中的代表性和发言权"[47]。此后,中国领导人和官员还多次表达应推动全球金融治理改革的看法。来自新兴大国的上述与改革相关的声明措辞越发严厉,这使西方大国倍感压力。与此同时,在金融危机蔓延的背景下,西方大国显然有求于中国为代表的新兴大国。比如,美国就寄希望于中国推出经济刺激计划,并支持美国的金融业。[48] 显然,西方若想得到新兴大国的支持,就必须积极响应相关改革倡议。

在新兴大国团结协作和发达国家迫切寻求合作这两大因素的共同影响下,新兴大国获得了一定的权力优势,这是IMF份额和投票权改革得以实现的关键。经过伦敦峰会、匹兹堡峰会和多伦多峰会的几番努力,G20成员最终凝聚了推动国际金融机构改革的共识。2009年4月的G20伦敦峰会上,各国达成了改革IMF的共识。此后的匹兹堡峰会上,各国形成了关于IMF份额和投票权改革的协议,发达国家明确承诺将向新兴市场和发展中国家转移5%以上的份额及相应投票权。2010年6月的多伦多峰会上,各国继续表示要推动IMF改革,并提出要以公开、透明、择优的原则遴选IMF负责人和高层,并增加来自新兴国家的管理人员的比例。在2010年10月的G20央行行长和财政部长会议上,与会各国官员达成了IMF改革的最终协议,这一协议随后在11月的首尔峰会上得到确认。此后,历届G20峰会都不断呼吁落实已达成的改革协议。[49] 金砖国家集团也不断施加压力,推动相关改革协议尽快落实。2011年金砖国家三亚峰会的《三亚宣言》"呼吁各方积极落实二十国集团峰会确定的国际货币基金组织改革目标,重申国际经济金融机构治理结构应该反映世界经济格局的变化,增加新兴经济体和发展中国家的发言权和代表性"[50]。2012年金砖国家德里峰会的《德里宣言》不但"对国际货币基金组织份额和治理结构改革进展缓慢表示关切",还进一步提出IMF应进行动态改革。[51]

二、G20作为全球金融治理改革动力的局限性

IMF治理结构改革无疑是全球金融治理体系改革的重要一步,体现了权力转移背景下,新兴大国具备了推动其政治议程得到落实的能力。但是,如前文所述,相关改革也有明显的局限性:IMF决策权分配调整有限,决策权动态调整原则未能建立,IMF所秉持的自由主义金融治理理念和相关治理方案也基本保持不变。之所以会出现此现象,既与权力机制本身的运作有关,又与单独以权力机制推动改革的固有局限性有关。

第一,G20虽然是重要的大国协调机制,但其多元性和非正式性限制了其行动力。一方面,成员的多元性是造成G20决策效率不高的根本原因。G20成员无论从地位、国情和利益偏好方面都存在巨大差异。在如此复杂的利益分布图上寻找契约点异常困难。在危机面前,各国尚能求同存异,团结行动,一旦应对危机的紧迫性丧失,G20成员的利益差异将很难通约,即使达成一致协议,往往也需要用缺乏明确界定的模糊性语言表述利益分歧的部分,从而使决策的可操作性大大降低,回旋余地大大增加。[52]事实上,金融危机刚有所缓解,美国便失去了推动已经达成的IMF改革协议落实的动力。结果,虽然美国的奥巴马政府已经同意了IMF的份额和投票权改革计划,但美国国会长期否决改革。这一问题一直拖到2015年才被最终解决。

另一方面,虽然G20已经大大加强了其内部的平等协商机制。但美国及其西方伙伴仍以维持其主导地位为重要战略考量。2011年,时任美国总统奥巴马在英国发表演讲时说,西方民主国家仍是当今世界的领导者,尽管领导集团需要增加新成员以适应新环境。[53]在西方国家领导人眼里,G7残存的权力优势,以及因成员的共同价值观基础而使其具备的远强于其他国家集团的政治凝聚力,使之仍能作为全球治理领导力量的核心组成部分,而G20仅是G7领导人寻求在维持其领导权前提下应对全球化挑战,同时回应被排斥在全球治理核心管理层之外的新兴大国诉求的新

制度设计。[54]G20 的主要设计功能是分担国际责任,重建并强化西方大国的实力地位,将新兴大国纳入其制定的规则和框架之内,使之承担责任,并做负责任国家。发达国家掌握着议程设置和最后裁决权,发展中国家话语权没有想象的那么高。[55]有学者就指出:"G20 在很大程度上充当着推进 G7 政策的工具,特别是在 G7 最关心的问题上,如打击洗钱,打击恐怖主义融资,实施国际准则等。"[56]早在匹兹堡峰会上,中国与欧盟就议题次序就有巨大的分歧,中国希望优先讨论 IMF 份额改革问题,而欧盟的主要关切还是稳增长以及解决所谓"经济失衡"问题。[57]在历次峰会筹备过程中,各国在议题优先级设置上都要经历一番艰苦的博弈。可见,尽管发达国家需要新兴大国的支持来度过金融危机,但从"G20 峰会的议题设定和会议公报看,发达国家仍然在很大程度上主导着 G20 的主题和走向"[58]。

第二,新兴大国的改革目标本身也是有限的。有效的全球金融治理需要收集对国家来说较为敏感的金融信息,需要资金、技术和专业知识,进入门槛很高。并且,由于国际金融具有网络效应,只有在全球范围内具有高度权威性的国际组织才能为各方注入信心,从而达成治理跨国金融活动的目标。[59]新兴大国最初皆是以学习者的姿态进入全球金融治理领域的。以中国为例。中国虽然是新兴大国中金融实力最强的,但中国对全球金融治理方案的认识与西方类似,方案创新动力有限。自 20 世纪 80 年代以来,中国的国内金融治理能力建设得益于与 IMF 的密切合作。[60] IMF 不但培养了中国的金融专家,也积极对中国的国内金融改革提出建议,并能产生实实在在的政策影响。[61] 1992 年的中国共产党第十四次全国代表大会提出要以建立和完善"社会主义市场经济体制"以后,国内金融改革加速。1996 年,中国宣布将实现人民币经常项目完全可兑换,并表示要加速实现资本账户可兑换,受到 IMF 总干事大加赞扬。[62] 1997 年爆发的亚洲金融危机影响了中国对全球金融的认识,使中国更加重视金融安全问题。[63]但是,中国国内金融政策讨论的结论只是暂缓资本账户自由化,而并不是否定自由化的价值。[64]

基于上述背景,中国在2008年后发起的改革诉求是有限的。一方面,中国官员在与美国官员讨论IMF改革问题时明确要求美国劝说欧洲尽早同意将份额让出,这说明中国只是要求增加权力,但不追求取消美国的否决权。[65]同时,中国并未执着于要求由发展中国家官员担任IMF总裁,而只是大力推举中国官员(如朱民)担任IMF副总裁。[66]这是典型的温和的增量改革行动。另一方面,尽管对IMF对条件性的使用有疑虑,但中国继续尊重IMF的专业权威。中国的看法是,尽管IMF的贷款条件有些过于严格,但在救助贷款中应用一些条件仍然是必要的。中国的金融官员明确表示,不应强求采取特殊的金融治理方式,而应倡导全球遵守统一的金融规则。[67]反映上述认识的典型案例是,中国于2009年支持了IMF在对斯里兰卡的贷款中附加汇率改革条件。[68]除了中国,金砖国家历次宣言的话语也主要强调增强IMF的代表性,并未明确批判其在危机应对方面的具体做法。

第三,除了竞争性方案缺失和改革压力不足之外,全球金融安全体系本身具有相对独立性,这限制了自上而下的改革的效果。IMF被普遍认为拥有最强大的金融监督能力和最专业的国际金融知识。[69]这种专业性使IMF获得了较高的权威性,其行动可能并不是对国家要求的不折不扣的反映。IMF向来是相对保守地回应外部批评的。[70]如前文所述,自亚洲金融危机以来,资本外逃问题引发了学界和IMF内部部分官员对资本流动的反思,但IMF管理层对资本流动的观念并没有发生实质性改变,而只是强调应重视推进资本自由化过程中的技术性风险。不仅如此,IMF的研究部门仍在不遗余力地寻找各方证据,以证明促进资本自由化对国家发展有益。[71]这些研究与IMF本身就具有的权威性叠加,抑制了创新治理方案的生成。在缺乏新的竞争性方案的前提下,上述对旧方案的修补性改良仍是主流。比如,发展中国家将2008年全球金融危机归咎于发达国家过分宽松的货币政策所导致的流动性过剩,敦促发达国家采取更负责任的货币政策。发展中国家认为,IMF 的经济监督主要关注小国和新兴经济体,忽视了发达国家,这是不对称的。因此,G20 在 2009 年匹兹堡峰会上提出"相互评估进程",要求 IMF 与其他国际机构合作,对发达国家的货币和金融政策也加强监管。[72] 这项改革议程显然并未触及全球金融安全治理体系的核心。改革者只是要求将相同的规则公平地适用于发达国家,并未要求改变规则和政策本身,[73] 这进一步说明了新兴大国改革目标的有限性。然而,即使是如此保守的改革议程,也并未完全付诸实施。

第三节　地区性金融安全合作对 IMF 的有限改革压力

前文曾提及,在 G20 主导的自上而下的全球金融治理改革效果有限的情况下,一些国家还在 IMF 之外建立了地区性金融安全合作安排,其主要形式是签署更多的双边货币互换协议和强化地区金融安全网。比如,东亚国家建构了"清迈倡议多边化"(CMIM)机制,而金砖国家建构了"金砖国家应急储备安排"。从制度形式上看,地区金融安全网与 IMF 主导的全球金融安全网是平行的,它们独立于 IMF 而存在,为参与各方(主要是发展中国家)提供了金融安全治理方案创新平台,有助于对 IMF 施加更强大的改革压力。[74] 那么,这些地区性实践是否创造了治理竞争情景?从既有的证据来看,答案是否定的。上述地区金融安全网在制度形式上是新的,但在治理方案维度与 IMF 保持一致,因而不构成与 IMF 的治理竞争。由于发展中国家建构的地区金融安全网中,清迈倡议多边化机制相对最为成熟,本节将主要讨论它的情况。

早在亚洲金融危机期间,针对 IMF 提出的贷款条件不符合亚洲国家需求和实际情况的问题,日本就提出了要建构独立的"亚洲版 IMF"——东亚货币基金——的倡议。但是,美国担忧日本的这一倡议将挑战美国的金融霸权,并影响 IMF 的权威性,遂明确反对日本的提议。由于美国明确反对,政治上受制于美国的日本便只好作罢。[75]虽然东亚货币基金提议被否决,但各国普遍认为东亚国家应加强金融合作。1999 年,东盟和中日韩("10＋3")财政-金融合作机制启动,开始探索加强东亚金融合作。[76]2000 年 5 月,在泰国清迈召开的"10＋3"财政部长会议上,各方签署了关于"建立双边货币互换机制"的清迈倡议(CMI)。根据清迈倡议,各成员国两两之间签署双边货币互换协议,这使得发生流动性短缺的国家可以向签有相关协议的国家申请紧急贷款。[77]虽然清迈倡议在名义上能够增加各国在金融危机期间的融资渠道,但双边货币互换的可用资金少,实质意义很小。清迈倡议的这个特点体现了在缺乏强有力的领导的情况下,东亚金融合作注定效果不彰。[78]

　　随着中国经济的飞速发展,中国的金融实力也快速提升。中国成为东亚金融合作的新动力。针对清迈倡议的缺陷,中国提出了在清迈倡议基础上建构多边金融安全合作机制的想法,这一想法得到各方的积极响应。随着 2008 年全球金融危机的爆发,东亚各国的危机感大增,开始有更强的合作意愿。2009 年,在数年的研究和谈判基础上,清迈倡议多边化机制得以建立,东亚地区性金融安全网初步建成。清迈倡议多边化机制下,各国在遭遇流动性危机时可按照约定比例从一个统一的地区外汇储备库中提取资金,这大大提高了各国可用的资金量。2009 年,东亚外汇储备库的规模为 1 200 亿美元,2012 年,东亚外汇储备库又进一步扩容一倍。[79]除了资金的增加,由于地区金融安全网若想发挥作用就必须配以独立的宏观经济监管机构,各国便于 2011 年建立了"东盟和中日韩宏观经济研究办公室"(以下简称 AMRO)。AMRO 的主要功能包括监测区域宏观经济,帮助清迈倡议多边化机制成员国设计金融救援计划,为成员国提供金融技术支持等。[80]这些功能与

IMF 类似。

综合上面的论述可以看出,清迈倡议多边化和 AMRO 的成功建立在形式上构成了与 IMF 平行的地区性金融安全网。新机制的出现将有助于各国减少对 IMF 和美元的依赖。[81]也使成员国有能力探索不同于 IMF 的新治理方案。事实上,伴随着东亚金融安全合作的展开,一直有声音力主各国开展创新实践。[82]比如,有人就提出应将东亚外汇储备库与 IMF 完全脱钩,并建构更灵活的纾困贷款机制,取消在提供纾困贷款时附加条件的做法。[83]然而,现实情况却是,东亚金融安全网并无多少方案创新。清迈倡议多边化机制和 AMRO 都是高度依赖 IMF 的。一方面,清迈倡议多边化机制明确定位于补充既有的以 IMF 为核心的多边金融安全网。[84]虽然经过了多次修订,清迈倡议多边化的贷款额仍有 60% 与 IMF 挂钩,[85]这意味着借款国可能需要首先向 IMF 申请贷款,然后才能够获得东亚外汇储备库的补充贷款。这事实上是加强了 IMF 的控制力。正是由于这种挂钩机制的存在,东亚国家没有多少使用清迈倡议多边化机制的热情。例如,2008 年,当面对外汇流动性短缺时,韩国宁愿直接向美国联邦储备银行,以及中国和日本寻求货币互换,也不愿动用清迈倡议多边化机制。[86]另一方面,AMRO 在金融监管方面仍接受 IMF 的指导。AMRO 与 IMF 签署了谅解备忘录,约定双方将继续就共同成员经济交换意见,为工作人员提供培训和人员交流机会。[87]在 2016 年,AMRO 和 IMF 还联合测试了清迈倡议多边化机制与 IMF 挂钩的部分。[88]

不只是东亚地区金融安全网,金砖国家应急储备安排也有类似的局限性。2013 年 3 月 27 日,在金砖国家领导人德班峰会上,各国领导正式提出要建立应急储备安排,以帮助各国应对流动性压力,维护金融稳定。[89]同年 9 月的 G20 峰会期间,金砖国家领导人同意了金砖国家应急储备安排的初始规模(1 000 亿美元)和各国的出资比例。[90]金砖国家应急储备安排的运行模式与清迈倡议多边化机制类似,即各国的外汇储备并非真实出资,而是预先留出一定的外汇额度,允许危机国在需要时按事先约定的汇率购买相应量的外汇。同时,与清迈倡议多边化机制类似,金砖国家应急储备安排也规定,危机国能够无条件动用的资金仅为最高借款额的30%,余下70%的贷款必须与IMF的条件性贷款挂钩。[91]

之所以出现上述情况,跟全球金融治理体系知识、权威和资源的高度集中化密切相关。如前文所述,多数国家长期处于融入全球金融治理体系的实践进程中,它们虽然对IMF的条件性贷款有所批评,但也都总体上认可资本账户自由化的价值,也认为条件性贷款是必要的。在此情况下,无论是东亚国家还是金砖国家都没有足够的兴趣和信心来开展独立的金融救助。地区国家也无法就创建与IMF不同的危机应对方案的必要性达成一致意见。而缺乏地方性实践经验也就导致它们无法提供令人信服的替代性金融救助方案。如有学者总结的,在全球金融治理领域,尚没有一个具有替代性的宏观政策范式能够威胁"华盛顿共识"的地位。[92]事实上,美国方面对东亚各国在金融治理方面的能力局限,以及地区金融安全网的局限性有非常清晰的认识,从未将其视为重要挑战。[93]也正是基于上述情况,IMF对东亚金融安全网建设也是积极支持的。为应对新冠肺炎疫情可能带来的金融困境,IMF总裁格奥尔基耶娃(Kristalina Georgieva)向包括清迈倡议多边化机制在内的地区金融安全网负责人表示愿意开展合作,以交换关于成员需求的信息,随时准备提供技术援助和政策建议。[94]

本 章 小 结

本章考察了全球金融安全体系改革的现状和局限性,并分析了造成这种局限性的原因。本章发现,虽然全球金融安全体系中的决策权分配发生了一些变化,但其宏观理念和具体治理方案层次基本未变。造成变革的有限性的根本原因是,全球金融体系的等级性和金融治理知识的统一性使非西方力量尚不具备开展创新实践的意愿和能力。本章的发现有助于丰富人们对全球金融治理改革现状和困难性的认识。既有文献在谈及全球金融治理改革问题时大多只以正式制度——尤其是正式制度中的权力分配——变革作为判断改革效果的依据，而没有重视制度变化之下具体治理理念和方案的延续性。[95] 将方案层次纳入分析可以使我们认清，即使是像清迈倡议多边化这类被视为重大建制行动的举措，也并没有产生方案创新，这说明了西方在金融安全治理领域的主导地位依旧稳固。本章的分析可为后面三个案例作为参照系。与本案例不同，后面三个案例都存在一定程度的方案层次的创新，只是新方案的稳定性和影响范围有所差异。当然，全球金融治理不只包含金融安全网建设，还包括信用评级、对银行业的监管、反洗钱、反避税等一系列具体议题。这些议题中治理体系的运转和变化情况是本章所不能涵盖的。对这些问题的讨论将可能产生新的发现和启示，也能进一步考察本书理论框架的解释力。比如，在评级机构改革方面，改革者所面对的是西方三大评级机构（穆迪、标普、惠誉）在过去一百多年以来逐渐建立起的行业信誉，以及美国这一国际债券市场控制者对三大评级机构的支持。虽然这些机构在2008年的美国次贷危机和2010年的欧洲主权债务危机中并未发挥有效的预警作用，但其批评者若想创建有全球性影响力的新型评级机构，就不仅需要应对美国的打压，还需要有较高的信息收集能力，更需要建构被广泛认可的评级方案。因此，本书所提出的权力、话语、实践三大变革推动机制也能帮助我们更清晰地认识该领域内西方的结构性权力优势和改革者的困境。[96]

注释

1. 张礼卿：《全球金融治理面临的八个问题》，载《中国外汇》2021年第7期，第6页。

2. Jeffrey M. Chwieroth, "Normative Change from Within: The International Monetary Fund's Approach to Capital Account Liberalization," *International Studies Quarterly*, Vol.52, No.1, 2008, pp.129—130.

3. 对全球金融安全网的介绍,参见 Alina Iancu, Seunghwan Kim, and Alexei Miksjuk, "Global Financial Safety Net—A Lifeline for an Uncertain World," https://blogs.imf.org/2021/11/30/global-financial-safety-net-a-lifeline-for-an-uncertain-world/#:~:text＝The％20global％20financial％20safety％20net, financing％20to％20mitigate％20their％20impact,最后访问时间:2022 年 8 月 18 日。对 IMF 在全球金融治理中的主导地位(以资金集中程度为标准)的讨论,参见 Phillip Y. Lipsky, "Explaining Institutional Change: Policy Areas, Outside Options, and the Bretton Woods Institutions," *American Journal of Political Science*, Vol.59, No.2, April 2015, pp.341—356。

4. "内嵌式自由主义"概念来自约翰·鲁杰(John Ruggie)对二战结束后到 20 世纪 70 年代国际经济秩序特点的描述。鲁杰认为,二战后国际经济自由化所取得的成就,主要得益于国家和社会之间(或者更准确地说,资产阶级和左翼间)所达成的妥协,即社会支持国际经济自由化,而国家需要通过建设社会和政治安全网,减轻经济自由化带来的有害的国内经济效应。在金融领域,内嵌式自由主义就要求国家审慎地管控资本,而不是过度地拥抱市场和自由化。关于此概念的讨论,参见 John Ruggie, "International Regimes, Transactions, and Change: Embedded Liberalism in the Postwar Economic Order," *International Organization*, Vol.36, No.2, 1982, pp.379—415。关于新自由主义是如何在政策界和知识界取代内嵌式自由主义的,参见 David Harvey, *A Brief History of Neoliberalism*, New York: Oxford University Press, 2007。

5. 关于新自由主义成为 IMF 主导性理念的研究,参见 Jeffrey M. Chwieroth, *Capital Ideas: The IMF and the Rise of Financial Liberalization*, Princeton: Princeton University Press, 2010; Sarah Babb, "The IMF in Sociological Perspective: A Tale of Organizational Slippage," *Studies in Comparative International Development*, Vol.38, No.2, 2003, pp.3—27; Manuela Moschella, *Governing Risk: The IMF and Global Financial Crises*, Springer, 2010。

6. Rawi Abdelal, *Capital Rules: The Construction of Global Finance*, Cambridge: Harvard University Press, 2007, p.3.

7. James M. Boughton, "The IMF and the Force of History: Ten Events and Ten Ideas That Have Shaped the Institution," *IMF Working Paper*, Vol.4, No.75, 2004; Jeffrey M. Chwieroth, *Capital Ideas: The IMF and the Rise of Financial Liberalization*, Princeton: Princeton University Press, 2010, Chapter 7.

8. 对 IMF 贷款条件的总结和分析,参见徐崇利:《国际货币基金组织贷款条件的利益分析和法律性质》,载《中国法学》1999 年第 5 期,第 111—120 页。当然,需要澄清的是,IMF 章程不允许其将资本账户自由化列为"条件性"之一。IMF 的条件主要是宏观的结构性改革。

9. Michael Barnett and Martha Finnemore, *Rules for The World: International Organizations in Global Politics*, Ithaca: Cornell University Press, 2004, p.47. 还可参见 James Boughton, *Tearing down Walls: The International Monetary Fund 1990—1999*, International Monetary Fund, 2012。

10. 相关记录参见 Mark Beeson and André Broome, "Watching from the Sidelines? The Decline of the IMF's Crisis Management Role," *Contemporary Politics*, Vol.14, No.4, 2008, p.399; Ralf J. Leiteritz, "Explaining Organizational Outcomes: The International Monetary Fund and Capital Account Liberalization," *Journal of International Relations and Development*, Vol.8, No.1, 2005, pp.1—

26；江时学：《比较拉美和东亚的金融自由化》，载《世界经济》2001 年第 9 期，第 3—10 页。

11. Injoo Sohn, "Asian Financial Cooperation: The Problem of Legitimacy in Global Financial Governance," *Global Governance*, Vol.11, No.4, 2005, p.491.

12. Morris Goldstein, "An Evaluation of Proposals to Reform the International Financial Architecture," in Michael P. Dooley and Jeffrey A. Frankel, eds. *Managing Currency Crises in Emerging Markets*, University of Chicago Press, 2007, pp.225—272.

13. 潘英丽：《国际货币与金融体系改革》，格致出版社 2012 年版，第 8 页。

14. Jagdish Bhagwati, "The Capital Myth: The Difference between Trade in Widgets and Dollars," *Foreign Affairs*, Vol.77, No.3, 1998, pp.7—12; Manuela Moschella, "When Ideas Fail to Influence Policy Outcomes: Orderly Liberalization and The International Monetary Fund," *Review of International Political Economy*, Vol.16, No.5, 2009, p.872.

15. Jeffrey M. Chwieroth, *Capital Ideas: The IMF and the Rise of Financial Liberalization*, Princeton: Princeton University Press, 2010, Chapter 8—9.

16. 对新兴大国的定义参见第一章注释 55。在金融领域，最重要的新兴大国要属金砖国家。

17. 李蕊：《二十国集团与国际货币体系改革》，载《国际展望》2015 年第 3 期，第 67—84 页。

18.《基金组织执董会批准对份额和治理进行全面改革》，国际货币基金组织对外关系部，新闻发布稿第 10/418 号，2010 年 11 月 5 日。

19.《德里宣言》，中华人民共和国外交部，2012 年 3 月 29 日，http://www.fmprc.gov.cn/chn/pds/ziliao/1179/t918949.htm，最后访问时间：2022 年 8 月 18 日。

20.《G20 杭州峰会有哪些看点》，央视财经，2016 年 9 月 3 日，http://jingji.cctv.com/2016/09/03/ARTIvyyAPkn7k1uWIG8gir0w160903.shtml，最后访问时间：2022 年 8 月 18 日。

21. Rawi Abdelal and Laura Alfaro, "Capital and Control: Lessons from Malaysia," *Challenge*, Vol.46, No.4, 2003, pp.36—53.

22. IMF, "The Liberalization and Management of Capital Flows: An Institutional View," November 14, 2012, https://www.imf.org/en/Publications/Policy-Papers/Issues/2016/12/31/The-Liberalization-and-Management-of-Capital-Flows-An-Institutional-View-PP4720，最后访问时间：2022 年 8 月 18 日。对 IMF 的政策转变的研究，参见 Kevin P. Gallagher, "Contesting the Governance of Capital Flows at the IMF," *Governance*, Vol.28, No.2, 2015, pp.185—198; Silla Sigurgeirsdóttir and Robert H. Wade, "From Control by Capital to Control of Capital: Iceland's Boom and Bust, and the IMF's Unorthodox Rescue Package," *Review of International Political Economy*, Vol.22, No.1, 2015, pp.103—133。

23. 相关研究参见 André Broome, "Back to Basics: The Great Recession and the Narrowing of IMF Policy Advice," *Governance: An International Journal of Policy, Administration, and Institutions*, Vol.28, No.2, 2015, pp.147—165; Sarah Babb, "The Washington Consensus as Transnational Policy Paradigm: Its Origins, Trajectory and Likely Successor," *Review of International Political Economy*, Vol.20, No.2, 2013, pp.268—297; Ali Burak Güven, "The IMF, the World Bank, and the Global Economic Crisis: Exploring Paradigm Continuity,"

Development and Change，Vol. 43，No. 4，2012，pp. 869—898。

24. 对 2008 年金融危机后全球金融治理改革深度不足现象最全面的总结，参见 Eric Helleiner，*The Status Quo Crisis：Global Financial Governance After the 2008 Meltdown*，New York：Oxford University Press，2014。

25. Alison Bailin，"From Traditional to Institutionalized Hegemony，" *G8 Governance*，No. 6，2001，http://www.g8.utoronto.ca/scholar/bailin/bailin2000.pdf，最后访问时间：2022 年 8 月 18 日。

26. 陈晓进：《评析八国集团的作用与发展趋势》，载《国际问题研究》2005 年第 2 期，第 26 页。

27. 同上。

28. 徐秀军：《新兴经济体与全球经济治理结构转型》，载《世界经济与政治》2012 年第 10 期，第 49—79 页。

29. 林跃勤、周文主编：《新兴经济体蓝皮书：金砖国家经济社会发展报告（2011）》，社会科学文献出版社 2011 年版，第 10 页。

30. IMF，World Economic Outlook Database，Oct. 2010，https://www.imf.org/en/Publications/WEO/weo-database/2010/October，最后访问时间：2022 年 8 月 18 日。

31. Manmohan Agarwal，"The BRICSAM Countries and Changing World Economic Power：Scenarios to 2050，" CIGI，Working Paper，No. 39，2008.10，pp. 22—26.

32. 张茉楠：《新兴经济体成主要债权国》，载《经济参考报》2020 年 8 月 30 日。

33. James Powell，et al.，The Group of Twenty：A History，p. 9. http://www.g20.utoronto.ca/docs/g20history.pdf，最后访问时间：2022 年 8 月 18 日。

34. 关于 G7 和 G8 概念的使用，有必要作些说明。前文已说明，G7 是西方大国间传统的非正式协调机制。1991 年，时任苏联总统的戈尔巴乔夫首次应邀参加了与 G7 首脑的框架外会议。苏联解体后，俄罗斯代替苏联成为 G7+1 成员。但是，俄罗斯在一段时期内总是在 G7+1 的框架下参与活动，仅能参加由 G7 选定的部分议题讨论，对包括国际金融管理在内的核心问题毫无发言权。1997 年丹佛峰会上，时任俄罗斯总统叶利钦参加了除金融和特定经济议题之外的所有议题讨论，并首次与七国首脑以 G8 名义发表最后公报，但 G7 作为核心决策者的地位和作用得到保留。在 G8 峰会召开前，G7 往往要召开一到两天的预备会议以协调立场。2014 年，美国等西方国家宣布不再与俄罗斯举行 G8 峰会。G8 不复存在。基于上述情况，本书在讨论全球金融治理时只使用 G7 概念，只在谈及一些以 G8 名义召开的会议时才使用 G8 概念。

35. 韦宗友：《非正式集团、大国协调与全球治理》，载《外交评论》2010 年第 6 期，第 109 页。

36. ［加］约翰·柯顿：《强化全球治理：八国集团、中国与海利根达姆进程》，载《国际观察》2008 年第 4 期，第 50—52 页。

37. 朱杰进：《中国与全球经济治理机制变革》，上海人民出版社 2020 年版，第 18—20 页。

38. 赵晓春：《G20 峰会与世界新秩序的演进》，载《现代国际关系》2009 年 11 期，第 6 页。

39. Randall Germain，"Global Financial Governance and the Problem of Inclusion，" *Global Governance*，Vol. 7，Issue 4，2001，p. 416.

40. 数据、算法和结果参见姚大庆：《国际货币体系的全球治理和中国的应对》，载上海社会科学院世界经济与政治研究院编：《全球治理与中国的选择》，时事出版社 2010 年版，第 100—114 页。

41. G5 Statement Issued by Brazil，China，India，Mexico and South Africa on the occasion of the 2008 Hokkaido Toyako Summit Sapporo，July 8，2008，http://www.g8.utoronto.ca/summit/2008hokkaido/2008-g5.html，最后访问时间：2022年8月18日。

42. G5 Declaration，L'Aquila，Italy，July 8，2009，http://www.g7.utoronto.ca/summit/2009laquila/2009-g5declaration.pdf，最后访问时间：2022年8月18日。

43. "BRICs Show New Influence at G20 Finance Ministers Meeting," *Bridges Weekly Trade News Digest*，Vol.13，No.10，2009.

44.《"金砖四国"领导人俄罗斯叶卡捷琳堡会晤联合声明》，2009年6月16日，http://www.gov.cn/ldhd/2009-06/17/content_1342167.htm，最后访问时间：2022年8月18日。

45.《"金砖四国"领导人第二次正式会晤联合声明》，中华人民共和国外交部，2010年4月15日，http://www.fmprc.gov.cn/chn/pds/ziliao/1179/t688360.htm，最后访问时间：2022年8月18日。

46.《温家宝会见国际货币基金组织总裁》，载《人民日报》2008年2月15日。

47. 胡锦涛：《通力合作 共度时艰——在金融市场和世界经济峰会上的讲话》，载《光明日报》2008年11月15日。

48.《亚洲周刊：中国救美国也是救自己？》，中国新闻网，2008年9月27日，https://www.chinanews.com.cn/hb/news/2008/09-27/1397337.shtml，最后访问时间：2022年8月18日。

49. 参见李蕊：《二十国集团与国际货币体系改革》，载《国际展望》2015年第3期，第67—84页；谢世清：《国际货币基金组织份额与投票权改革》，载《国际经济评论》2011年第2期，第119—126页。

50.《金砖国家领导人第三次会晤三亚宣言》，2011年4月14日，http://brics2022.mfa.gov.cn/chn/gyjzgj/ljldrhwcgwj/202202/t20220221_10643879.html，最后访问时间：2022年8月18日。

51.《金砖国家领导人第四次会晤德里宣言》，2012年3月29日，http://brics2022.mfa.gov.cn/chn/hywj/ldrhwcgwj/202203/t20220308_10649755.html，最后访问时间：2022年8月18日。

52. 李蕊：《二十国集团与国际货币体系改革》，载《国际展望》2015年第3期，第67—84页。

53. "Remarks by the President to Parliament in London, United Kingdom," May 5，2011，http://www.whitehouse.gov/the-press-office/2011/05/25/remarks-president-parliament-london-united-kingdom，最后访问时间：2022年8月18日。

54. John Kirton, "The G20: Representativeness, Effectiveness, and Leadership in Global Governance," in John Kirton, Joseph Daniels and Andreas Freytag, *Guiding Global Order: G8 Governance in the Twenty-First Century*, Aldershot: Ashgate, 2001, p.156.

55. 刘宗义：《"G20机制化与中国参与全球经济治理"学术研讨会议综述》，载《国际展望》2010年第2期，第99—100页；Jean Pisani-Ferry, "The G20 Agenda Sounds a Lot Like That of the G7," *The Economist*, June 29, 2010.

56. Leonardo Martinez-Diaz, "The G20 after Eight Years: How Effective a Vehicle for Developing Country Influence?" Working Paper No.12. Washington DC: The Brookings Institution, 2007, p.18.

57.《中国质疑美欧G20经济失衡议程》，FT中文网，2009年9月18日，

http://www.ftchinese.com/story/001028797? full＝y&archive，最后访问时间：2022年8月18日。

58. 孙丽丽：《从应急机制到合作平台：G20正在成为全球经济治理的首要机制》，载《亚非纵横》2010年第5期，第35页。

59. Phillip Lipscy, *Renegotiating the World Order*：*Institutional Change in International Relations*，Cambridge：Cambridge University Press，2016，pp.28—31.

60. Peter Ferdinand and Jue Wang, "China and the IMF：From Mimicry Towards Pragmatic International Institutional Pluralism," *International Affairs*，Vol.89, No.4, 2013, pp.900—901.

61. 宋建奇：《中国与国际货币基金组织的合作》，载《中国金融》1992年第11期，第47—48页；Ann E. Kent, *Beyond Compliance*：*China，International Organizations，and Global Security*，Stanford University Press，2007，Chapter 3。

62. 相关历史回顾参见孙晓、孙国良：《中国、IMF与资本账户开放的双向社会化》，载《外交评论》2016年第5期，第42页。还可参见 IMF, "News Brief：Camdessus Welcomes China's Acceptance of Article VIII," News Brief No.96/15, November 27, 1996。

63. 周小川：《推进资本项目可兑换的概念与内容——在2012年12月三亚财经国际论坛上的讲话》，载《中国外汇》2018年第1期，第6—13页；王德蓉：《第三代中央领导集体应对亚洲金融危机的成功实践和经验》，载《党的文献》2011年第6期，第79—85页。

64. 周小川：《人民币资本项目可兑换的前景和路径》，载《金融研究》2012年第1期，第4页；孙晓、孙国良：《中国、IMF与资本账户开放的双向社会化》，载《外交评论》2016第5期，第45页。

65. Scott L. Kastner, Margaret M. Pearson and Chad Rector, "Invest, Hold up, or Accept? China in Multilateral Governance," *Security Studies*，Vol.25, No.1, 2016, p.171.

66. Hongying Wang and Erik French, "China in Global Economic Governance," *Asian Economic Policy Review*，Vol.9, No.2, 2014, p.264.

67. 参见国务院发展研究中心研究员吴庆在2017年陆家嘴论坛的发言，https://finance.sina.com.cn/china/gncj/2017-06-20/doc-ifyhfnqa4506611.shtml，最后访问时间：2022年8月18日。

68. John D. Ciorciari, "China's Structural Power Deficit and Influence Gap in the Monetary Policy Arena," *Asian Survey*，Vol.54, No.5, 2014, p.878.

69. 钟伟：《亚洲单一货币：路途遥远但值得期待》，载《中国外汇管理》2001年第2期，第12—13页。

70. Joseph E. Stiglitz, "Capital-Market Liberalization, Globalization, And the IMF," *Oxford Review of Economic Policy*，Vol.20, No.1, 2004, pp.57—71.

71. Ayhan Kose, et al., "Financial Globalization：A Reappraisal." *IMF Staff Papers*，Vol.56, No.1, 2009, pp.8—62; Frederic S. Mishkin, "Why We Shouldn't Turn Our Backs on Financial Globalization," *IMF Staff Papers*，Vol.56, No.1, 2009, pp.139—170; Maurice Obstfeld, "International Finance and Growth in Developing Countries：What Have We Learned?" *IMF Staff Papers*，Vol.56, No.1, 2009, pp.63—111.

72. IMF, "The G-20 Mutual Assessment Process and the Role of the Fund," *IMF Policy Papers*，Dec. 2, 2009, https://www.imf.org/external/np/pp/eng/

2009/120209a.pdf,最后访问时间:2022年8月18日。

73. 庞中英、王瑞平:《相互治理进程——欧洲与全球治理的转型》,载《世界经济与政治》2022年第11期,第50—63页。

74. 陈志敏、苏长和主编:《增量改进:全球治理体系的改进和升级》,https://sirpa.fudan.edu.cn/info/1038/1513.htm, July 30, 2020,最后访问时间:2022年8月18日。

75. 李巍:《东亚货币秩序的政治基础——从单一主导到共同领导》,载《当代亚太》2012年第6期,第25—26页。

76. "Joint Statement on East Asia Cooperation," June 18, 2012, https://asean.org/joint-statement-on-east-asia-cooperation-28-november-1999/#:~:text=in%20social%20and%20human%20resources,and%20among%20East%20Asian%20countries,最后访问时间:2022年8月18日。

77. 高海红:《当前全球美元本位:问题及东亚区域解决方案》,载《世界经济与政治》2008年第1期,第69—77页。

78. 李巍:《东亚货币秩序的政治基础——从单一主导到共同领导》,载《当代亚太》2012年第6期,第22—46页。

79. 关于"清迈倡议多边化"的历史,参见李巍:《东亚货币秩序的政治基础——从单一主导到共同领导》,载《当代亚太》2012年第6期,第33页;Jayant Menon and Hal Hill, "Does East Asia Have a Working Financial Safety Net?" *Asian Economic Journal*, Vol.28, No.1, 2014, p.4。

80. 参见AMRO网站,https://www.amro-asia.org/。

81. 李巍、吴娜:《东亚金融地区主义的制度升级——从"10＋3"对话到"AMRO"》,载《世界政治研究》2019年第2期,第79—124页。

82. Gerald Chan, "China's Response to the Global Financial Crisis and Its Regional Leadership in East Asia," *Asia Europe Journal*, Vol.9, No.2, 2012, p.205.

83. Asian Policy Forum, "Recommendations of Policy Responses to the Global Financial and Economic Crisis for East Asian Leaders," March 2009.

84. "Joint Ministerial Statement of the 13th ASEAN＋3 Finance Ministers' Meeting," 2010, https://www.amro-asia.org/the-joint-statement-of-the-13th-asean3-finance-ministers-meeting-may-2-2010-tashkent-uzbekistan/,最后访问时间:2022年8月18日。

85. AMRO, "Overview of the CMIM," https://www.amro-asia.org/about-amro/amro-and-the-cmim,最后访问时间:2022年8月18日。

86. Injoo Sohn, "Toward Normative Fragmentation: An East Asian Financial Architecture in the Post-Global Crisis World," *Review of International Political Economy*, Vol.19, No.4, 2012, p.590.

87. "AMRO, IMF Enhance Cooperation to Support Regional and Global Financial Stability," AMRO Press Releases, Oct. 11, 2017, https://www.amro-asia.org/amro-imf-enhance-cooperation-to-support-regional-and-global-financial-stability/,最后访问时间:2022年8月18日。

88. Perry Warjiyo, "Regional Financial Safety Net: Progress and Readiness," Bank Indonesia, 2017.

89. 《金砖国家领导人第五次会晤德班宣言》,2013年3月27日,http://brics2022.mfa.gov.cn/chn/hywj/ldrhwcgwj/202203/t20220308_10649253.html,最后访问时间:2022年8月18日。

90. 《金砖国家领导人圣彼得堡非正式会晤媒体声明》,2013 年 9 月 5 日,http://brics2022.mfa.gov.cn/chn/hywj/ldrhwcgwj/202203/t20220308_10649254.html,最后访问时间:2022 年 8 月 18 日。

91. 《人民银行新闻发言人就金砖国家应急储备安排答问》,中国政府网,2014 年 7 月 20 日,http://www.gov.cn/xinwen/2014-07/20/content_2720642.htm,最后访问时间:2022 年 8 月 18 日。

92. Sarah Babb, "The Washington Consensus as Transnational Policy Paradigm: Its Origins, Trajectory and Likely Successor," *Review of International Political Economy*, Vol.20, No.2, 2013, pp.268—297.

93. 代表性智库报告参见 Barry Sterland: "Economic Risk and Resilience in East Asia," Oct. 9, 2017, https://www.brookings.edu/research/economic-risk-and-resilience-in-east-asia/,最后访问时间:2022 年 8 月 18 日; Rosemary Foot, "The Role of East Asian Regional Organizations in Regional Governance: Constraints and Contributions," Carnegie Endowment For International Peace, June 7, 2011, https://carnegieendowment.org/2011/06/07/role-of-east-asian-regional-organizations-in-regional-governance-constraints-and-contributions-pub-44420,最后访问时间:2022 年 8 月 18 日; Olivia Negus, "The Chiang Mai Initiative Multilateralization(CMIM): If Not Now, then When?" CSIS, Sep.1, 2020, https://www.csis.org/blogs/new-perspectives-asia/chiang-mai-initiative-multilateralization-cmim-if-not-now-then-when,最后访问时间:2022 年 8 月 18 日。

94. IMF, "The Managing Director of the IMF and the Heads of the RFAs Emphasize their Readiness to Cooperate to Mitigate the Impact of COVID-19 on the Global Economy," *IMF Press Release*, No.20/177, April 21, 2020.

95. Bernhard Zangl, et al., "Imperfect Adaptation: How the WTO and the IMF Adjust to Shifting Power Distributions among Their Members," *The Review of International Organizations*, Vol.11, No.2, 2016, pp.171—196;黄超:《金融危机背景下全球治理机制的变革》,载《国际观察》2012 年第 3 期,第 27—35 页;徐秀军:《新兴经济体与全球经济治理结构转型》,载《世界经济与政治》2012 年第 10 期,第 49—79 页。

96. 相关研究可参见朱杰进:《中国与全球经济治理机制变革》,上海人民出版社 2020 年版,第八章。

第四章
权力与话语驱动的国际知识产权规则变革

第一节 国际知识产权规则体系及其变革

知识产权(intellectual property rights)保护是全球治理的重要议题。根据世界知识产权组织(以下简称 WIPO)的定义,"知识产权是指智力创造成果:发明,文学和艺术作品,外观设计,商业中使用的符号、名称和形象等"[1]。有学者进一步总结道:"知识产权是一种特殊的产权(或者说无形产权)……用于界定智力创造成果的所有权关系。拥有知识产权意味着对某项特定的智力成果……拥有专属的三项权利:被他人使用获得收益(租金)的权利;损失获得补偿的权利;向他人转让获利的权利。"[2] 之所以要保护知识产权,是因为只有这样才能够激励创造和创新。但是,知识产权也需要平衡公共利益和产权所有人利益,这就需要在保护知识产权的同时设置保护期限、例外条款等内容。如何在保护产权和维护公共利益之间找到平衡是知识产权保护领域的争论焦点。

国内维度的知识产权保护历史悠久。早在 15 世纪,威尼斯就出现了专利保护制度,而英国于 1623 年颁布的《垄断法》则奠定了现代专利法的基础。到 18 世纪,英国创设了版权保护制度,进一步丰富了知识产权制度体系。[3] 与传统上只在本国国内颁布法律保护知识产权不同,当代的知识产权规则体系超出了国界,成为一个国际性体系,而这一体系的建构进程要追溯到 19 世纪。随着工业化和早期全球化的发展,不同国家知识产权保护力度的差异对创新者利益的损害越来越凸显出来。针对此,1883年的《保护工业产权巴黎公约》、1886年的《保护文学和艺术作品伯尔尼公约》等国际性条约为当代国际知识产权保护体系奠定了基础。1970年,世界知识产权组织成立,取代了前述两公约秘书处,成为负责推动知识产权国际保护的国际组织。[4] 20世纪80年代,随着全球化和技术革命的进一步发展,拥有知识产权优势的发达国家(尤其是美国)开始谋求在世界范围内提升知识产权保护标准,而已有制度体系缺乏强制执行力的缺点令他们不满。美国最早采用的手段是利用其在国际体系中的权力优势来强推美式知识产权规则。1988年,美国国会通过《贸易与竞争综合法》,明确提出要用贸易报复手段惩罚别国侵犯知识产权的行为。此后,美国开始频繁使用"特别301"调查来迫使目标国改善国内知识产权法律体系。[5] 除了单边手段,美国也与其他发达国家一道推动了知识产权多边谈判,力图建构一套统一的多边知识产权规则体系。在上述背景下,《与贸易有关的知识产权协定》(以下简称TRIPS)谈判于关税与贸易总协定(以下简称GATT)的乌拉圭回合谈判中被启动。通过联合施压和利益交换等手段,发达国家最终使发展中国家接受了其要求。[6]

TRIPS旨在为WTO成员国订立最低限度的知识产权保护标准。具体而言,TRIPS要求WTO成员为版权、地理标志、工业品外观设计、集成电路布局设计、专利、植物新品种、商标、商品名称、未公开或机密信息等一系列客体提供知识产权保护。TRIPS还规定了执行程序、补救措施和争议解决程序,为国际知识产权制度装上了"牙齿"。由于TRIPS与国际贸易体制深度嵌套,其也就获得了更强大的执行机制。TRIPS将WTO成员遵守所有相关规则确立为强制性义务,并要求各国定期向TRIPS理事会汇报国内的知识产权保护情况。与此同时,TRIPS还允许权利受损一方向过错一方实行贸易制裁措施。[7]

虽然TRIPS在很大程度上反映了发达国家加强知识产权保

护的利益,但是,由于 WTO 框架下的多边谈判民主化程度较高,发展中国家仍可以联合起来争取更为有利的国际规则设计。因此,TRIPS 仍在一定程度上体现了"南方优待"规范,其主旨是要求在国际制度的权利、义务安排中给发展中国家适当的优待。事实上,自 20 世纪 90 年代以来,在发展中国家的联合施压下,南方优待规范已经被贯彻到贸易、气候治理等多个领域。[8] 在南方优待规范的指导下,TRIPS 的第 7 条和第 8 条明确将知识的"创造者与使用者之间的互利"和"有利于社会和经济福利"等确立为知识产权保护的基本原则。TRIPS 还在知识产权保护责任方面规定了例外规则(如允许在发生公共健康危机时施加药品强制许可,出于公共秩序和道德考虑拒绝特定专利申请等),并在具体保护程序方面给了发展中国家过渡期和一些程序方面的自由裁量权。[9] 这些规则等于是给发展中国家添加了一些安全保障机制,避免它们的公共福利因知识产权限制而遭受损害。这体现了南北妥协,说明南方优待理念已被发展中国家和部分发达国家接受,即使在发达国家以市场准入等为要挟的情况下,发展中国家仍能争取到一些权益。

但是,自 TRIPS 生效后,美国和欧洲国家便一直希望升级发展中国家的知识产权保护义务。美欧的主张包括扩大知识产权保护范围(如将更多客体纳入保护,将选择性保护对象变为必须保护对象,扩大保护与药品相关的数据专属权等),提高保护标准(如延长专利保护期),加强执法措施,为弹性和例外条款的适用施加更多限制(如缩短发展中国家的过渡期,限制平行进口,限制仿制药强制许可的应用条件)等。[10] 由于美欧所推动的知识产权保护规则在很多方面超出了 TRIPS 对发展中国家的要求,学界将这些规则统称作 TRIPS-Plus 规则。可见,在知识产权领域,西方是变革的发起者,而发展中国家是支持既有制度的。西方改革国际知识产权体系的目标不止停留在决策权和宏观理念维度,而是谋求将南方优待规范和在其基础上强调灵活性和公共福利的知识产权保护方案一并改变。

TRIPS-Plus 规则与南方优待理念不符,因而在多边场合遭到抵制。发展中国家不但成功阻止了发达国家将提升专利和商标保护纳入 WTO 多哈回合谈判,[11] 甚至还于 2001 年促成了《TRIPS 与公共健康多哈宣言》,进一步明确了知识产权保护不应损害各国的公共健康利益,赋予各国更多使用强制许可等灵活条款的权利。[12] 这一宣言后来导致了 TRIPS 协议的修订。在上述背景下,美欧开始采用"场所转移"策略,即避开作为整体的发展中国家谈判集团,在 WTO 之外选择更容易接受新规则的单个或少数国家开展规则推广活动(主要是包含知识产权条款的自由贸易谈判),以期推动渐进式规则置换。[13] 事实上,美国早在乌拉圭回合谈判中就使用了这一策略,即将知识产权相关谈判从 WIPO 转移到 WTO 平台,从而更好地利用贸易机制胁迫和引导发展中国家接受其条件。当发达国家发现其在 WTO 平台也无法继续推动规则改革的情况下,他们便选择在双边和诸边自由贸易谈判中推动 TRIPS-Plus 相关规则的扩散,力图增加这些规则的国际使用率,编织一个新规则的网络,最终通过挖墙脚的方式逐渐置换 TRIPS 体系。[14] 2001 年,时任美国贸易谈判代表罗伯特·佐利克(Robert Zoellick)提出"竞争性自由主义"概念,意在通过贸易谈判对愿意开展经济体制改革的国家进行奖励,引导更多国家开展贸易自由化。[15] 在经历短暂的犹豫之后,欧盟也自 2006 年起追随美国步伐,开始借助双边自由贸易谈判推动知识产权保护标准的提升。[16]

美欧改革知识产权规则的努力可谓喜忧参半。一方面,美欧确实推动了不少含 TRIPS-Plus 自贸协定的签署。根据一项 2020 年的统计,1995—2016 年间,共有 117 个自由贸易协定中包含 TRIPS-Plus 规则。[17] TRIPS-Plus 规则还开始出现在诸边自由贸易协定——如《跨太平洋伙伴关系协定》(以下简称 TPP)——之中。除了在自由贸易协定中加入相关条款外,发达国家间还签订了含大量 TRIPS-Plus 规则的知识产权专门条约——《反假冒贸易协定》。[18]正是由于相关协定数量的增加,学者才担忧西式知识产权规则的支持者队伍可能不断壮大,并最终瓦解南方优待理念和相关规则在世界贸易体制中的基础性地位。另一方面,虽然TRIPS-Plus 规则借助场所转移策略得以扩散,但数据表明,新规则扩散的效果并不稳定。第一,含 TRIPS-Plus 规则自由贸易协定的发展高度依赖发达国家的参与和推动。从 1995 年 TRIPS 生效到 2016 年(统计数据截止)的 117 个含 TRIPS-Plus 自由贸易协定中,有 90 个是由发达国家推动的,占总数的 77%。而发展中国家间签订的此类协定共 27 个,只占总数的 23%。这段时期内,发展中国家间签订了 251 个自由贸易协定,含 TRIPS-Plus 协定只占总数的不到 11%。此外,有发达国家参与的含 TRIPS-Plus 自由贸易协定平均每个有 16 项相关规则,而发展中国家间签订的含 TRIPS-Plus 自由贸易协定平均只有 8 项相关规则。[19]这都说明,在没有发达国家参与时,发展中国家在自由贸易谈判中加入 TRIPS-Plus 规则的积极性维持在较低水平。第二,在发达国家之中,美欧推动 TRIPS-Plus 规则扩散的能力远强于其他发达国家。1995—2016 年间,非美欧发达国家签订的自由贸易协定(69 个)中只有不到 38%(26 个)含 TRIPS-Plus,低于美欧水平(约 69%)。非美欧发达国家即使能够签订含 TRIPS-Plus 自由贸易协定,其 TRIPS-Plus 含量(约 10 项/协定)也少于前者(约 18 项/协定)。[20]这些都说明,权力而非认知转变,仍是推动 TRIPS-Plus 规则的核心动力。[21]第三,即使美国的规则推广活动也遭受阻力。美国主导的《反假冒贸易协定》虽然有 10 个发达国家签署,但只有日本正式批准了该协议。TPP 虽包含大量 TRIPS-Plus 条款,但在美国退出后,其替代品《全面与进步跨太平洋伙伴关系协定》(以下简称CPTPP)搁置了众多知识产权条款。

综上,时至今日,在自由贸易谈判中加入 TRIPS-Plus 没有被发展中国家作为常规行动,而除了美欧之外的发达国家也并不总能成功推动新规则的传播。按照本书对全球治理变革程度的评价标准,美欧改革国际知识产权治理体系的努力虽然促进了可操作的规则(即方案层次)在局部区域的变革,但这种变革并不稳定,并面临不断被推回的情况。如何理解这一深度但不稳定的变革现象?本章接下来的部分将首先展示西方如何利用其权力和话语优势使其改制议程获得一定的效果,进而分析西式知识产权规则的负面绩效、发展中大国的制衡行动这两大因素又如何反过来制约西方的改制努力。

第二节 自由贸易谈判与西式知识产权规则的初步扩散

美欧推动国际知识产权规则体系变革的首要基础是其在国内的创新实践。作为老牌资本主义国家和科技强国,美国和许多西欧、北欧国家在国内都有成熟的知识产权法律体系,这成为其在国际层次推动规则外化的基础。也正是由于美欧的规则推广行动是基于其国内规则和相关利益集团的,两者的侧重点也有不同。如在涉及原产地保护时,欧盟更强调地理标志规则,而美国则更愿意使用商标规则。当然,这种具体差异是技术性的,美欧在推动TRIPS-Plus规则扩散方面的态度是一致的。[22]

既然美欧已经有了现成的新方案,那么下一步需要考虑的就是该方案的治理绩效。前文已经阐述过,在多边谈判中,TRIPS-Plus规则被认为与南方优待规范和公共福利原则相抵触。以公共健康领域为例。仿制药的制造除了要取得政府强制许可外,还应取得销售许可,并向主管机构提交药品安全性和效力测试数据。但是,美国的双边自由贸易协定大都规定,销售许可的取得要以专利持有人同意为前提,且相关测试数据受5到10年的专有权保护。这样的规定等于给药品强制许可的颁发设置了额外障碍,自然将影响发展中国家普通患者获取可支付得起的药品的能力。[23]但事实上,对于中小发展中国家而言,上述道理对他们决策的影响并非直截了当。在21世纪初,虽然人们已经认识到相关规则可能损害发展中国家的公共健康利益,但将新规则与自由贸易协定挂钩以后,各国并不清楚这种损失可否用贸易和投资便利化方面的收益弥补。TRIPS-Plus 规则影响具有滞后性。如有研究提出,美式 TRIPS-Plus 规则对药品价格的影响可能要到自由贸易协定生效15年后才能显现。[24] 扎实的实证研究在21世纪初还不多见。话语的框定(framing)和扎实的预测性研究是提升反思性的前提,这类研究的出现需要一个过程。[25] 这一情况给了美欧机会。在多边场合,南方谈判集团所坚持的共同身份和规范性认知尚能促使各国抵制 TRIPS-Plus,但在双边场合,各国有了更大的自由裁量空间。[26]

通过将规则扩散场所转移至双、复边自由贸易谈判,发达国家在与目标国互动时得以享有更大的权力优势,这使其能够更好地塑造目标国对知识产权保护问题的认知,并影响目标国的成本-收益分析。第一,在话语维度,美欧在与目标发展中国家互动的过程中为后者提供了大量"技术支持"和"能力建设"项目。例如,美国专门设立了全球知识产权学院来传播美式知识产权知识和理念。话语性互动的主要功能是宣传高标准知识产权保护对科技创新和吸引投资的助益,淡化其对公共福利的负面影响,从而促使参与过相关培训的发展中国家决策者更愿意接受高标准知识产权保护理念。[27] 除了教育和劝说,西方对谈判本身的设计也抑制了发展中国家的反思性。多数双边自由贸易谈判都是在秘密情况下进行的,公众、非政府组织和研究者往往无法获取充分的有关信息,也就无法科学、审慎地评估利弊,这与多边谈判所提供的多种信息和影响渠道形成反差。[28] 事实上,即使是全部由发达国家参与的《反假冒贸易协定》谈判,美国也极力避免对公众公开谈判细节,以回避大范围的辩论。[29] 正是借助上述有利条件,发达国家的专业团队才能够更有效地塑造误导性话语,片面强调自由贸易协定的好处,并刻意淡化 TRIPS-Plus 规则的潜在负面影响。

第二，美欧还充分利用自由贸易协定的经济吸引力，通过向目标国作出开放市场、给予技术援助、加大投资等承诺来换取其接受TRIPS-Plus规则。[30]随着谈判范围的缩小，以让利来建构奖惩机制能够更加有效地引导目标国接受新规则以换取现实利益。在面对较少的谈判对手时，尤其是当谈判对手是小国时，发达国家可投入较少资源便满足目标国的需求。同时，由于复边谈判成果成为俱乐部物品，具有排他性，这种谈判能更有效地奖励其支持者，并通过在数个谈判对手间制造竞争关系的方式提升压力，迫使后者妥协意愿的提升。[31]上述操作进一步影响了发展中国家的判断，使他们难以明确TRIPS-Plus规则的潜在负面影响能否被自由贸易协定带来的好处所抵消。

第三，发达国家还可主动筛选自由贸易谈判对象，选取那些政治上更易受到影响，更有可能接受相关谈判条件的国家。这种情境更有利于发达国家采取胁迫策略。[32]对于在政治上易受美国影响的国家，美国往往直接施压使其接受TRIPS-Plus条款。例如，美国通过将安全保障与知识产权等规则绑定的方式，成功说服新加坡在自贸谈判中对美让步。[33]

综上，双、诸边自由贸易谈判使发达国家具有在多边谈判中不具备的压倒性优势。虽然在国别维度上，发达国家的物质实力和国际影响力强于发展中国家，但在多边谈判中，发展中国家可以通过结成谈判联盟以及合理利用规则（如多重否决权）来制衡发达国家。这样，发达国家既难以胁迫发展中国家妥协，也无足够的资源通过利益交换策略来推动其规则建构议程。[34]而双边自由贸易谈判解决了上述问题。在劝说、引导和胁迫的综合作用下，发展中国家在与美欧的自由贸易谈判过程中所进行的成本-收益分析是在高度不确定、缺乏审慎分析的情况下作出的。结果，部分发展中国家采取了机会主义行动。[35]在发达国家的误导下，那些作为新规则早期接受者的发展中国家对TRIPS-Plus的意义、收益和潜在负面影响缺乏充分认识，一些国家在谈判中甚至根本没有重视知识产权议题。例如,在 2000 年的美国-约旦自由贸易谈判中,约旦对自由贸易协定的经济价值估计很高,但其决策者既没有充分讨论 TRIPS-Plus 条款可能造成的负面影响,也没有就提高知识产权保护问题广泛征求专家和公众的意见。同时,约旦决策者轻易接受了美国所谓较高的知识产权保护标准能够吸引商业、高科技和投资的说法。[36] 与约旦的经历类似,阿拉伯国家在与欧盟的自由贸易谈判中普遍将知识产权问题视为贸易谈判中的非重要事项,乐于用知识产权方面的对欧妥协类换取经济利益。[37] 又如,欧盟与加勒比论坛签订的《经济合作伙伴关系协定》包含大量 TRIPS-Plus 规则,但加勒比国家似乎并不十分在意在知识产权规则方面对欧洲的妥协,而是认定自由贸易协定带来的经济利益将轻易弥补知识产权方面的损失。[38]

综上所述,在发达国家基于权力的胁迫、引导行动影响下,发展中国家或是迫于压力不得不接受美欧的要求,或是受到利益诱惑而对含 TRIPS-Plus 自由贸易协定采用了机会主义立场。与权力手段相配合,美欧还通过话语类机制,以劝说和教育来推动发展中国家认可 TRIPS-Plus 规则,或者至少将之视为无足轻重的谈判筹码。正是在以上两个机制的推动下,约旦、墨西哥等国纷纷接受了美欧的规则。这一案例中的方案变革与金融案例明显不同。全球金融安全网的改革只受到权力驱动,缺乏新方案,也缺乏话语机制的支持。而本案例的方案变革同时得益于权力和话语的支持,虽然实践层面的绩效并不明确。

第三节 负面治理绩效、政策反思和规则制衡

在上述对场所转移策略运行逻辑的认识基础上,一些学者认为,场所转移将产生一种螺旋向上、弥散性规则改革效应。也就是说,胁迫、引导和劝说这三种机制在规则扩散过程中能够相互加强。前两种机制能够启动新规则的传播,而社会化机制不但作为

谈判的润滑剂,还可能使新规则的扩散获得更持久的动力。³⁹一些学者认为,通过三种机制的配合,最初持机会主义态度的发展中国家将可能转变为新规则的拥护者。而随着越来越多的发展中国家接受新规则,其在缔结新条约时可能援引新规则,从而使新规则扩散的速度通过网络效应得到放大,使得既有规则体系向美欧规划的方向产生不可逆的改变。⁴⁰但是,正如本章开篇所描述的,这种相对更加线性的预期并未实现。与预期不同,TRIPS-Plus规则仍然只在部分发达国家流行,而发展中国家对其态度消极。甚至在一些自由贸易谈判中,并非所有发达国家都支持TRIPS-Plus条款。这些事实说明,权力和话语作为规则扩散的驱动力受到了制约。笔者认为,对TRIPS-Plus规则现实绩效越来越深刻的政策反思,以及发展中大国有意识的规则制衡行动都在一定程度上对西方大国的规则推广议程形成制约。

一、政策反思与西式知识产权规则扩散动力的衰减

前文已经明确了TRIPS-Plus规则扩散的关键动力在于美欧在新场所对发展中国家的胁迫、引导和误导,并指出了发展中国家在新规则扩散早期的盲目性。但是,正如前文在讨论创新实践的逻辑时所指出的,误导引发的盲目和短视虽然在新规则扩散初期、规则扩散范围较小时往往能够起效,但新规则若想进一步拓展,尤其是当其想要获得更多发展中国家的主动推动时,就需经得起实践的检验。然而,随着TRIPS-Plus规则的扩散,其负面影响开始得到越来越多的重视。

2004年以来,随着几个早期的含TRIPS-Plus自由贸易协定的签署,研究机构、非政府组织和政府间国际组织都加大了对TRIPS-Plus规则公共影响的研究,并开始以宣传、抗议和游说等形式倡导在制定知识产权规则时更多考虑公共福利。在2004年、2005年和2011年,非政府组织和各国专家都曾联合发起倡议,要求改革知识产权制度,更多考虑发展中国家的公共福利。⁴¹随着对

高标准知识产权保护带来的社会影响的研究不断深入,即使发达国家内部也有越来越多支持降低知识产权保护标准的声音,其中不乏著名知识产权专家。[42] 与早期的批判声音主要从国际法法理的角度切入不同,晚近的批评更注重相关规则的实际影响。尤其为各方所关注的是 TRIPS-Plus 规则对发展中国家公共福利——如与公共健康相关的药品获取权利、平价食品的获取等,以及其他全球治理目标——如各国经济的发展和技术进步——的负面影响。

首先,美欧主推的 TRIPS-Plus 规则直接作用于制药行业。有关规则不但提高了对原创药品的专利保护,也对仿制药的制造施加了大量限制。2005 年起,世界银行、联合国开发计划署等国际机构开始讨论与提升药品专利保护相关 TRIPS-Plus 规则可能对公共健康产生负面影响。[43] 2006 年,世界卫生组织的"知识产权、创新和公共健康委员会"发布报告,首次将创新与人们对创新成果的获取权益联系在一起,从而在话语上将知识产权与发展权绑定。[44] 同年,世界卫生组织下属期刊发表文章,详细讨论了 TRIPS-Plus 规则(如专利期延长、数据专属权等)与 TRIPS 传统规则的差异,并预测这些规则将导致穷国药品价格上升。[45] 此后,更扎实的以影响评估为宗旨的研究报告开始出现。非政府组织乐施会一项完成于 2007 年的报告显示,约旦-美国自由贸易协定中的数据专属权保护规则(data exclusivity)使约旦的药品消费增加了至少六百万美元。一些药品在约旦的价格是在埃及(当时不受 TRIPS-Plus 规则约束)的 2—6 倍。[46] 一项 2009 年的研究测算指出,美国-哥伦比亚贸易谈判中的 TRIPS-Plus 条款将对哥伦比亚的医疗系统产生长期负面影响。到 2020 年,哥伦比亚的药品采购花费将增加超过 9 亿美元,或导致哥伦比亚的药品使用量下降 40%。[47] 这类研究给出了具体的量化预测,增加了 TRIPS-Plus 规则绩效的可感知性。

第二,TRIPS-Plus 对农业和粮食安全的潜在负面影响也受到关注。比如,美国与中美洲国家签订的贸易协议中所涉及的"植物新品种专利"(plant variety)规则就遭到公民团体的声讨。公民团体认为,对植物新品种的额外保护将影响农民对种子的获取。[48]

第三,如前文所述,对发展中国家而言,含 TRIPS-Plus 自由贸易协定的主要价值在于对其发展的促进作用。毕竟,美国曾多次许诺,高标准知识产权将毫无疑问地促进发展中国家的科技创新。但是,西方的许诺是否兑现?许多经济学研究表明,没有决定性证据能证明提高知识产权保护标准与创新能力提升之间有因果关系,因为创新可能与很多变量有关。并且,日本、韩国的科技进步,以及印度制药业的发展恰恰得益于对知识产权较弱的保护。[49]乐施会发布于 2007 年的研究分析了自由贸易协定对约旦制药业发展的影响。该报告发现,与美国主张的新协定将推动约旦的制药业获得更多投资不同,约旦获得的直接投资并未增长。此外,更严格的知识产权保护规则也未如美国所描绘的那样推动了约旦的制药企业增加研发投入。[50]

第四,如本书的分析框架所提出的,对治理绩效的评估可能受到话语的影响。比如,西方大国规制网络盗版的尝试不但被批评对人们获取信息和知识的权利施加了过度限制(也就是不利于发展中国家的发展),[51]其还被非政府组织框定为对个人上网自由和个人隐私权的威胁,这导致相关条款受到多方质疑。[52]

随着人们对 TRIPS-Plus 规则负面影响的认识的加深,发展中国家在处理自由贸易谈判时的反思性大大加强。如果说在场所转移策略实施之初,一些发展中国家将知识产权问题视为非重要事项的话,那么后来者在进行成本-收益分析时明显更加重视知识产权规则影响的不确定性。这种反思性得到非政府组织和研究者的强化(政策研究者甚至在谈判过程中便通过模型测算出相关规则对药价和公共卫生的影响)。[53]一个典型案例是美国-泰国自由贸易谈判。该谈判刚一启动,便有泰国非政府组织和学者批评美国的提议(如药品专利保护期延长)将对泰国的公共卫生服务造成不利影响,并不断施压谈判方提升谈判的透明度。[54]除了从法律和规范角度展开批判,在谈判进程中,来自泰国高校和泰国药品协会的研究者持续跟进,并联合预测了美国提议的 TRIPS-Plus 规则可能对泰国造成的负面影响。该研究得出结论,如果美国提议的专利保护期延长条款被接受,则到 2027 年时,泰国药品价格指数将上升 32%。[55] 2006 年,世界银行撰写了一份提交给泰国卫生部的报告,认为如果泰国继续实施药品强制许可(也就是意味着不接受美国要求的新限制),到 2025 年,泰国政府的医疗费用支出将节省 32 亿美元。[56]此外,泰国的艾滋病防治项目取得了不错的成绩,而药品强制许可是重要政策工具。泰国非政府组织、世界卫生组织,甚至一些美国学者都认为 TRIPS-Plus 条款将影响泰国抗击艾滋病的工作。[57]显然,这种对 TRIPS-Plus 规则的高度关注与早期自由贸易谈判中约旦等国对知识产权问题缺乏关注形成鲜明对比。主要基于公共卫生考量,泰国拒绝了美国提升药品知识产权保护标准的要求,这导致美国-泰国自由贸易谈判陷入长期停滞。[58]泰国的案例展示了在各方的高度关注下,发展中国家是可以合理估计 TRIPS-Plus 条款的危害,并抵制美国的压力的。虽然并不是所有的发展中国家都能成功拒绝美国的施压,但自 2005 年后,哥伦比亚、秘鲁等国(它们都曾一度退出与美国的谈判)的确能在与美国的自由贸易谈判中争取到比 2005 年前的类似谈判中更宽松的知识产权条款(如在正式协议文本——而不是注释或附件——中明确强调维护公共健康利益的重要性)。[59]

在对 TRIPS-Plus 的警惕氛围中,那些很早便与美国或欧洲国家签订含 TRIPS-Plus 自由贸易协定的国家——他们被美国认为可能成为新的规则倡导者——并未成为 TRIPS-Plus 的坚定推广者。比如,约旦在 2000 年与美国签订了含 TRIPS-Plus 自由贸易协定,但其后来与其他发展中国家达成的自由贸易协定均不含 TRIPS-Plus 规则。类似地,智利于 2003 年与美国签订了含 TRIPS-Plus 自由贸易协定,但其与其他发展中国家较少谈判该类规则

（11个自由贸易协定中5个有TRIPS-Plus规则,且平均含量低于1.5项/协定）。[60]

由于发展中国家反思性的增强,发达国家在2010年以来需要越来越多地依靠权力优势来推动规则扩散。2010—2016年间,发达国家签订了42个自由贸易协定,有35个含TRIPS-Plus规则,且专利、版权、商标相关条款是谈判重点。然而,来自发达国家的压力其并未动摇南方优待规范在世界贸易互动中的基础性地位。在同一时期内,发展中国家间签订的27个自由贸易协定中,有15个不含TRIPS-Plus规则,那些含TRIPS-Plus自由贸易协定也一般不包含与专利、版权、商标相关的保护规则,而是更多涉及程序性内容。[61]这说明,大多数发展中国家表现出对TRIPS-Plus规则强烈的实用主义态度,即仅仅将接受TRIPS-Plus规则作为面对美欧强大压力的临时性妥协,而非认可新规则。

发展中国家的能动性也非常明显地体现在TPP谈判中。在TPP谈判中,各国就知识产权问题展开拉锯。不但发展中国家,甚至新西兰这样的发达国家也提出TRIP-Plus规则（如美国提出的超长数据专属权期限）将限制各国的创新能力,影响食品的获取,从而影响总体经济发展。[62]为了推动相关规则,美国采取了保密谈判、重点施压等方式,才勉强促成TPP的通过。[63]2017年特朗普政府宣布退出TPP之后,TPP改名为CPTPP,其中最积极的TRIPS-Plus规则倡导者变为日本。由于日本并无美国那样的国际政治权力,其无力推动TRIPS-Plus相关谈判。结果CPTPP谈判各方选择搁置提高知识产权保障标准的内容。这一例子再次体现了TRIPS-Plus的脆弱性:一旦离开了霸权国,已经被谈判参与各方接受的TRIPS-Plus规则也会遭到搁置。

此外,政策反思甚至制约了TRIPS-Plus规则在发达国家内部的传播。例如,新加坡这样与美国签订过含大量TRIPS-Plus规则自由贸易协定的发达国家,也极少与其他国家签订含TRIPS-Plus自由贸易协定(9个自由贸易协定中仅2个含TRIPS-Plus规则,且均为3项)。64 新加坡甚至在与新西兰、日本、韩国、约旦这类已经大量接受 TRIPS-Plus 的国家的自由贸易协定中也都未加入实质性 TRIPS-Plus 规则(有少量关于加强沟通之类的技术性条款)。类似地,以美国及其盟友(全部为发达国家)为核心的《反假冒贸易协定》通过后的审批之路异常艰难。除了前文所述的围绕网络版权相关条款的争议之外,联合国、非政府组织等都批评该协定"对于所谓的侵犯专利和商标权行为作出了过于严苛的规定,……其结果有可能会阻碍通用名药物(generic drugs)的正当贸易与流通,……也会阻碍公众获得价格低廉的通用名药物,影响他们的健康权利"65。在重重压力下,欧洲议会于 2012 年否决了《反假冒贸易协定》。

二、规则制衡行动对美欧改制议程的进一步制约

随着美国强行推动 TRIPS-Plus 规则的意图越发明显,一些发展中国家还开始有意识地在一系列场合谋求制衡含 TRIPS-Plus 自由贸易协定的影响。针对美欧的规则制衡的行动主要有三种形式。其一,发展中大国在多边场合中不断重申 TRIPS 原始协议所包含的南方优待原则。发展大国开始更加强调要在 WTO、WIPO 框架内开展知识产权谈判,并继续阻击美欧直接改变多边规则的尝试。2006 年,阿根廷、玻利维亚、巴西、智利、哥伦比亚、厄瓜多尔、巴拉圭、秘鲁、乌拉圭和委内瑞拉卫生部长发表联合声明,强调高额药品费用与西方对药品专利的垄断的直接相关,并明确拒绝过度采用与医药有关的 TRIPS-Plus 规则。66 2006 年,发展中国家占优势的 WIPO 搁置美欧所主张的关于《实体专利法条约》(Substantive Patent Law Treaty)的谈判。2007 年,WIPO 建立了"发展议程"项目,进一步将知识产权谈判重点转为关注药品、信息、种子等与发展相关的资源获取的便利化。67 支持该项改革的国家包括与美国签订有自由贸易协定的国家,如秘鲁、多米尼加。68 出于对农民利益、公共健康的关切,印度成为多边场合最积极的 TRIPS

弹性条款捍卫者。其在WIPO、WTO、联合国粮农组织、世界卫生组织等多个平台屡屡与美欧产生矛盾。[69]在《反假冒贸易协定》签订后,中国、印度联合中国发展中国家在TRIPS理事会会议上多次对该协定展开严厉批评。[70]在新冠肺炎疫情背景下,印度、南非、墨西哥等发展中国家又发起新的多边倡议,要求取消新冠疫苗专利或至少保障各国可以合理方式获取新冠疫苗。[71]最终各国与2022年6月17日在WTO框架下达成了有条件暂时取消新冠疫苗专利的协议。

其二,在双、诸边自由贸易谈判中,中国为代表的发展中大国不断重申公平、灵活的知识产权保护规则的重要性。通过在自由贸易谈判中抑制(虽然很难完全排除)TRIPS-Plus条款,发展中大国事实上正在建构南方优待规范的支持者联盟。[72]以中国为例,中国虽然与个别发达国家(如瑞士)达成了包含TRIPS-Plus规则的自由贸易协定,但中国总体上更青睐灵活的软性知识产权保护机制,更强调公共健康利益不受损害,更"侧重于建立合作与信息交流机制、加强能力建设等方面"[73],而没有在商标、专利、版权等西方关注的知识产权领域作出过多妥协。此外,"中国与智利、瑞士、哥斯达黎加、澳大利亚、韩国、格鲁吉亚的自由贸易协定均规定了'知识产权与公共健康'条款,中国与智利、秘鲁以及格鲁吉亚的自由贸易协定确认了各缔约方对TRIPS协定和《关于TRIPS协定与公共健康的多哈宣言》……的承诺"[74]。围绕《区域全面伙伴关系协定》(以下简称RCEP)的谈判更是体现了中国、印度等发展中大国在知识产权规则方面对传统的灵活性原则的重视。在RCEP谈判中,日本和韩国提出了"销售许可时间补偿"规则。[75]在传统的自由贸易协定中,该规则为可选义务,而日韩试图在RCEP谈判中将其变为强制性义务。这显然将延长药品专利期,大幅延后仿制药进入市场的时间,是典型的美式TRIPS-Plus规则。对此,中国、印度等发展中大国联合澳大利亚、新西兰表示反对,阻止了日韩的倡议。[76]最终,RCEP文本体现了发展中国家和发达国家的妥协:

虽然保护标准有所提升（包含了 TRIPS-plus 规则），但"发达国家在公共健康问题、刑事责任的适用和技术转移等问题上作出的让步，体现出发展中国家国际话语权的稳步提升"[77]。

其三，除了不断实践传统 TRIPS 和弹性条款，一些发展中大国还开始尝试将美欧有意回避的知识产权议题纳入自由贸易谈判中。美欧主导的知识产权谈判主要关注商标、专利、版权这类现代知识产权类型。因为发达国家的公司是这三类知识产权的主要所有者。据统计，在自由贸易协定中，关于上述三类知识产权的 TRIPS-Plus 规则占 TRIPS-Plus 规则总数的 60%（其他为地理标志、工业设计、以及关于执行的技术性规则）。[78] 但是，除了上述客体，发展中国家在传统知识（如中医药、民间艺术）和遗传资源（如种子）方面更具优势。如果要提升知识产权保护力度，就不应仅仅涉及发达国家所重视的现代知识产权，而应同等重视发展中国家占优的传统知识产权和遗传资源。既然美欧可以在 TRIPS 之外推动符合其利益的 TRIPS-Plus 规则，那么发展中国家也可以推动其所重视的知识产权在自由贸易协定中得到保护。[79] 但实际情况是，对发展中国家占优的知识产权的保护由于不符合美欧利益而总是被刻意回避。例如，"美国在与多米尼加等中美洲国家签署自由贸易协定时，就极力反对增加专利权人披露传统资源来源的义务"[80]，这更加凸显了西方在推动 TRIPS-Plus 规则时所采用的双重标准。结果，发达国家利用发展中国家的遗传资源获取了巨额利润，却不与后者分享，严重侵犯了发展中国家的权益。

针对上述问题，一些发展中大国开始有所行动。以中国为例，中国于 2008 年发布《国家知识产权战略纲要》，明确将"适时做好遗传资源、传统知识、民间文艺和地理标志等方面的立法工作"列为战略重点之一。[81] 2008 年修订的《专利法》也对使用遗传资源时应遵守的规则（如说明该遗传资源的直接来源和原始来源）作了明确规定。国际层面，中国与东盟已经就加强对传统知识、遗传资源的保护力度达成共识。[82] 中国的偏好也被贯彻到双边自由贸易谈判中。比如中国与新西兰的自由贸易协定就包含关于遗传资源和传统知识保护的条款。中国与东盟、哥斯达黎加、秘鲁、澳大利亚的自由贸易协定也涉及传统知识保护。[83]《中国-瑞士自由贸易协定》对中草药赋予硬性保护义务,同时包含遗传资源和传统知识条款。[84]《中国-韩国自由贸易协定》中的 TRIPS-Plus 规则的一大重点也在于对传统知识和遗传资源的保护,其几乎没有关于专利、版权、商标的 TRIPS-Plus 条款。[85]这些情况都说明,即便同意在自由贸易协定中加入 TRIPS-Plus 规则,中国也会刻意突出自身偏好,与美欧偏爱的 TRIPS-Plus 形成区分。从规范、规则竞争的视角来看,南方特色 TRIPS-Plus 规则的出现除了增强发展中国家的实际利益之外,还对发达国家的规则推广效果构成牵制和对冲。也就是说,如果发达国家认可场所转移中 TRIPS-Plus 规则的正当性,它们就应当认可南方特色 TRIPS-Plus 规则的正当性。这样,发展中国家将获得与发达国家进行利益交换的筹码,或者至少获取部分利益补偿。[86]而如果发达国家拒绝南方特色 TRIPS-Plus 规则,则其双重标准取向将非常明显,也就会动摇美欧 TRIPS-Plus 规则推广行动的合法性。因此,南方特色 TRIPS-Plus 规则的出现可被视为是发展中大国维护南方优待规范、制衡西式 TRIPS-Plus 规则扩散的一种特殊手段。当然,发展中大国的有关行动还处于起步阶段,其效果还需观察。

本 章 小 结

本章讨论了美国和一些欧洲国家推动国际知识产权规则体系变革——即以 TRIPS-Plus 规则替代 TRIPS 规则——的收效和局限。基于一项关于含 TRIPS-Plus 规则自由贸易协定的数据库,本章首先厘清了 TRIPS-Plus 规则扩散的基本态势:TRIPS-Plus 规则虽然得到了扩散,但其扩散动能有衰减趋势;TRIPS-Plus 规则的扩散高度依赖发达国家推动,发展中国家的参与热情维持在低位。采用本书的分析框架,并结合对实证材料的分析,本章发现,美欧在其国内应用了 TRIPS-Plus 规则后,主要通过场所转移来发挥权力和话语优势,并利用新规则治理绩效的不确定性推动新规则的国际扩散。但是,随着实践的发展,TRIPS-Plus 规则的负面治理绩效不断显现,这导致发展中国家有越来越强的动机抵制美欧,并使得一些发展中国家采取措施制衡西方的规则推广行动。本章的发现支持了本书的理论观点:即使变革发起者有权威性,若其推广方案的治理绩效是负面的,则该方案也必定无法长久。

就案例本身,本章对国际知识产权体系改革的实证研究补充了既有研究的一些缺陷。事实上,国际知识产权体系变革问题并不是一个新问题。既有研究已经好地归纳了场所转移策略的运行逻辑,笔者也接受相关研究关于场所转移能放大权力、话语优势从而推动新规则扩散的论断。[87]但是,这些研究也有明显不足。许多研究在充分肯定场所转移的规则改革功能之后,简单推论其将造成 TRIPS 规则体系不可逆的衰落。[88]但是,从实证上看,对场所转移将造成长期、不可逆的系统性影响的论断主要建立在理论推演之上,在实证层面并非没有争议。有研究就指出,不应仅以含新规则协定的数量判断新规则的传播效果,而应同时关注发展中国家是否主动推广有关规则,以及相关规则在国际舆论中的支持度。以此观之,西方大国只能推动部分发展中国家暂时性接受 TRIPS-Plus 规则,但它们多数未能成为新规则的积极推广者。并且,针对新规则的反制行动也经常出现。[89]本章的实证研究也支持后一种观点。因此,许多既有文献对场所转移的改制效果持有线性认知,高估了场所转移策略改制效果的稳定性。既然对场所转移策略将造成不可逆的系统性改制效果的论断在实证层面仍有争议,我们就应深入讨论该策略是否(或在什么条件下)能够有效推动新规则支持者阵营的持续扩大。那些注意到场所转移长期效果不稳定性的文献一般将场所转移策略的制约机制归为知识界对新规则不合理、不合法特性的批判。[90]但是,这些批判往往从新规范、规则诞生之初就存在,却未能阻止它们在场所转移的推动下发生初步扩散。本书的理论框架为上述现象提供了一个更合理的解释。笔者提出,使新规则的被动接受者转变为其推广者涉及长期、稳定的身份和认知变化,这并非简单地靠胁迫、引导就能促成。同时,根据实践理论,纯粹的话语类行动产生的认知变革效应也可能是暂时的,因其长期效果需要经受实践的考验。总之,由于缺少对推动规则扩散长期机制的论述,既有文献将短效机制直接等同于长效机制,忽视了场所转移所可能面临的制约机制。相比之下,本章的论述将权力、话语和实践三种变革机制各自的功能和局限展现出来,有助于我们更加准确地认识TRIPS-Plus规则的发展趋势和发展中国家的行动空间。

注释

1. 参见世界知识产权组织网站,https://www.wipo.int/about-ip/zh/,最后访问时间:2022年8月18日。

2. 熊洁:《知识产权保护的国际政治经济学:一项研究评估》,载《世界经济与政治》2013年第2期,第136页。

3. 同上文,第137—138页。

4. "WIPO简史",世界知识产权组织网站,https://www.wipo.int/about-wipo/zh/history.html,最后访问时间:2022年8月18日。

5. 熊洁:《知识产权保护的国际政治经济学:一项研究评估》,载《世界经济与政治》2013年第2期,第139—140页。

6. 美国同时使用了301调查和许诺开放市场的手段,推动了WTO乌拉圭回合关于知识产权的谈判。参见古祖雪:《从体制转换到体制协调:TRIPS的矫正之路——以发展中国家的视角》,载《法学家》2012年第1期,第146页。

7. [英]戴维·赫尔德、安东尼·麦克格鲁编:《治理全球化:权力、权威与全球治理》,曹荣湘、龙虎译,社会科学文献出版社2004年版,第231—260页。

8. Philippe Cullet, "Differential Treatment in International Law: Towards a New Paradigm of Inter-State Relations," *European Journal of International Law*, Vol.10, No.3, 1999, pp.549—582; Lavanya Rajamani, "The Changing Fortunes of Differential Treatment in the Evolution of International Environmental Law," *International Affairs*, Vol.88, Issue 3, 2012, pp.605—623.

9. TRIPS协议中文全文参见商务部网站,http://sms.mofcom.gov.cn/article/wtofile/201703/20170302538505.shtml,最后访问时间:2022年8月18日。相关研究参见 Peter K. Yu, "TRIPS and its Discontents," *Marquette Intellectual Property Law Review*, Vol.10, Issue 2, 2006, pp.389—392; Mohammed El Said, "Radical Approaches During Unusual Circumstances: Intellectual Property Regulation

and the COVID-19 Dilemma," *Development*, Vol.63, No.2, 2020, pp.209—218。

10. 对 TRIPS-Plus 规则内容的研究主要来自国际法文献。一些典型研究参见 Susan K. Sell, "TRIPS was Never Enough: Vertical Forum Shifting, FTAs, ACTA, and TPP," *Journal of Intellectual Property Law*, Vol.18, Issue 2, 2010, pp.447—478; Meir P. Pugatch, "The International Regulation of IPRS in a TRIPS and TRIPS-plus World," *The Journal of World Investment & Trade*, Vol.6, No.3, 2005, pp.431—465; Beatrice Lindstrom, "Scaling Back TRIPS-plus: An Analysis of Intellectual Property Provisions in Trade Agreements and Implications for Asia and the Pacific," *NYU Journal of International Law and Politics*, Vol.42, 2010, pp.917—980; 张建邦:《"TRIPS-递增"协定的发展与后 TRIPS 时代的知识产权国际保护秩序》, 载《西南政法大学学报》2008 年第 2 期, 第 18 页; 梁志文:《美国自由贸易协定中药品 TRIPS-Plus 保护》, 载《比较法研究》2014 年第 1 期, 第 125—140 页。

11. Jean-Frédéric Morin and Jenny Surbeck, "Mapping the New Frontier of International IP Law: Introducing a TRIPs-plus Dataset," *World Trade Review*, Vol.19, No.1, 2020, p.110。

12. "Declaration on the TRIPS Agreement and Public Health," https://www.wto.org/english/thewto_e/minist_e/min01_e/mindecl_trips_e.htm, 最后访问时间: 2022 年 8 月 18 日。相关研究参见刘宏松、吴桐:《国家间论辩、关键节点与国际制度改革》, 载《世界经济与政治》2021 年第 9 期, 第 27 页。

13. 有的文献也用"体制转移"(regime shifting)概念。但由于这类行动可以是在新场所进行的以规则推广为目标的谈判或其他形式互动, 并不一定重构新体制, 所以这里使用"场所转移"概念。参见 Laurence R. Helfer, "Regime Shifting: The TRIPs Agreement and New Dynamics of International Intellectual Property Lawmaking," *Yale Journal of International Law*, Vol.29, 2004, p.6。

14. John Ikenberry and Charles A. Kupchan, "Socialization and Hegemonic Power," *International Organization*, Vol.44, No.3, 1990, p.291。

15. Robert B. Zoellick, "Free Trade and Hemispheric Hope," Remarks to Council of the Americas, Washington D.C., 2001。

16. 对欧盟行动的研究参见李丹萍、杨静:《自由贸易协定中的商标权 TRIPS-Plus 条款研究——基于美国、欧盟、日本的比较》, 载《广西社会科学》2013 年第 2 期, 第 77—83 页; Josef Drexl, Henning Grosse Ruse-Khan, and Souheir Nadde-Phlix, eds., *EU Bilateral Trade Agreements and Intellectual Property: For Better or Worse?* Springer, 2014。

17. Jean-Frédéric Morin and Jenny Surbeck, "Mapping the New Frontier of International IP Law: Introducing a TRIPs-plus Dataset," *World Trade Review*, Vol.19, No.1, 2020, p.111。

18. 尚妍:《〈反假冒贸易协定〉的几个基本问题》, 载《暨南学报(哲学社会科学版)》2014 年第 12 期, 第 92 页。

19. 以上数据由笔者根据莫林(Jean-Frédéric Morin)等人的原始数据库(地址: https://www.cambridge.org/core/journals/world-trade-review/article/abs/mapping-the-new-frontier-of-international-ip-law-introducing-a-tripsplus-dataset/83396FD4CAD333E4A95D08F29DC886DE#supplementary-materials, 最后访问时间: 2022 年 8 月 18 日)计算得出。笔者计算时定义的"发达国家(集团)"包括欧盟、欧洲自由贸易联盟(现有成员包括冰岛、列支敦士登、挪威和瑞士)、美国、日本、加拿大、新西

兰、澳大利亚、新加坡、韩国、冰岛(其为欧洲自由贸易联盟成员,但也有单独谈判记录)和以色列。

20. 同上。

21. Jean-Frédéric Morin and Jenny Surbeck, "Mapping the New Frontier of International IP Law: Introducing a TRIPs-plus Dataset," *World Trade Review*, Vol.19, No.1, 2020, p.117.

22. Jean-Frédéric Morin and Madison Cartwright, "The US and EU's Intellectual Property Initiatives in Asia: Competition, Coordination or Replication?" *Global Policy*, Vol.11, No.5, 2020, p.558.

23. 张建邦:《"TRIPS-递增"协定的发展与后TRIPS时代的知识产权国际保护秩序》,载《西南政法大学学报》2008年第2期,第24页。

24. 本观点转引自Sanya Reid Smith, *Intellectual Property in Free Trade Agreements*, Penang: Third World Network, 2008, p.14。

25. Valbona Muzaka, "Linkages, Contests and Overlaps in the Global Intellectual Property Rights Regime," *European Journal of International Relations*, Vol.17, No.4, 2011, pp.755—776.

26. 朱京安、王鸣华:《TRIPS-plus扩张的新制度经济学解析》,载《知识产权》, 2014年第11期,第95—100页。

27. Duncan Matthews and Viviana Munoz-Tellez, "Bilateral Technical Assistance and TRIPs: The United States, Japan and the European Communities in Comparative Perspective," *Journal of World Intellectual Property*, Vol.9, No.6, 2006, pp.629—653; Jean-Frédéric Morin and Edward Gold, "An Integrated Model of Legal Transplantation: The Diffusion of Intellectual Property Law in Developing Countries," *International Studies Quarterly*, Vol.58, Issue 4, 2014, pp.781—792.

28. Frederick M. Abbott, "The WTO Medicines Decision: World Pharmaceutical Trade and the Protection of Public Health," *American Journal of International Law*, Vol.99, No.2, 2005, p.354.

29. Susan K. Sell, "TRIPS was Never Enough: Vertical Forum Shifting, FTAs, ACTA, and TPP," *Journal of Intellectual Property Law*, Vol.18, Issue 2, 2010, pp.456—457.

30. Jean-Frédéric Morin and Edward Gold, "An Integrated Model of Legal Transplantation: The Diffusion of Intellectual Property Law in Developing Countries," *International Studies Quarterly*, Vol.58, Issue 4, 2014, pp.781—792.

31. 关于引导机制(不只是在知识产权领域)的论述,参见Brian Greenhill, Layna Mosley and Aseem Prakash, "Trade-based Diffusion of Labor Rights: A Panel Study, 1986—2002," *American Political Science Review*, Vol.103, No.4, 2009, pp.669—690; Zachary Elkins, Andrew T. Guzman, and Beth A. Simmons, "Competing for Capital: The Diffusion of Bilateral Investment Treaties, 1960—2000," *International Organization*, Vol.60, No.4, 2006, pp.811—846; Eri Saikawa, "Policy Diffusion of Emission Standards is There a Race to the Top?" *World Politics*, Vol.65, No.1, 2013, pp.1—33; Moonhwak Kim, "Ex ante due Diligence: Formation of PTAs and Protection of Labor Rights," *International Studies Quarterly*, Vol.56, No.4, 2012, pp.704—719。

32. Christopher May and Susan K. Sell, *Intellectual Property Rights: A Critical History*, Boulder, CO: Lynne Rienner, 2006; Kenneth C. Shadlen, Andrew

Schrank, and Marcus J. Kurtz, "The Political Economy of Intellectual Property Protection," *International Studies Quarterly*, Vol.49, No1, 2005, pp.45—71；杨静：《美国自由贸易协定中 TRIPS-plus 规则的立法动力分析》，载《知识产权》2011 年第 7 期，第 86—90 页。

33. Eul-Soo Pang, "Embedding Security into Free Trade: The Case of the United States-Singapore Free Trade Agreement," *Contemporary Southeast Asia*, Vol.29, No.1, 2007, pp.1—32.

34. 王中美：《多边体制的改进路径和未来——以 WTO 为例》，载《世界经济研究》2011 年第 11 期，第 14—19 页。

35. 朱京安、王鸣华：《TRIPS-plus 扩张的新制度经济学解析》，载《知识产权》2014 年第 11 期，第 95—100 页。

36. Mohammed El Said, "Morning after: TRIPS-Plus, FTAs, and Wikileaks: Fresh Insights on the Implementation and Enforcement of IP Protection in Developing Countries," *The American University International Law Review*, Vol.28, 2012, p.81; pp.92—93.

37. Mohammed El Said, "The European Trips-Plus Model and The Arab World: From Co-Operation to Association—A New Era in the Global IPRS Regime?" *Liverpool Law Review*, Vol.28, No.1, 2007, p.156.

38. Souheir Nadde-Phlix, "IP Protection in EU Free Trade Agreements vis-a-vis IP Negotiations in the WTO," in Josef Drexl, Henning Grosse Ruse-Khan, and Souheir Nadde-Phlix, eds., *EU Bilateral Trade Agreements and Intellectual Property: For Better or Worse?* Springer, 2014, pp.133—154.

39. Jean-Frédéric Morin and Edward Gold, "An Integrated Model of Legal Transplantation: The Diffusion of Intellectual Property Law in Developing Countries," *International Studies Quarterly*, Vol.58, Issue 4, 2014, pp.781—792.

40. 对这种观点的总结，参见张建邦：《"TRIPS-递增"协定的发展与后 TRIPS 时代的知识产权国际保护秩序》，载《西南政法大学学报》2008 年第 2 期，第 17—25 页。

41. Jean-Frédéric Morin, "Paradigm Shift in the Global IP Regime: The Agency of Academics," *Review of International Political Economy*, Vol.21, No.2, 2014, pp.294—295.

42. Ibid., pp.287—289.

43. Carsten Fink and Patrick Reichenmiller, "Tightening TRIPS: The Intellectual Property Provisions of Recent US Free Trade Agreements," Trade Note No. 20, 2005, https://www.iprsonline.org/unctadictsd/dialogue/2006-07-31/12.TradeNote20Fink.pdf, 最后访问时间：2022 年 8 月 18 日; Ruth Mayne, "Regionalism, Bilateralism, and 'TRIP Plus' Agreements: The Threat to Developing Countries," Human Development Report Office, Occasional paper, UNDP, 2005。

44. Susan K. Sell, "TRIPS-plus Free Trade Agreements and Access to Medicines," *Liverpool Law Review*, Vol.28, No.1, 2007, p.69.

45. Carlos María Correa, "Implications of Bilateral Free Trade Agreements on Access to Medicines," *Bulletin of the World Health Organization*, Vol.84, Issue 5, 2006, pp.399—404.

46. Oxfam International, "All Costs, No Benefits: How Trips-Plus Intellectual Property Rules In The Us-Jordan FTA Affect Access To Medicines,"

2007,https://oxfamilibrary.openrepository.com/bitstream/handle/10546/114080/bp102-all-costs-no-benefits-trips-210307-en.pdf%3Bjsessionid%3D089750820CF675173F0C3204C369D63F%3Fsequence%3D1,最后访问时间:2022年8月18日。

47. 这项研究被收入联合国发展计划署和联合国艾滋病联合规划署的报告中,参见 United Nation Development Programme(UNDP),Joint United Nations Programme on HIV/AIDS(UNAIDS),"The Potential Impact of Free Trade Agreements on Public Health," Issue Brief,2012,https://hivlawcommission.org/wp-content/uploads/2017/06/The-Potential-Impact-of-Free-Trade-Agreements-on-Public-Health-Issue-Brief.pdf,最后访问时间:2022年8月18日。

48. Jean-Frédéric Morin and Jenny Surbeck, "Mapping the New Frontier of International IP Law: Introducing a TRIPs-plus Dataset," *World Trade Review*, Vol.19, No.1, 2020, pp.111—112.

49. Dean Baker, Arjun Jayadev, and Joseph Stiglitz, "Innovation, Intellectual Property, and Development," Center for Economic and Policy Research(CEPR), 2017, https://cepr.net/images/stories/reports/baker-jayadev-stiglitz-innovation-ip-development-2017-07.pdf,最后访问时间:2022年8月18日;John Hudson and Alexandru Minea, "Innovation, Intellectual Property Rights, and Economic Development: A Unified Empirical Investigation," *World Development*, Vol.46, 2013, pp.66—78。

50. Oxfam International, "All Costs, No Benefits: How Trips-Plus Intellectual Property Rules In The Us-Jordan FTA Affect Access To Medicines," 2007,https://oxfamilibrary.openrepository.com/bitstream/handle/10546/114080/bp102-all-costs-no-benefits-trips-210307-en.pdf%3Bjsessionid%3D089750820CF675173F0C3204C369D63F%3Fsequence%3D1,最后访问时间:2022年8月18日。

51. Amy Kapczynski, "The Access to Knowledge Mobilization and the New Politics of Intellectual Property," *The Yale Law Journal*, Vol.117, 2008, pp.804884; Leonhard Dobusch and Sigrid Quack, "Framing Standards, Mobilizing Users: Copyright Versus Fair Use in Transnational Regulation," *Review of International Political Economy*, Vol.20, No.1, 2013, pp.52—88。

52. Susan K. Sell, "Revenge of the Nerds: Collective Action against Intellectual Property Maximalism in the Global Information Age," *International Studies Review*, Vol.15, No.1, 2013, pp.67—85.

53. Jean-Frédéric Morin, "Paradigm Shift in the Global IP Regime: The Agency of Academics," *Review of International Political Economy*, Vol.21, No.2, 2014, p.300.

54. Rungrawee C. Pinyorat, *Thai Civil Groups Want IP Off Trade-Talks Agenda With U.S.*, The Nation, Oct. 12, 2004, http://www.bilaterals.org/article.php3?id_article=835,最后访问时间:2022年8月18日。

55. Kessomboon, Nusaraporn, Jiraporn Limpananont, Vidhaya Kulsomboon, Usawadee Maleewong, Achara Eksaengsri, and Prinya Paothong, "Impact on Access to Medicines from TRIPS-Plus: A Case Study of Thai-US FTA," *Southeast Asian Journal of Tropical Medicine and Public Health*, Vol.41, No.3, 2010, p.673; Chutima Akaleephan, et al., "Extension of Market Exclusivity and Its Impact on The Accessibility to Essential Medicines, and Drug Expense in Thailand: Analysis of the Effect of Trips-Plus Proposal," *Health Policy*, Vol.91, No.2,

2009，pp.174—182.

56. Ana Revenga, Mead Over, Emiko Masaki, Wiwat Peerapatanapokin, Julian Gold, Viroj Tangcharoensathien, and Sombat Thanprasertsuk, "The Economics of Effective AIDS Treatment: Evaluating Policy Options for Thailand," Washington, DC.: *The World Bank*, 2006, p.169.

57. Jakkrit Kuanpoth, "TRIPS-Plus Intellectual Property Rules: Impact on Thailand's Public Health," *The Journal of World Intellectual Property*, Vol.9, No.5, 2006, pp.573—591; Charles T. Collins-Chase, "The Case Against TRIPS-Plus Protection in Developing Countries Facing AIDS Epidemics," *University of Pennsylvania Journal of International Law*, Vol.29, Issue 3, 2008, pp.763—802.

58. Beatrice Lindstrom, "Scaling Back TRIPS-plus: An Analysis of Intellectual Property Provisions in Trade Agreements and Implications for Asia and the Pacific," *NYU Journal of International Law and Politics*, Vol.42, 2010, pp.975—976.

59. Jean-Frédéric Morin, "Multilateralizing TRIPs-Plus Agreements: Is the US Strategy a Failure?" *The Journal of World Intellectual Property*, Vol.12, No.3, 2009, p.191.

60. 数据来源：https://www.cambridge.org/core/journals/world-trade-review/article/abs/mapping-the-new-frontier-of-international-ip-law-introducing-a-tripsplus-dataset/83396FD4CAD333E4A95D08F29DC886DE#supplementary-materials，最后访问时间：2022年8月18日。

61. 同上。

62. Susan K. Sell, "TRIPS was Never Enough: Vertical Forum Shifting, FTAs, ACTA, and TPP," *Journal of Intellectual Property Law*, Vol.18, Issue 2, 2010, p.465.

63. 丛立先：《〈跨太平洋伙伴关系协议〉知识产权谈判对我国的影响及其应对策略》，载《国际论坛》2014年第5期，第46页。

64. 数据来源：https://www.cambridge.org/core/journals/world-trade-review/article/abs/mapping-the-new-frontier-of-international-ip-law-introducing-a-tripsplus-dataset/83396FD4CAD333E4A95D08F29DC886DE#supplementary-materials，最后访问时间：2022年8月18日。

65.《联合国健康权问题专家欢迎欧洲议会否决〈反假冒贸易协议〉》，联合国新闻，https://news.un.org/zh/story/2012/07/176562，最后访问时间：2022年8月18日。

66. "Declaratoria de Ministras y Ministros de América del Sur sobre Propiedad Intelectual, Acceso a los Medicamentos y Salud," 2006, https://rebelion.org/declaratoria-de-ministras-y-ministros-de-america-del-sur-sobre-propiedad-intelectual-acceso-a-los-medicamentos-y-salud/，最后访问时间：2022年9月25日。

67. Jean-Frédéric Morin, "Paradigm Shift in the Global IP Regime: The Agency of Academics," *Review of International Political Economy*, Vol.21, No.2, 2014, p.276.

68. Jean-Frédéric Morin, "Multilateralizing TRIPs-Plus Agreements: Is the US Strategy a Failure?" *The Journal of World Intellectual Property*, Vol.12, No.3, 2009, p.184.

69. Jean-Frédéric Morin, Omar Serrano, Mira Burri, and Sara Bannerman,

"Rising Economies in the International Patent Regime: From Rule-breakers to Rule-changers and rule-makers," *New Political Economy*, Vol.23, No.3, 2018, pp.255—273.

70. "Council debates anti-counterfeiting talks, patents on life," WTO News, 2010, https://www.wto.org/english/news_e/news10_e/trip_08jun10_e.htm,最后访问时间:2022年8月18日;"Intellectual property council discusses anti-counterfeiting pact, tobacco packaging," WTO News, 2012, https://www.wto.org/english/news_e/news12_e/trip_28feb12_e.htm,最后访问时间:2022年8月18日。

71. 易继明:《后疫情时代"再全球化"进程中的知识产权博弈》,载《环球法律评论》2020年第5期,第163—177页。

72. Wenting Cheng, "China Engages with the Global Intellectual Property Governance: The Recent Trend," *The Journal of World Intellectual Property*, Vol.22, No.3—4, 2019, pp.146—161.

73. 刘彬:《中国自由贸易协定知识产权文本的体系化构建》,载《环球法律评论》2016年第4期,第179—192页。

74. 张艳梅:《"一带一路"背景下FTA药品专利规则的中国选择》,载《社会科学战线》2018年第8期,第218页。

75. 此规则规定:如"因上市销售许可程序造成有效专利权期限不合理的缩短,各缔约方应提供调整专利权期限的可能性以补偿专利所有人"。参见张艳梅:《"一带一路"背景下FTA药品专利规则的中国选择》,载《社会科学战线》2018年第8期,第220页。

76. 张艳梅:《"一带一路"背景下FTA药品专利规则的中国选择》,载《社会科学战线》2018年第8期,第220页。

77. 马忠法、王悦明:《论RCEP知识产权条款与中国企业的应对》,载《知识产权》2021年第12期,第88—113页。对RCEP涉及灵活性条款的措辞与TRIPS关系的分析,还可参见María Vásquez Callo-Müller and Pratyush Nath Upreti, "RCEP IP Chapter: Another TRIPS-Plus Agreement?" *GRUR International*, Vol.70, No.7, 2021, pp.667—671。

78. Jean-Frédéric Morin and Jenny Surbeck, "Mapping the New Frontier of International IP Law: Introducing a TRIPs-plus Dataset," *World Trade Review*, Vol.19, No.1, 2020, p.113.

79. 郑成思:《国际知识产权保护和我国面临的挑战》,载《法制与社会发展》2006年第6期,第10—12页。

80. 朱继胜:《"南南联合"构建新型"TRIPS-plus"规则研究——以中国—东盟自由贸易区为例》,载《环球法律评论》2016年第6期,第174页。

81. 《国务院关于印发国家知识产权战略纲要的通知》,http://www.gov.cn/zwgk/2008-06/10/content_1012269.htm,最后访问时间:2022年8月16日。

82. 朱继胜:《"南南联合"构建新型"TRIPS-plus"规则研究——以中国—东盟自由贸易区为例》,载《环球法律评论》2016年第6期,第180页。

83. 同上文,第184页。条约文本可参见《中国—新西兰自由贸易协定》第165条,《中国—澳大利亚自由贸易协定》第11章第17条。

84. 参见《中国—瑞士自由贸易协定》第11.8、11.9条。

85. 参见《中国—韩国自由贸易协定》第17章。另见Jean-Frédéric Morin and Jenny Surbeck, "Mapping the New Frontier of International IP Law: Introducing a TRIPs-plus Dataset," *World Trade Review*, Vol.19, No.1, 2020, p.116.

86. 尚妍:《〈反假冒贸易协定〉的几个基本问题》,载《暨南学报(哲学社会科学版)》2014年第12期,第98页。

87. Julia Morse and Robert Keohane, "Contested multilateralism," *The Review of International Organizations*, Vol. 9, No. 4, 2014, pp. 385—412; Kenneth C. Shadlen, Andrew Schrank, and Marcus J. Kurtz, "The Political Economy of Intellectual Property Protection," *International Studies Quarterly*, Vol.49, No.1, 2005, pp.45—71; Jean-Frédéric Morin and Edward Gold, "An Integrated Model of Legal Transplantation: The Diffusion of Intellectual Property Law in Developing Countries," *International Studies Quarterly*, Vol. 58, Issue 4, 2014, pp.781—792;杨静:《美国自由贸易协定中TRIPS-plus规则的立法动力分析》,载《知识产权》2011年第7期,第86—90页。

88. 张建邦:《"TRIPS-递增"协定的发展与后TRIPS时代的知识产权国际保护秩序》,载《西南政法大学学报》2008年第2期,第17—25页;董涛:《全球知识产权治理结构演进与变迁——后TRIPs时代国际知识产权格局的发展》,载《中国软科学》2017年第12期,第21—38页;Gaëlle P.Krikorian and Dorota M. Szymkowiak, "Intellectual Property Rights in the Making: The Evolution of Intellectual Property Provisions in US Free Trade Agreements and Access to Medicine," *The Journal of World Intellectual Property*, Vol.10, No.5, 2007, pp.388—418。

89. Jean-Frédéric Morin, "Multilateralizing TRIPs-Plus Agreements: Is the US Strategy a Failure?" *The Journal of World Intellectual Property*, Vol.12, No.3, 2009, p.178.

90. Jean-Frédéric Morin, "Paradigm Shift in the Global IP Regime: The Agency of Academics," *Review of International Political Economy*, Vol. 21, No. 2, 2014, pp.275—309.

第五章
创新实践驱动的全球气候治理体系革新

第一节 全球气候治理体系及其革新

全球治理语境中的气候变化是指由人类活动引起的全球平均气温和天气模式的长期变化。人类的工业、能源、交通、建筑、农业、土地使用、日常生活等活动都可能产生以二氧化碳和甲烷为代表的温室气体。而随着温室气体被大量排放到大气中,全球平均气温将不断升高。气温升高并非气候变化的唯一表现。因为地球是一个复杂系统,气温升高还将产生连锁反应,引发一系列极端事件,如极端干旱、火灾、海平面上升、洪水、灾难性风暴、生物多样性减少等。[1]科学研究认为,人类活动已造成全球气温较工业化前水平升高约1 ℃,而若要保持生态系统稳定并尽快遏制升温势头,就需要将全球升温控制在高于工业化前水平 1.5 ℃以内。[2]因此,迫切需要组织并开展有效的全球性集体行动,以遏制气候变化滑向失控的境地。针对此,全球气候治理旨在通过全球各方共同努力控制温室气体排放,以控制全球平均气温升幅,维持气候系统的稳定。全球气候治理体系的特征并非一成不变,而是处在动态演化进程中。一开始,全球气候治理采用了典型的多边主义治理模式,即通过多边谈判,自上而下、强制性地为有关国家规定温室气体减排责任。但是,最近十几年来,全球气候治理正逐渐转型为一种复合治理模式。多边谈判之外的多元治理者不但获得了一定的权威,而且开发出多样的气候治理方案。并且,国家主导的多边谈判和多元行为体的治理活动正逐渐形成相互配合关系。这些都说明，全球气候治理体系已经发生深度变革，这与前面两个案例的情况有较大区别。

一、全球气候治理的多边缔约模式

全球气候治理进程始于20世纪70年代。1972年的联合国人类环境会议上，各国初步注意到人类活动可能产生气候风险。1979年的第一次世界气候大会指出，大气中二氧化碳含量的增长可能导致全球气温上升。1988年，政府间气候变化专门委员会（IPCC）成立，开始作为一个权威性机构来收集和总结全世界科学家对气候变化问题的研究成果，为多边谈判提供科学参考。[3] 1991年，基于前一年联合国大会的决定，多边气候谈判进程正式启动。

自1991年之后的近20年时间里，全球气候治理采用了正统的多边缔约模式：通过自上而下、由全球各国政府普遍参与的多边气候谈判订立全球条约，以规定有关国家的温室气体减排义务。我们可以从决策权分配、宏观理念和具体方案三个层次进一步厘清该体系的特征。第一，在决策权分配方面，主权国家垄断全球气候治理的决策权，这直接体现在多边气候条约需要一定数量的主权国家签署并批准才可生效这一制度安排上。与此同时，多边气候谈判遵循协商一致原则，任何国家无论大小都拥有否决权，这使全球气候治理体系的决策权分配相较第三章讨论的金融领域更为平衡。第二，全球气候治理由一系列宏观理念支撑。其一，也是最为基础性的，便是多边主义规范，正是现代多边主义外交规范所倡导的普遍参与、协商一致等原则建构了全球气候治理中相对平衡的决策权分配状态。[4] 其二，对发展中国家给予优待的原则（在气候领域表现为"共同但有区别的责任和各自能力原则"）指导了多边气候谈判，使早期的多边气候条约仅为发达国家规定了减排责任。第三，在治理方案层面，虽然美国一贯要求采用更灵活、市场化的气候治理机制(这体现了"自由环境主义"理念的影响),但在欧洲和发展中国家的坚持下,以多边条约形式自上而下的强制减排是早期气候治理的主流方案。[5]

全球气候治理在上述三个层次上的特征在 1992 年达成(1994 年生效)的《联合国气候变化框架公约》和 1997 年达成(2005 年生效)的《京都议定书》得到了完整展现。《联合国气候变化框架公约》谈判体现了多边主义原则,其文本更是明确确认了共同但有区别的责任原则。这些原则也在《京都议定书》中得到贯彻。《京都议定书》更进一步按照南北(即发展中国家构成的"南方"和发达国家构成的"北方")区分的原则,自上而下地为附件一国家(主要是发达国家)分配了减排责任。《京都议定书》规定,到 2010 年,所有发达国家二氧化碳等 6 种温室气体的排放量,要比 1990 年减少 5.2%,并明确规定了需要承担量化义务的国家的具体义务。为了增加发达国家履约的灵活性,《京都议定书》也建立了 3 个灵活合作机制,即国际排放贸易机制、联合履行机制和清洁发展机制(以下简称 CDM)。其中,前两个机制是附件一国家间合作机制,而 CDM 则允许发达国家通过对发展中国家进行技术和资金援助的方式产生一定的"经核证的减排量"(CERs),以冲抵其减排任务。当然,在京都体制中,强制减排居于核心地位,灵活机制属于辅助机制。[6]

虽然早在京都体制建立之初,多边谈判之外(以下简称"多边外")的气候治理活动就已经产生,但是,彼时多边外气候治理者的核心任务是影响多边谈判进程以及辅助多边条约执行。[7]例如,气候非政府组织的主要工作是制造舆论和游说政治家,从而使其理念被写入多边气候条约文本。[8]又如,早期碳交易从业者的主要工作是为《京都议定书》设立的 CDM 提供技术支持。[9]在此背景下,当多边外气候治理活动与京都体制的原则和目标大体一致(如包含量化减排条款),才会被视为具有较高的合法性和有效性。[10]换言之,在多边主义占中心地位的时代,全球气候治理体系呈现等级性,多边外气候治理实践总体上依附于多边气候制度。

全球气候治理的这种传统模式非常符合人们对正统国际关系的一般性认识。事实上,该模式的生成正是前期全球环境治理实践的延伸。先于气候治理展开的臭氧层空洞治理进程逐渐改变了行为者对于解决环境问题的适当路径的认知。在臭氧层空洞治理进程中,联合国环境规划署等国际组织致力于推动南方国家积极参与谈判进程以打破发达国家对谈判的垄断。这促进了后者参与意识的觉醒,从而使臭氧层治理谈判从最初的以北方国家参与为主转向大多边模式。[11]《蒙特利尔议定书》被各国和联合国视为环境治理的范本。其中所包含的多边主义全球缔约路径被理所当然地移植到气候领域,构成了全球气候治理的知识背景。[12]许多气候谈判家回忆道,基于前期经验,多边主义全球缔约路径从一开始就是治理气候问题的"唯一选项"。[13]在此背景下,次、非国家行为体不但被排除在全球气候政策的核心圈之外,其行动也受到多边主义背景知识的影响,依附于多边谈判进程,反过来又强化了多边中心主义的统治地位。

二、复合式全球气候治理体系

进入 21 世纪以来,全球气候治理体系的上层结构和治理方案都逐渐改变。当今的全球气候治理已成为一个复合式治理体系。传统上由国家间多边谈判自上而下驱动的气候治理模式逐渐转变为一个包含多元行为体的混合驱动新模式。这一新体系与传统体系的最大区别,就在于内嵌其中的新分工结构。一方面,多边外气候治理行动自成系统、密切互动、相互加强。多边外气候治理体系崛起成为独立的"去碳化"(decarbonization)引擎,能够不依赖多边缔约结果而直接建构和实施治理方案。另一方面,多边外气候治理和多边气候制度形成相互建构、相互分工的关系。《巴黎协定》表明,多边气候制度将越来越注重"引领""政治动员"和"监督"功能,并将政策创新和执行更多地交由多边外力量去完成。按照本书的标准,全球气候治理体系的变革已达较深程度,即出现了决策权力流散、宏观理念调整和方案革新现象。

第一,与建立于20世纪末的京都体制不同,当前的全球气候治理体系已不再仅由多边主义路径主导,而是成为一个由不同维度(多边、双边、跨国、市场、次国家等)上的多元行为体共同推动,包含多样的制度特征和具体治理目标的混合驱动体系。[14]显然,治理者类型和数量的大幅增加是这一体系的一大特征,这说明传统上国家对该体系决策权的垄断已被稀释。在多边外气候治理大发展的背景下,多边气候制度也经历了较大的转型。虽然2015年通过的《巴黎协定》被联合国前秘书长潘基文誉为"多边主义的胜利"[15],但《巴黎协定》的制度特性恰恰表明了传统意义上的多边主义气候治理路径的衰落。"国家自主贡献"(NDC)制度的建立标志着自下而上的减排责任分配模式的形成。同时,《巴黎协定》的执行体系几乎完全依靠国家自愿。五年定期更新和盘点机制所能够提供的主要是国际舆论的压力,并不能真正改变国家行为。事实上,即使《巴黎协定》下所有的"国家自主贡献"承诺得以完全履行,也远远不足以实现将全球升温控制在2℃的目标。[16]在建构了相对软弱的执行体系的情况下,《巴黎协定》将"非缔约方利益相关者"(non-party stakeholder)纳入气候治理框架中。次、非国家行动正越来越被视为国家承诺的补充和执行手段。[17]因此,《巴黎协定》的制度框架说明多边气候谈判已经转型为以政治引领和供给合法性为主,以制定具体减排方案及其执行体系为辅。这种转型与多边外气候治理实践的崛起构成了气候治理体系变革的一体两面。

第二,与决策权力流散紧密相关的,是各类气候治理主体对宏观理念认知的转变。各类行为体以不再将国家间按多边主义原则进行缔约视为相关治理行动的唯一合法性基础。这种规范性认知转变的直接表现是,处于多边谈判圈外的次、非国家气候治理者的主要目标不再是影响谈判结果,而是转为以直接治理为导向,谋求产出实质性的治理成果(如图5.1),如促进清洁技术的研究和扩散、建立跨国和供应链层次的排放标准、建设区域碳市场及建设跨国低碳城市网络等。[18]许多治理实践已明显超前于多边谈判的授权。对次、非国家气候治理者而言,多边气候大会的地位已经下降为交流平台,不再是具体治理方案的供给机制。一项调查显示,次、非国家气候治理者普遍认为"UNFCCC 正式谈判和边会之间有不同的氛围和张力……,边会'专注于提出解决方案'……,而多边谈判则是围绕谈判技巧、利益和政治权力展开的博弈"[19]。可以说,多边外气候治理已经成为相对独立的去碳化动力源。

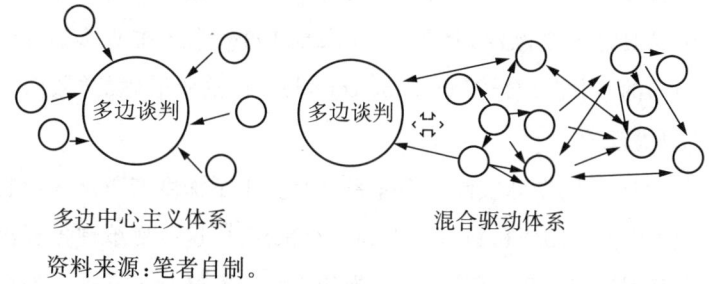

资料来源:笔者自制。

图 5.1　多边中心主义体系与复合式治理体系中行为体互动模式示意

第三,在方案层次,当前的多边外气候治理总体上以干预和利用市场机制、共享知识和传播最佳实践为主要治理手段。由市场主体、非政府组织和少数政府推动的碳排放行业标准、碳标记、碳交易等治理工具都具有鲜明的市场导向特征。[20]而由少数国家和私营部门参与的气候俱乐部,以及地方政府间跨国网络则多强调共享知识和最佳治理实践,[21]这与京都体制主要强调政府主导排放管制的思路不同。后文还将进一步讨论具体的创新性气候治理方案,这里要说明的是,这些新气候治理方案不是碎片化的,而是有相当程度的协同性。早在 2018 年,全球就已经有超过 6 000 个地方政府和超过 1 500 家企业采取了气候治理行动。全球还活跃着近 170 个由地方政府和企业共同组成的"国际合作倡议"(International Cooperative Initiatives,以下简称 ICIs)。[22]多边外气候治理者相互联系的紧密程度已经达到了松散的实践共同体的水平:

实践者虽然在地域上相互分离,却共同实践着以市场建设、知识传播、能力建设等手段推动去碳化这一"共同事业"(joint enterprise),并能主动互相学习和支持。[23]这与"制度碎片化"理论对体系的描述有很大区别。"制度碎片化"理论按照多边外实践与多边制度的一致程度将制度碎片化体系分类为冲突型、合作型、协同型等。这假定了多边制度的中心和正统地位,并倾向于以多边外倡议与多边制度的关系——前者是否"干扰"了后者——来判断其积极或消极影响。[24]显然,这种多边中心主义视角已经不再适合分析气候治理体系的现状。同时,多边外气候治理的体系化和协同化水平也高于罗伯特·基欧汉(Robert Keohane)和戴维·维克多(David Victor)的"制度复合体"(regime complex)理论所描述的"散而不乱"的状态。[25]

综上所述,全球气候治理体系已经发生了深度变革。其标志是大规模方案创新和新方案得到广泛采用。[26]这一变革现象提出了一系列相互关联的研究问题:为什么之前占绝对主导地位的多边气候谈判降级为复合式治理体系的一部分?为什么多边外气候治理活动能够获得较大发展?为什么它们能够自成体系,不再依附多边谈判开展行动?如果多边外实践代表了全球气候治理的新发展方向,为什么多边气候制度没有完全衰落,而仍在治理分工中占一席之地?本章接下来的部分就来回答这些问题。

第二节 创新实践与全球气候治理方案革新

一、全球化、京都困局与创新实践的兴起

自20世纪90年代以来,全球气候治理就沿着多边主义、国家中心主义、自上而下强制减排的思路不断发展。然而,单纯从治理体系的设计和治理对象的适配性来分析,在多边主义理念指导下建构起来的京都体制可能并非全球气候治理的最佳方案,这是由于其具有一系列难以克服的缺陷。第一,京都体制采取的以"控

制"为中心的治理路径与在全球范围内占主导地位的发展中心主义理念存在冲突。由于强制减排将给国家带来巨大的经济成本,但气候治理的具体收益却充满不确定性,各国有强烈的搭便车动机也就顺理成章。在此背景下,多边气候谈判带来了多重否决权,增加了监管难度,进而加深了集体行动的困境。这导致全球气候条约难以达成。即便达成,也难以执行。[27] 第二,多边气候谈判的平等协商原则给予发展中国家强大的谈判权力,使其能够更有效地将南方优待原则融入全球气候制度之中。这反过来加强了发达国家的抵触心理。结果,围绕"公平性"的争论进一步加大了全球缔约的难度。[28] 第三,也是最重要的一点,即使是正常运转的多边气候制度可能也无法解决全球气候变化问题。将应对臭氧层空洞的治理方案简单移植到全球气候治理中忽视了气候治理问题的高度复杂性。氯氟烃来源相对集中,容易管控,社会对其的依赖程度也远远更低,这使国家层次的控排协议更容易起效。但是,全球气候变化的根源在于"碳锁定"(carbon lock-in)。这是一个"多层次、相互强化、相互依赖"的嵌套式系统。在此系统中,政治、经济、科技和文化力量在各个相互联系的子系统(如国家系统、城市系统、市场系统、日常生活系统等)中均不断强化着生产和生活方式对化石能源的依赖。因此,全球气候治理的要点并非简单地组织国家层面的减排集体行动,而是推动国家、次国家、市场、社会等各层面与化石能源脱钩(即去碳化)。换言之,全球去碳化是一个复杂的系统性工程,有效的治理需要在多层次、多维度上同时冲击碳锁定系统的支撑机制。由于多边气候条约只针对国家层面的政策制定,这从根本上与全球碳锁定体系的特点不匹配,是治标不治本。[29]

虽然从理论上说,多边主义全球缔约路径并不完全符合全球气候变化问题(或碳锁定问题)的特性。但是,作为被各国普遍内化的规范,多边中心主义长期、深刻地影响着国家、次国家和非国家行为体的认知和行动,其若不被削弱,新的气候治理模式便不能生成。换言之，治理创新必须始于思想解放，这要求气候治理实践共同体内外成员对多边主义的垄断地位进行系统性反思，并积极开展创新实践。

如实践理论和认知演化理论所指出的，结构的稳定性并不总是牢不可破的，而是可能受到实践者不断学习和反思，以及总体社会环境变化的冲击。对多边主义、国家中心主义垄断地位的压力首先来自全球化的不断发展。全球化大大便利了人员、信息、理念和资金的全球流动，从而提升了次国家行为体（如省级、市级地方政府）、非国家行为体（如非政府组织、政府间国际组织、大公司等）的能力，不断扩展其对国际问题的参与。次、非国家行为体因此逐渐成为能够独立制定跨国规则的"全球治理者"，而不再仅仅被动接受国家间协议或者围绕国家间谈判开展倡议活动。可以说，次、非国家行为体主导的治理实践在不同议题领域的发展逐步蚕食国家行为体在全球治理中的绝对权威，而成功的治理实践进一步导致次、非国家行为体对自身政治地位的重新理解。[30] 全球治理宏观背景的这种转变是一个普遍性现象，并不局限于气候领域，还体现在发展、森林保护等诸多领域。[31]

变化的宏观背景打破了气候领域国家对权威的绝对垄断地位，初步地为全球气候治理领域的创新创造了有利的社会环境。但是，次、非国家行为体力量和积极性的不断提升并未自动导致气候治理体系的大转型。如前所述，多元行为体在初期仍主要围绕多边体制展开行动。他们需要更进一步的反思才能摆脱对多边谈判的依附地位。

促使多元气候治理者进行更加系统和独立的治理创新的关键因素，是传统气候治理模式的逐渐失效。《京都议定书》签订以后，多边气候制度的困境逐渐加深。美国于 2001 年退出《京都议定书》和 2009 年哥本哈根气候大会的失败是重要的"认知冲击"。美国退出《京都议定书》是多边气候谈判进程中的重大挫折，初步冲击了多边气候治理实践共同体的垄断地位。次、非国家行为体大规模介入气候领域便始于此时。马修·霍夫曼在他 2011 年的著作中统计到 58 个多边外气候治理倡议,其中的 48 个便是 2001 年之后建立的。[32]但是,得益于欧盟的领导力和多边主义规范的韧性,京都体制在 2001 年后的一段时期内仍保持着在气候领域内的核心地位。因此,美国主导的一些竞争性论坛,如 2006 年成立的"亚太清洁发展和气候伙伴关系"(以下简称 APP)并未从根本上动摇京都体制的权威。[33]

2009 年哥本哈根气候大会的失败对多边主义的地位产生了新一轮冲击。如霍夫曼所言:"哥本哈根(会议的失败)可能被视为一个转折点……,这将成为行为者系统性反思以大型多边主义路径治理气候变化问题(的合理性)的第一步。"[34]对多边主义的系统性反思主要基于三点原因。第一,哥本哈根会议凸显了多边谈判低效和大国利益冲突的严重性,充分说明试图通过自上而下的多边谈判解决纷繁复杂的利益冲突将注定十分困难。[35]第二,由于哥本哈根会议被定义为"挽救全球气候变化的最后机会"[36],其失败大大增加了多元行为体的紧迫感,使它们不愿意再等待缓慢的多边谈判进程。[37]第三,哥本哈根会议之后的一段时期内,国际气候谈判存在保守化倾向。由于南北分歧难以调和,全球气候谈判从制定有效、可行的系统性减排方案逐步弱化为增强全球协议的"包容性"——谋求将减排责任的双轨制变为单轨制,即建立一个包含发展中国家的减排安排被视为衡量多边气候谈判成败的重要指标。与之相应,多边气候谈判在减排方案、执行程序、资金安排等方的实质性成果则显不足。[38]结果是以政治家和谈判专家为核心的气候治理实践共同体的垄断地位加速下降,更多的新行为体开始深度参与全球气候治理。[39]在此背景下,联合国等国际组织也开始重视推动多边外气候治理行动。联合国层面于 2011 年建立了"改变的动力倡议"(momentum for change initiative),旨在世界范围内评选具有典型示范意义、值得推广复制的气候治理项目,其中设立了特别小组来关注次国家政府和私人部门的行动。[40]

总之,如果说多边主义和国家中心主义是被气候治理实践共同体内化了的规范,那么京都困局的主要功能便是暴露了多边气候制度的一些天然局限性,增强了多元行为体的紧迫感,从而打破了传统规范的稳定性,为解放思想和创新提供契机。这样,传统的权威结构动摇了,改革和创新有了较好的基础性条件。此处需要着重强调两点。其一,多元行为体反思最佳全球气候治理模式的主要动力是传统治理路径的负面治理绩效,而非规范倡导者的推动。这点非常符合本书所强调的创新实践的逻辑。其二,京都困局只是开启了创新进程。在创新之初,多元行为体并未预见独立的多边外气候治理体系。如下文将要讨论的,多边外气候治理创新是基于创新实践的循序渐进的试验和总结过程,而新体系得以获得正统地位并不断发展,则主要取决于实践者对其积极治理绩效的认可。

二、创新实践与多边外气候治理方案的产生

在具备了更积极地参与全球气候治理行动的动力之后,多边外气候治理者所亟需的便是新的气候治理方案。根据实践和认知演化逻辑,创新者往往能灵活运用他们在其他领域内未被动摇的知识和习惯来在本领域进行政策创新。而气候领域的方案创新就很好地体现了这一逻辑。由于多边外气候治理方案十分多样,有限的篇幅难以全数涵盖,这里以四个案例作为例证,旨在展示治理方案创新的逻辑。

第一,碳交易是当今全球气候治理的重要政策工具,不仅为很多国家或地区所采用,还为《巴黎协定》所接纳,成为未来重要的全球性气候治理工具。2021的《联合国气候变化框架公约》第26次缔约方大会(格拉斯哥气候大会)批准了建立全球碳市场框架的相关规则,为全球碳市场搭建了制度基础。碳交易制度旨在将碳排放配额商品化,通过鼓励经济实体之间的配额交易来帮助减排量大的实体获益,并帮助减排成本高的实体以更低的成本实现设定

的减排目标。⁴¹碳交易制度的思想基础可以追溯到 20 世纪早期的庇古税和科斯的污染权交易理念。20 世纪 90 年代开始，美国逐渐建立起针对酸雨问题的二氧化硫交易制度。这一制度不仅成功促进煤电厂的技术升级，还产生了巨大的经济收益。⁴²在气候治理开始之后，气候研究者、非政府组织和部分企业（尤其是金融机构）开始大力倡导以交易制度应对气候变化，其中很多成员就是二氧化硫交易制度的最初倡导者。⁴³1997 年通过的《京都议定书》首次将碳交易引入全球气候制度框架中。

第二，碳标记实践最初始于 2001 年的英国，由碳基金会（Carbon Trust）这一受英国政府资助的非盈利机构推动。碳标记的设计目标是通过标记商品的碳排放量来激发消费者对低碳商品的需求，倒逼生产者减少碳排放。⁴⁴通过环境认证来影响消费行为是有成功先例的。"公平贸易咖啡"（Fair Trade Coffee）和"'海豚安全'金枪鱼"（Dolphin Safe Tuna）这两个认证标签对消费者的行为产生了很大影响，从而成功反向影响了生产者的行为。因此，碳标记从一开始就明确地以这两个认证系统为模板。⁴⁵

第三，低碳城市建设主要是旨在优化城市已有的治理体系，比如优化城市规划、改善交通运输系统、提高建筑节能标准等。低碳城市建设并非基于一套先验存在的模型，而是基于对不同城市探索性实践的总结。以城市气候领导联盟（Cities Climate Leadership Group，简称 C40）为代表的跨国城市气候合作网络的主要目标是在城市间共享这些因地制宜的创新实践，并探索更具通用性的低碳城市建设模式。C40 这种以小集团推动治理变革的模式也直接复制自 G20。⁴⁶

第四，2006 年成立的 APP 是典型的以辅助市场行为体开发和传播低碳技术为目标的气候俱乐部。APP 依据行业设立项目：其在政策和执行委员会（PIC）下设立了专项行动组（task force），每个专项行动组对应一个具体行业（包括清洁化石能源、发电、可再生能源、铝、建筑、水泥、煤炭开采、钢铁等）。在此基础上，各国派出专家来为相关行业中的公司、工厂等私营部门提供有关新科技和管理方式的信息,并开展培训、咨询等支持性活动,以帮助这些私营部门提升能源利用效率,推动他们研发和采用清洁技术。APP的这些做法是对小布什政府时期美国国内基于自愿、市场、科技和公私合作的环境和气候治理模式的直接复制。[47]

可见,在不能预先确定有效的替代性气候治理方案为何物的情况下,气候治理创新也并非无源之水。上述四个典型治理创新活动都是将其他领域的治理经验创造性地应用于气候治理领域。这既体现出实践者的创造性,又体现出知识和习惯无处不在的建构性影响。更为重要的是,这些治理创新虽然表面上纷繁复杂,但相关实践者在知识、能力和习惯维度都存在一些最大公约数,导致各种路径之间有很多相似性。首先,大多数创新者均受到同一个深层背景知识——在环境治理领域有深远影响的"自由环境主义"理念——的建构性影响。[48]自由环境主义寻求去碳化与经济利益相协调,这使多数多边外气候治理实践都强调市场机制和市场主体在去碳化进程中的主导地位。[49]其次,由于许多多边外治理者都来自知识密集型领域(如非政府组织、大学、研究所等),其主导的创新实践中的相当一部分(尤其是城市网络和气候俱乐部)都以共享知识和最佳实践为核心功能。最后,多边外气候治理创新者的次、非国家行为体身份也使其往往不能选择具有强制性的治理方案。这些治理创新的最大公约数为不同路径之间的协调与合作创造了条件。

需要承认,创新实践也往往夹杂着物质利益和权力的考虑。比如,市场化的碳交易、碳中和、碳标签等都对市场主体有一定的经济利益。[50]城市对去碳化项目的积极性也受到其扩展资源和政治权威的动机的影响。[51]但正如碳交易、碳标签等案例所体现的,新治理实践的最初形成主要还是由学者、环境组织和少数公司推动的社会建构过程。治理理念和方案的创新是先于高度利益相关者(如金融机构)的介入而产生的。[52]并且,许多创新性治理方案

(如碳标记)实际上也并未带来很大的经济效益。因此,我们虽然不能忽视行为体私利对创新的推动作用,但仍需认识到,在促成治理创新的过程中,知识与习惯的影响与利益考虑至少同等重要。

三、治理绩效与创新性气候治理方案的扩散

我们在观察多边外气候治理实践的发展轨迹时可以发现,随着方案创新活动的增多,最初在地域上相互分离的创新者能够主动互相学习。许多治理试验因此能够由小到大、由地方到全球地发展壮大。这种现象的出现也非常符合创新实践的逻辑:多边外气候治理实践共同体的建构与新治理实践的绩效密切相关,如果新治理实践不能产生被普遍认可的积极效果,则退回多边中心主义路径的压力可能上升。因此,在创新者已经具备一定权威性的基础上,治理绩效成为对创新治理方案以及整个多边外气候治理路径的筛选机制。

何为积极绩效取决于实践者的共同解读。多伦多大学环境治理实验室对超过 30 个气候治理创新实践案例进行了研究,笔者也曾深度参与到研究团队之中。[53]研究者通过对相关参与者认知的归纳发现,多边外气候治理者在评估其治理绩效时普遍重视三方面内容:提升去碳化能力(即通过直接帮助或示范效应来提升被治理者监测和降低碳排放的技术和政策能力)、推动理念变革(即改变被治理者对低碳经济发展前景的认知、改变其对低碳生产方式的价值判断)与创造新利益增长点(即通过市场手段让低碳转型更快的行为体获益)。这三个方面并不一定直接产生减排效果,却为低碳转型准备了能力、理念和利益基础,从而成为除量化减排效果之外的新的治理绩效衡量标准。[54]由于多边外气候治理创新具有以市场和知识为治理工具,不以量化减排为目标的特点,对治理绩效的衡量标准也就自然地契合其实践特征。虽然人们可能对这种治理绩效判断标准存有争议,但正如认知演化理论所强调的,社会事实的认定要取决于共同体成员的共有知识。由于几位学者的总

结主要基于归纳法，笔者认为他们的研究反映了多边外气候治理者对"积极绩效"的共同认知。

诸多治理试验能在实践中够不断发展壮大，正是由于它们在上述三个受创新性共同体认可的维度（或其中的一个两个维度上）产生了积极绩效。[55]前文所述的4个典型的治理方案创新案例均体现了这一关联性。下面我们来逐一分析这几个案例的治理绩效及其发展情况。

第一，碳交易实践的全球扩散除了受益于CDM下欧盟等方案推广者对碳定价理念的传播，[56]更得益于各国、地区决策者从欧盟的早期实践中看到了碳交易在建构去碳化能力、教育市场行为者和创造新利益增长点方面的积极效果。[57]比如，诸多研究认为欧盟碳市场在促进工业减排的同时并未影响相关行业的竞争力。[58]除了其本身的扩展，碳市场还带动了许多新治理实践的发展。碳市场的运转需要一系列支撑体系，如碳信用审核、市场标准化、碳审计等。这些系统需要碳交易直接从业者之外的行为体参与。这为更多的行为体提供了学习机会和获利空间，并反过来加强了碳市场自身的有效性。[59]正是基于各相关方对碳市场的经济和政治功能的积极预期，碳市场实践已经扩散到全球。截至2019年，全球共有20个碳市场在运行，另有18个国家/地区在考虑建设碳市场。[60]根据世界银行2022年的报告，全球已建立了71个碳定价机制（37个碳税机制和34个碳交易机制），除了欧盟、美国（部分州）、加拿大（部分省）这样的发达国家，中国、墨西哥、哈萨克斯坦、哥伦比亚、越南、印度尼西亚、智利、巴西、土耳其、泰国、马来西亚、菲律宾、巴基斯坦等发展中国家也已经建立或正在建设碳定价机制。[61]

中国于2011年开始采纳碳交易作为重要的碳减排政策工具，这成为碳交易制度发展史上具有里程碑意义的事件。中国的选择非常好地体现了碳交易政策基于治理绩效而得以扩散的逻辑。我们来简要回顾一下中国选择碳交易政策的原因。以2007年《中国应对气候变化国家方案》的颁布为标志，中国开始建构国内的温室气体减排政策体系。2009年，中国在参加哥本哈根气候大会时承诺到2020年把碳排放强度在2005年的基础上降低45%，体现了中国的责任和担当，也加速了国内政策转型。基于此，2011年颁布的第十二个五年规划首次设置了二氧化碳排放强度控制目标。[62]在上述背景下，设计行之有效的减排促进政策被提上了议事日程。在随后几年的政策试验和研究中，碳交易制度得到重视，这主要是基于几个有利条件。其一，中国自21世纪初便开始积极参与到CDM中。一大批中国企业成功立项并获得CDM的资金和技术支持，这使中国的市场主体和决策者都感受到市场机制的好处。同时，CDM对项目开发、运营、监管等各个环节的参与者都有较高的知识和技术要求。参与CDM提升了市场主体和政府部门参与和管理交易类机制的能力。[63]其二，随着欧洲和美国部分地区相继开始碳市场建设，这一新政策工具的倡导者也频繁与中国互动，向中国传播碳交易理念。[64]其三，中国在第十一个五年规划（以下简称"十一五"规划）期间已经采用了自上而下的指标分解加行政考核的方式推进节能目标，[65]但"十一五"规划末期出现了地方政府突击限电以应对考核的情况，这使许多政策研究者认为以行政命令促进减排的治理模式将造成沉重的社会负担。[66]在此情况下，结合对欧洲碳市场在当时的执行情况的研究，中国决策者认为碳交易制度将能同欧洲碳市场一样，较好地调动企业减排积极性，并减轻企业和社会的总体负担。[67]2011年，中国挑选了七个最具代表性的行政区——北京、天津、上海、重庆、湖北、广东、深圳——开展碳交易试点。这些试点在配额分配、核算、碳交易、碳金融等多个方面进行了大胆创新和试验，积累了大量经验，锻炼了人才队伍，并对推动试点地区减排起到积极作用。正是在这些经验的基础上，中央政府才最终于2017年正式开启了全国碳市场建设。

第二，碳标记的发展体现了能力建设和理念引领功能与实践共同体发展的关联性。碳标记在发源地英国的实践效果较差，未能实现碳基金会促使英国消费者根据商品碳排放量调整购买行为的初衷。超过五分之四的英国消费者无法认出碳标签。[68]但是,碳标记通过能力建设和基础设施(统计系统和减排方案设计)建设促进了部分制造业者对供应链系统中碳足迹的重新审视。这成为碳标记实践的意外收获。基于对碳标记在促进生产者理念转变和能力提升方面的潜力的认可,法国、日本、韩国、泰国等国以及世界企业可持续发展委员会(World Business Council for Sustainable Development)、世界资源机构(World Resource Institute)、国际标准组织(以下简称 ISO)等国际组织都开始效仿英国碳基金会在其《公共可用规范 2050》(Publicly Available Specification 2050)报告中提出的碳足迹计算方法、碳标签标准等内容。[69]一项统计显示,法国的碳足迹项目促使 50%的参与企业提升了生产流程。[70]由此,碳标记实践虽然未在首倡的英国获成功,却在全球范围内获得传播。

第三,城市去碳化实践的扩散和跨国低碳城市网络的建构也是基于城市低碳化转型相对积极的成效,以及跨国网络的社会化功能。比如,哥本哈根将城市治理的各个子系统(如规划、能源供应、交通规划等)都融入了低碳化总体议程中,并建构起城市及其所属经济实体的"绿色"形象。哥本哈根的低碳化实践借助 C40 平台和哥本哈根的主动外联活动而逐渐传播到其他城市(如纽约)。[71]正是由于 C40 为各成员获取低碳城市建设方面的信息和技术提供了方便,其成员才重视其价值,更愿意积极参与到该网络的建设中。[72]此外,C40 还通过"身份门槛"强化内部聚合力。C40 框架内的领导者有意识地"加强同各种行为者(其他地方政府、跨国企业、非政府组织,甚至某些国家政府)的交流,宣传其自身的规范价值,寻求潜在的合作伙伴,并且通过各方面专家和智库的协助,促进在气候变化问题上的社会学习进程"[73]。在上述积极因素的推动下,C40 的规模不断扩大(截至 2023 年已有 96 个成员),在城市层面进行低碳政策试验作为一种新兴实践也在全球蔚然成风。

在 2013 年，便有学者统计到 100 个城市的 627 项低碳化政策试验。[74]

第四，气候俱乐部的发展也明确体现了多边外气候治理方案的扩散与治理绩效的紧密相关性。事实上，美国和澳大利亚最初倡导建立 APP 为代表的气候俱乐部，有很大一部分意图是为了逃避京都体制下的减排责任，这些俱乐部本身的治理绩效——若以减排量来衡量——往往欠佳。但是，即便早期的气候俱乐部本体归于失败，其开创的一些治理方案也会因为其潜力而在新平台被发扬光大。从 APP 到后来的清洁能源部长级会议（以下简称 CEM）的发展轨迹可以说明上述观点。

APP 从建立之初就与具有最高合法性的《京都议定书》发生冲突。APP 强调经济增长和环境治理之间的平衡，认为解决气候变化、能源安全和空气污染的挑战应该与鼓励经济发展和减少贫困相辅相成。于是，"无约束力"和"自愿"成为了 APP 的标签。APP 内活动没有强制性时间表，没有减排目标，也没有监督机制。[75]但是，如前文所述，在政治目的之外，APP 推动了创新性气候治理方案的建构，即以行业部门（sector）为基础，通过公私合作方式推动低碳技术的研发和传播。事实上，发展中国家之所以积极参与 APP，就看重了其能够提供技术、资金和知识。[76]遗憾的是，APP 本身的治理绩效并不是很好。APP 的几乎全部项目都专注于为公司、工厂等私营部门提供技术性支持——主要是提供关于先进低碳科技、节能技术、低碳节能管理方法等方面的信息，只有极少数的项目为科技研发提供直接资金支持。同时，美国作为 APP 最大的出资方对相关项目的支持三心二意，这导致大多数项目缺乏资金。[77]由于所提供的支持力度较小，也并不实在，APP 在利益攸关方眼中逐渐变得可有可无。[78]结果，随着奥巴马的上台，这一小布什时期的遗留物便很快遭到放弃。

但是，APP 所催生以行业为中心、以公私合作促进技术研发和扩散的治理方案仍被很多行为体（如一些欧洲国家、欧洲公司、日本政府等)认为具有很大价值。[79] 结果,美国奥巴马政府提出的新气候俱乐部 CEM 也基本延续了 APP 的治理方案。当然,CEM 在接纳了 APP 的方案的基础上,在组织模式上有所创新。其一,CEM 构造了一个相对灵活的合作环境。与 APP 的项目主要由美国主导设计不同,CEM 的合作框架更为灵活,任何几个感兴趣的国家都可在 CEM 框架下发起合作倡议,这保证了倡议的参与者具有一致的利益。[80] 其二,与 APP 不同,CEM 虽然仍以行业技术升级为导向,但更注重为政策制定者提供支持(如为决策者提供最佳政策的信息、直接政策咨询、培训等服务),因为各方都认为政策激励将为低碳技术研发和扩散提供更强推力。[81] 基于以上两点创新,CEM 取得了不错的成绩,推动了一些国家的政策升级。例如,"能源管理工作组"成功地促使墨西哥、智利等国指定相关政策以要求在工业和商用建筑中采用 ISO 50001 能源管理系统。[82] CEM 下的"21 实际能源伙伴计划"积极支持南非、印度等国制定有利于可再生能源的政策。[83] CEM 的明星项目"清洁能源解决方案中心"也已为数百人次的各国决策者提供了政策咨询和技术支持服务。在积极治理绩效的基础上,CEM 获得了更为持久的生命力,即使反对气候治理的特朗普政府也未退出 CEM。

综上所述,多边外气候治理者能够根据新路径的治理绩效来对其进行筛选(见表 5.1)。不具备积极治理绩效的实践,如 APP 所包含的单纯强调低效信息共享的成分会遭到淘汰。而在积极治理绩效的支撑下,一系列以新治理路径(如碳交易路径、碳标记路径、城市低碳化能力建设路径、以行业低碳化和公私合作为主旨的气候俱乐部路径)为基础的实践共同体正不断被建构起来。这些新实践共同体的发展显然已经超越了多边谈判进程。值得注意的是,创新实践的系统性扩散可能是非本意结果,即一种治理试验所产生的体系效应可能与创新者的最初目标存在差异。[84] 比如,碳标记的最初目标是在英国建构一套标记系统,但其最终却未能在英国扎根而是在别国得到复制。又如,APP 的最初目的是建构一个挑战京都模式的以自愿和促进企业行动为核心的气候治理平台，但只有其行业合作和公私合作成分最终得以保留，并在 CEM 中得到新的发展。

表 5.1　治理绩效与典型多边外气候治理方案的发展

多边外倡议	推动理念变革	提升去碳化能力	创造新利益增长点	发展情况
碳市场	积极	积极	积极	扩散、体系化
低碳城市和城市联盟	积极	积极	较积极	
碳标记	较积极	积极	消极（主要设计目标）	APP 和英国碳标记本身失败，但激励其他类似治理实践发展
APP	积极（创新治理方法而非破坏既有原则）	较积极	消极	

资料来源：笔者自制。

虽然哪些新型治理模式可能最终被体系选择存在一定的不确定性，但一个大体确定的趋势是，诸多依治理路径而形成的实践共同体正相互结合，从而构成了一个范围更广的松散的"多边外气候治理实践共同体"。如前所述，虽然多边外气候治理者可能采取不同的具体方法，但它们却能够自觉相互学习、相互模仿，从而引导治理试验的扩散。这些具体治理实践的积极效果给了创新者信心。与此同时，多边外气候治理者之间有意识的互动和结盟不断强化着共同体的凝聚力。

早在 2009 年的哥本哈根会议上，次国家行为体、商业联盟、非政府组织等就已经能够独立地召开与国家会议平行的大会，并取得了丰硕的成果。[85] 此后，不同类型的治理者在日常实践中正越来越多地相互协作。例如，CEM 就和诸多国际组织（如国际能源局、世界银行）加强合作，共同开展项目。[86] 前文所述的碳交易则天然地需要一批不同治理机制的支持。随着各种以新路径为中心的实践共同体的发展及其相互联系的增强,不同的气候治理实践之间构成了相互支持的分工体系,这其中包括跨国网络建设者(如C40、清洁能源部长级会议)、气候治理基础设施(数据和方案)建设者(如碳市场和碳标记)、具体行动者(如公司和非政府组织)和碳信息披露项目(以下简称CDP)这样的国际非盈利机构作为监督者。[87]这一自发形成的分工体系使新体系能独立运行。基于总体积极的治理绩效和有意识的体系建设活动,多边外气候治理实践共同体的凝聚力和稳定性都不断增强。这从多元行为体愿意不断加强与CDP合作这一现象上得以体现。[88]此外,前述的ICIs的发展(从2010年的不到10个到2019年的170个)也体现出次、非国家行为体间合作的深化。[89]也正是由于多元行为体共同促使全球低碳化成为一个不可阻挡的潮流,人们才相对乐观地认为《巴黎协定》的治理目标在缺乏有效强制执行体系的情况下仍是可能被达成的。

第三节　权威制约与全球气候治理方案革新的限度

虽然多边外气候治理已经能够自成系统并为全球去碳化提供动力,但是多边气候制度仍然在全球气候治理体系中占据重要地位。如前文所述,《巴黎协定》并不意味着多边气候制度完全让位于多边外气候治理,而仅标志着其转型为以引领功能为主。事实上,人们仍倾注很大精力在多边气候谈判中,并将多边制度视为非多边气候治理实践的基础。也就是说,多边外方案没有取代传统方案,而是丰富了既有体系。为什么多边气候制度仍然享有如此地位？这里需要讨论多边外气候治理的局限。

第一,从创新性方案的治理绩效来看,虽然多边外气候治理已经被证明能够促进利益联盟建构、能力提升和理念转变,但是,在整个体系中(尤其是对于国家政府来说)可能难以产生可靠的治理绩效衡量标准和评价方法,也尚不存在有广泛公信力的全球性评估机构。在缺乏统一衡量标准的情况下,"漂绿"(green wash)行为(将与去碳化无关的项目通过虚假宣传包装成绿色项目用以敛财或用以掩盖其污染本质)总是难以避免。[90]有高度权威的绩效评估机制的缺失是多边外气候治理持续发展的隐患。

第二,即便多边外气候治理实践能产生积极治理绩效,但相关治理主体毕竟只是次、非国家行为体,它们天然地难以获得充分的国际权威。换言之,多边外气候治理实践可以挖多边主义和国家中心主义治理模式的"墙角",但不可能颠覆这些宏观理念的主流地位。这一认识与实践理论和认知演化理论的逻辑是一致的。认知演化理论强调反思与创新是基于实践共同体而展开的。认知演化的结果并不一定是传统共同体的完全转型,而可能出现共同体分裂或几个共同体并列存在的状态。在京都体制困境不断加深的情况下,最积极的反思者并非国家层面上的谈判者和政治家,仍有诸多社会和政治因素能够维持国家对多边谈判的执着。首先,从实践维度来看,政治家和谈判专家处理大多数国际问题的习惯方式仍然是闭门谈判。这种高度技术化和政治化的谈判过程构成了实践共同体的坚实基础,难以被外部力量转变。长期以来,"政治家和外交官为了建构京都体制投入了大量的个人努力和信念,他们已经在同一个认知和行动共同体中找到了归属感。心理和情感上的因素使他们很难从已然固化的共同体中抽身出来"[91]。由于谈判者将自我认定为处于全球气候治理前线的该领域的权威,他们通常缺乏对其他参与者的重视。其次,随着多边外气候治理者越来越倾向于自行发展跨国治理网络和规则,多边外和多边气候治理共同体之间的隔阂可能会维持而非减少。再次,从政治维度来看,多边谈判的重要政治功能之一便是增强政治家的地位。有学者指出:"通过其对全球气候治理的领导,欧盟可以在欧洲公民和第三国眼中提高其合法性。"[92]因此,多边气候谈判可能成为软实力竞争的焦点,不会被轻易放弃。

第三,由于多边外气候治理的主要治理者为次、非国家行为体,国家权力也对其影响力构成制约。由于国家决策者的行动仍然依赖多边谈判推动,多边外治理实践的发展也可能受到不同国家的政治和社会结构的影响。在拥有强大且相对独立的地方政府和市民社会的国家,次、非国家力量有更多政治空间来开展治理创新,也就能够平衡国家层面的消极力量。因此,在以美国为代表的一些发达国家,尽管其中央政府对多边气候谈判持消极态度,但其他力量仍能推动去碳化进程的不断前进。例如,由于有相对充分的政治空间,特朗普政府退出《巴黎协定》的决策反而刺激了美国次、非国家行为体的更积极的去碳化行动。[93]在这种情境下,多边制度的主要功能是辅助地方活动,即"在必要时促进创新举措,支持弱势组织,鼓励抱负,促进协调以确保更高的总体治理绩效"[94]。但是,对于一些社会力量高度依赖中央政府的国家,积极的多边谈判结果则是非国家力量发展的前提。在国家政府具有较高政治权威并且可以轻易地压制地方活动的情况下,地方力量往往缺乏积极性,除非它们从国家层面获得明确的政治信号。实际上,即使在美国,对气候治理持敌意的联邦政府也可能破坏州一层的努力。比如,特朗普政府时期,华盛顿就积极谋求撤销加利福尼亚州独立制定汽车排放标准的权力,这对州一级的行动也构成严重困扰。[95]因此,虽然多边外气候治理实践共同体可以在一些情况下绕开国家限制而独立发展,其若想扩散到国家权威强大的地区,就仍需要多边谈判为其创造条件。

综上所述,虽然多边外气候治理的生存可以不依赖多边谈判,但主要由于传统权力和宏观理念结构的制约,其发展和体系化的速度仍有不确定性。因此,从提升非多边气候治理整体效能的角度,全球条约的"引领"和"统筹"(orchestrate)也可能是必要的。[96]一方面,多边制度的一些工具(如五年评估)可被用于全面评估各种多边外气候治理倡议的实际减排效果,帮助气候治理者评价相关治理倡议是否真如预期的那样有效,从而淘汰一些名不副实的项目。正如一些学者指出的:"排放基准(benchmarking)和评估机制的存在可以帮助公民、投资人、研究者、资助方、公民社会和其他团体比较各种倡议（的优劣）、找寻拥有最优治理绩效的路径。"[97]另一方面，气候峰会的集聚效应和政治地位使其具备加速多边外治理实践整合和拓展的能力。有研究表明，2014年的联合国气候峰会和2015年的巴黎气候大会共促进了约80个新ICIs的建立，这两年的新建ICI数量远高于其他年份。[98]这说明，ICI这类相对复杂、包含多种治理路径和治理者的联合治理倡议的快速发展仍有赖于多边进程的推动。因此，将多边和多边外治理结合起来能够弥补两者的不足——"次、非国家行为体缺乏对治理目标的明确认知，以及多边谈判的缓慢和僵化"[99]。

除了传统权力和理念结构的制约作用之外，多边外全球气候治理方案创新也可能受到近年来日益加剧的大国竞争的影响。一方面，全球气候治理已经不再仅仅是提供国际公共物品的问题，而是涉及各国在低碳经济时代如何建构新的经济和科技竞争力。在此背景下，各国自利行为的增多是自然的。[100]另一方面，由于美国为首的西方大国和新兴大国的战略竞争不断加剧，竞争性大国互动也外溢到气候治理领域，一些国家将争夺领导力而非推动合作作为气候外交的重点。[101]自拜登上台以来，美国政府力图重塑所谓全球领导力，而气候外交也成为拜登执政的重点议程之一。在美国的影响下，西方国家的气候外交开始更具竞争性。第一，美国和一些西方国家不断提升减排承诺，并以此向发展中国家提出不合理的要求。2021年4月，拜登政府组织了一次包含主要排放国（包括发达国家和发展中国家）的"气候雄心峰会"。在会上，美国、日本、英国、欧盟等都加码了减排目标。[102]美西方据此试图施压中国等国作出更大承诺（如将碳达峰目标提前）。[103]此外，美西方还不顾各国具体能源结构的差异性，要求为淘汰煤炭设置时间表。这些行动都使得基于平等协商、共同但有区别的责任原则的气候治理合作氛围出现恶化趋势。第二，在光伏、风电、锂电池等低碳科技领域，美西方在谋求合作的同时越发强调竞争。美国的

《2022年通胀削减法案》不但给予美国低碳科技企业（如电动汽车生产商）财政补贴和减税政策优惠，还要求受到美国政府支持的企业所使用的电池的关键矿物和组件有一定比例来自美国或与美国有自由贸易协定的国家。这种市场扭曲行为突出了科技竞争维度，不利于清洁能源全球供应链的稳定，降低了全球低碳转型的效率。[104] 第三，随着欧盟和美国纷纷开始制定"碳边境调节税"机制，碳定价规则基于绩效和学习的传播模式也正被颠覆。美欧征收碳关税的行动具有明显的单边主义和保护主义特征，完全是出于谋求经济利益（而非促进全球低碳转型）的考虑，因而激起广大发展中国家的强烈反对，这又为碳定价机制的发展增添了不确定性。[105] 上述新情况显然对多边外气候治理方案的持续、健康发展是不利的。随着各国在多边场合的博弈重新加剧，各国开始利用多边机制之外的行动来争取在低碳经济中的新优势，对创新性气候治理方案的态度可能从原来的乐见其成转为警惕。若此趋势不断恶化，多边气候谈判可能再次陷入僵局，已经初具雏形的"多边外气候治理实践共同体"可能遭到大国竞争的冲击而再次碎片化，这对于气候治理方案创新和整个全球气候治理的发展都将构成严峻挑战。

本 章 小 结

本章系统性分析了全球气候治理体系由多边缔约、强制减排的治理模式，转向多元治理者参与、多样化方案并存的复合治理模式的变革机制。笔者认为，作为传统治理模式的集大成者的京都体制效果不彰推动了气候治理领域的思想解放。气候治理创新过程既受到以市场、次国家政府、市民社会力量为代表的多元实践者既有背景知识的影响，又受到新方案的治理绩效的筛选作用。其结果是多边外气候治理实践共同体逐渐形成，并体现出市场、能力建设导向的特点。而与此同时，由于实践的惯性和次、非国家行为体在权威方面天然的局限性,多边气候制度得以继续发挥引领作用。本章最突出的创新点是分析了新型气候治理方案如何基于已有实践被塑造出来,以及为何一些方案能够在没有多边协议背书的情况下得到传播。

本章的分析与其他路径有明显区别。首先,在解释多边外气候治理出现的原因时,有学者基于国家中心主义视角和集体行动理论,将之视为制度碎片化现象,并归因于各国的搭便车动机和多边谈判中的领导力缺失。[106]但是,国家的搭便车动机可能导致更保守和更具冲突性的碎片化气候治理体系。而事实上,多边外气候治理实践往往比多边体制更为激进与超前,这些治理实践之间的整合性也更强,这并不符合该理论的预期。本章强调,当前的复合式气候治理体系可能是解决全球气候问题的最佳路径,只是这一路径长期以来被在历史中形成的多边主义规范所压制。因此,与其将气候治理的转型视为集体行动失败或领导缺失的结果,不如将其视为规范演化和治理创新的产物。并且,气候领域反思性的上升不依赖规范倡导者或大国的推动,而是由实践和反思逻辑催生。

其次,国家中心主义框架也被用于分析《巴黎协定》得以达成的原因。许多学者都强调大国间的妥协,尤其是奥巴马政府时期的美国和中国的领导力对国际谈判的推动作用。[107]也有学者指出,欧盟在巴黎气候谈判过程中展现的灵活性,及其对资金和外交手段的综合运用对谈判的成功起到了促进作用。[108]但是,大国是不是推动全球气候治理变革的关键力量,仍有待商榷。虽然我们不否认《巴黎协定》各谈判方的卓越努力,但谈判本身可能并非变化的起因,而是变化的反映。《巴黎协定》顺应了全球气候治理多年来发展出来的新特点(尤其是多边外力量的崛起)和已成气候的低碳经济潮流。这些宏观背景可能才是决定变化的关键力量。如果没有多边外力量的崛起,各国也就无必要关注非缔约方利益相关者。如果不是对低碳化潮流有一定信心,各国恐怕也很难相信自下而上的责任分配体系能够有效运转。前文的研究已经阐明,多边外气候治理实践的产生和扩散并不完全以国家意志为转移,而是次、非国家力量觉醒和创新实践扩散的结果。

第三,"制度复合体"理论沿用了理性选择模式,但更加关注多元的利益和体系的复杂性。该理论指出:"有三种因素——行为者利益的差异、议题间相互联系(的不足),以及控制不确定性的需要——能够解释不同的制度结果……。这些因素为政府和非政府行为者提供了激励,使其愿意为多样的制度投资,而非仅仅专注于一种制度。"[109]这一理论的优点在于更加强调非国家行为体的能动性和全球气候问题的复杂性。但是,虽然多元行为体的逐利动机确实能够推动气候治理体系的分化,但单纯的利益论不能解释为什么制度复合体晚至京都困局不断加深的21世纪初才出现。既然行为体利益差异和系统的复杂性从一开始便存在,那么多边气候谈判就不应推进到《京都议定书》这一很高的层次。同时,利益理论能够解释气候治理体系的复杂化,但不能有效解释多边外气候治理主体相互学习、相互支持、相互加强的互动模式。因此本章认为,物质利益可能只是行为者的动机之一,理念性因素(如规范、习惯等)对行为者的建构性影响至少同等重要。

第四,建构主义的规范理论对全球气候治理的发展变化问题也有涉及。但是,相关理论和实证研究主要讨论具体治理原则(如共同但有区别的责任原则)的演变,[110]以及气候合作规范的起源和发展(如对中国、印度的社会化),[111]并未能够触及本章所讨论的气候治理方案的演变。在学理上,正如前文已经讨论过的,规范理论很难解释创新性规范的起源,以及规范在没有倡导者情况下的演化。这正是全球气候治理演变的重要特征:我们很难找出明确的规范倡导者,体系的演进取决于多元行为体各自独立又相互联系的集体反思和创造。

总之,本章的分析完整展现了权力、话语、实践三大变革机制互动对全球治理变革所产生的影响,证明了实践(即使缺乏权力和宏观理念的支持)在推动治理方案创新和创新方案的扩散方面的强大力量,同时注意到权力、话语方面的制约可能抑制相关变革的速度和广度。这里的分析不但很好地契合了现实情况,还较完整地展现了本书分析框架的解释力。

注释

1. "什么是气候变化?",联合国气候行动网站,https://www.un.org/zh/climatechange/what-is-climate-change,最后访问时间:2022 年 8 月 18 日。

2. 《全球升温 1.5℃(决策者摘要)》,政府间气候变化专门委员会(IPCC),2019 年,https://www.ipcc.ch/site/assets/uploads/sites/2/2019/09/IPCC-Special-Report-1.5-SPM_zh.pdf,最后访问时间:2022 年 8 月 18 日。

3. 董亮、张海滨:《IPCC 如何影响国际气候谈判——一种基于认知共同体理论的分析》,载《世界经济与政治》2014 年第 8 期,第 64—83 页。

4. Matthew Hoffmann, *Ozone Depletion and Climate Change: Constructing a Global Response*, New York: State University of New York Press, 2005.

5. 自由主义从 20 世纪 70 年代末以来逐渐在西方大国崛起成为主导性意识形态,这是自由环境主义兴起的重要背景。20 世纪 80 年代西方(主要是经济合作与发展组织成员国)环境和经济研究者、官员和企业家开始大力倡导自由环境主义。著名的《我们共同的未来》报告就优先强调了经济增长,其后才讨论增长的可持续问题。这种论述成功建构了规范性话语。1992 年地球峰会通过的《里约环境与发展宣言》进一步强调经济发展、自由市场与环境保护并行不悖,甚至存在相互加强的关系。气候治理一直受到自由环境主义理念的影响,但这一理念直到多边外气候治理大量出现后才成为治理方案建构的重要指导性理念,在气候谈判早期,这一理念是被抑制的。比如,《京都议定书》首先强调量化减排,将市场机制作为辅助。参见 Steven Bernstein, "Liberal Environmentalism and Global Environmental Governance," *Global Environmental Politics*, Vol.2, Issue 3, 2002, pp.1—16。

6. 关于《京都议定书》的简要介绍,可参见中国人大网,http://www.npc.gov.cn/zgrdw/npc/zxft/zxft8/2009-08/24/content_1515035.htm,最后访问时间:2022 年 8 月 18 日。

7. Matthew Auer, "Who Participates in Global Environmental Governance? Partial Answers from International Relations Theory," *Policy Sciences*, Vol.33, No.2, 2000, pp.155—180; Michele Betsill and Elisabeth Corell, eds., *NGO Diplomacy: The Influence of Nongovernmental Organizations in International Environmental Negotiations*, Cambridge: MIT Press, 2008.

8. Michele Betsill and Elisabeth Corell, "NGO Influence in International Environmental Negotiations: A Framework for Analysis," *Global Environmental Politics*, Vol.1, No.4, 2001, pp.65—85; Clair Gough and Simon Shackley, "The Respectable Politics of Climate Change: The Epistemic Communities and NGOs," *International Affairs*, Vol.77, No.2, 2001, pp.329—346; 罗辉:《国际非政府组织在全球气候变化治理中的影响——基于认知共同体路径的分析》,载《国际关系研究》2013 年第 2 期,第 51—62 页。

9. Matthew Hoffmann, *Climate Governance at The Crossroads: Experimenting with A Global Response After Kyoto*, Oxford: Oxford University Press, 2011, p.69.

10. 李慧明:《全球气候治理制度碎片化时代的国际领导及中国的战略选择》,载《当代亚太》2015年第4期,第145页;高翔、王文涛、戴彦德:《气候公约外多边机制对气候公约的影响》,载《世界经济与政治》2012年第4期,第59—71页;Louise Van Schaik and Simon Schunz, "Explaining EU Activism and Impact in Global Climate Politics: Is the Union A Norm—or Interest-Driven Actor?" *Journal of Common Market Studies*, Vol.50, No.1, 2012, pp.169—186。

11. Matthew Hoffmann, *Ozone Depletion and Climate Change: Constructing a Global Response*, New York: State University of New York Press, 2005, pp.100—105.

12. 关于多边谈判实践的历史性扩散,参见 Robert Denemark and Matthew Hoffmann, "Just Scraps of Paper? The Dynamics of Multilateral Treaty-Making," *Cooperation and Conflict*, Vol.43, No.2, 2008, pp.185—219。

13. Matthew Hoffmann, *Ozone Depletion and Climate Change: Constructing a Global Response*, New York: State University of New York Press, 2005, p.23.

14. 关于气候治理行为体多元化的讨论,参见 Frank Biermann, et al., "The Fragmentation of Global Governance Architectures: A Framework for Analysis," *Global Environmental Politics*, Vol.9, No.4, 2009, pp.14—40。

15. United Nations, "Paris Climate Change Agreement 'A Triumph for People, Planet'," Secretary-General Tells General Assembly, " http://www.un.org/press/en/2015/sgsm17417.doc.htm,最后访问时间:2022年8月18日。

16. United Nations Environment Programme, "The Emissions Gap Report 2018," November 2018, https://www.unenvironment.org/resources/emissions-gap-report-2018,最后访问时间:2022年8月18日;Damassa, Thomas, et al., "Interpreting INDCs: Assessing Transparency of Post-2020 Greenhouse Gas Emissions Targets for 8 Top-Emitting Economies," Working Paper, December 2015, Washington, D.C.: World Resources Institute, 2015, http://www.wri.org/publication/interpreting-indcs,最后访问时间:2022年8月18日。

17. Sander Chan, et al., "Reinvigorating International Climate Policy: A Comprehensive Framework for Effective Nonstate Action," *Global Policy*, Vol.6, No.4, 2015, pp.466—473.

18. Michele Betsill and Harriet Bulkeley, "Transnational Networks and Global Environmental Governance: The Cities for Climate Protection Program," *International Studies Quarterly*, Vol.48, No.2, 2004, pp.471—493; Peter Koehn, "Underneath Kyoto: Emerging Subnational Government Initiatives and Incipient Issue-Bundling Opportunities in China and the United States," *Global Environmental Politics*, Vol.8, No.1, 2008, pp.53—77.

19. Heike Schroeder and Heather Lovell, "The Role of Non-Nation-State Actors and Side Events in the International Climate Negotiations," *Climate Policy*, Vol.12, No.1, 2012, p.30.

20. Matthew Hoffmann, *Climate Governance at The Crossroads: Experimenting with A Global Response After Kyoto*, Oxford: Oxford University Press, 2011, Chapter 2, Chapter 3.

21. 相关实证研究参见 Lutz Weischer, Jennifer Morgan, and Milap Patel,

"Climate Clubs: Can Small Groups of Countries Make a Big Difference in Addressing Climate Change?" *Review of European Community & International Environmental Law*, Vol. 21, No. 3, 2012, pp. 177—192; Michele Betsill and Harriet Bulkeley, "Cities and the Multilevel Governance of Global Climate Change," *Global Governance*, Vol. 12, No. 2, 2006, pp. 141—159; David Gordon, "Between Local Innovation and Global Impact: Cities, Networks, and the Governance of Climate Change," *Canadian Foreign Policy Journal*, Vol. 19, No. 3, 2013, pp. 288—307。

22. 具体数据和分析参见 New Climate Institute, Data-Driven Lab, PBL, German Development Institute/Deutsches Institut für Entwicklungspolitik (DIE), Blavatnik School of Government, University of Oxford, "Global Climate Action from Cities, Regions and Businesses: Impact of Individual Actors and Cooperative Initiatives on Global and National Emissions," Research Report, 2019, https://newclimate.org/wp-content/uploads/2019/09/Report-Global-Climate-Action-from-Cities-Regions-and-Businesses_2019.pdf,最后访问时间:2022年8月18日。

23. 关于认识对多边外气候治理的新思路,参见 Andrew Jordan, et al., "Emergence of Polycentric Climate Governance and Its Future Prospects," *Nature Climate Change*, Vol. 5, No. 11, 2015, pp. 977—982。关于多边外治理实践之间的相互支持,参见 Kenneth Abbott, "Strengthening the Transnational Regime Complex for Climate Change," *Transnational Environmental Law*, Vol. 3, No. 1, 2014, pp. 68—70。

24. Frank Biermann, et al., "The Fragmentation of Global Governance Architectures: A Framework for Analysis," *Global Environmental Politics*, Vol. 9, No. 4, 2009, p. 19;李慧明:《全球气候治理制度碎片化时代的国际领导及中国的战略选择》,载《当代亚太》2015年第4期,第145页。

25. Robert Keohane and David Victor, "The Regime Complex for Climate Change," *Perspectives on Politics*, Vol. 9, No. 1, 2011, p. 8。

26. 当然,值得注意的是,全球气候治理的变革也体现在多边层面。《巴黎协定》的诞生本身包含了正式制度、理念和方案的变革。从正式制度上,各国被纳入了一个谈判轨道中。从宏观理念上,自2009年以来,多边气候谈判中对"共同但有区别的责任和各自能力原则"的表述和理解方式也发生了变化(如同时强调"考虑各国具体国情"这一弹性的表述)。这促使各国不再从严格的南北区分的角度来理解此原则的外化形式。这为基于统一框架和"国家自主贡献"的气候减排责任分配新模式奠定了基础。但是,本节的关注点在于多边外气候治理实践的创新和扩散,因为这比多边层面的变化涉及的面更广,影响也更为深远,同时既有研究对此的关注度也不够。关于多边气候制度变革的研究,参见薄燕、高翔:《原则与规则:全球气候变化治理机制的变迁》,载《世界经济与政治》2014年第2期,第48—65页;薄燕:《〈巴黎协定〉坚持的"共区原则"与国际气候治理机制的变迁》,载《气候变化研究进展》2016年第3期,第243—250页;李慧明:《〈巴黎协定〉与全球气候治理体系的转型》,载《国际展望》2016年第2期,第1—20页。

27. James Sebenius, "The Law of the Sea Conference: Lessons for Negotiations to Control Global Warming," in Gunnar Sjostedt, ed., *International Environmental Negotiations*, London: Sage Publications, 1993, pp. 189—216。

28. 谷德近:《共同但有区别责任的重塑——京都模式的困境与蒙特利尔模式的回归》,载《中国地质大学学报(社会科学版)》2011年第6期,第8—17页。

29. Steven Bernstein and Matthew Hoffmann, "Climate Politics, Metaphors

and The Fractal Carbon Trap," *Nature Climate Change*, Vol.9, No.12, 2019, pp.919—925; Robert Keohane and David Victor, "The Regime Complex for Climate Change," *Perspectives on Politics*, Vol.9, No.1, 2011, p.13; Gwyn Prins and Steve Rayner, "The Wrong Trousers: Radically Rethinking Climate Policy," Joint Discussion Paper of the James Martin Institute for Science and Civilization, University of Oxford and the MacKinder Centre for the Study of Long-Wave Events, London School of Economics, 2007.

30. Matthew Hoffmann, *Climate Governance at The Crossroads: Experimenting with A Global Response After Kyoto*, Oxford: Oxford University Press, 2011, p.68.

31. 相关实证研究参见 Timothy Sinclair, "Global Monitor: Bond Rating Agencies," *New Political Economy*, Vol.8, No.1, 2003, pp.147—161; Axel Dreher, Florian Mölders and Peter Nunnenkamp, "Aid Delivery Through Non-Governmental Organisations: Does the Aid Channel Matter for the Targeting of Swedish Aid?" *World Economy*, Vol.33, No.2, 2010, pp.147—176; Virginia Haufler, "New Forms of Governance: Certification Regimes as Social Regulations of the Global Market," in Errol Meidinger, Chris Elliott and Gerhard Oesten, eds., *Social and Political Dimensions of Forest Certification*, Remagen-Oberwinter: Verlag Kessel, 2003, pp.237—247。

32. Matthew Hoffmann, *Climate Governance at The Crossroads: Experimenting with A Global Response After Kyoto*, Oxford: Oxford University Press, 2011, p.30.

33. APP 的命运较为曲折。它虽未达成美国的小布什行政府设下的以新论坛架空《京都议定书》的目标,但其方案创新部分得到了部分保留。后文将进一步讨论 APP 的发展。

34. Matthew Hoffmann, *Climate Governance at The Crossroads: Experimenting with A Global Response After Kyoto*, Oxford: Oxford University Press, 2011, p.70.

35. Robert Falkner, Hannes Stephan and John Vogler, "International Climate Policy After Copenhagen: Towards a 'Building Blocks' Approach," *Global Policy*, Vol.1, No.3, 2010, pp.252—262.

36. "Copenhagen Summit Is Last Chance to Save the Planet, Lord Stern," *The Telegraph*, Dec.6, 2009, https://www.telegraph.co.uk/news/earth/copenhagen-climate-change-confe/6701307/Copenhagen-summit-is-last-chance-to-save-the-planet-Lord-Stern.html,最后访问时间:2022 年 8 月 18 日;"Copenhagen Climate Change Talks Are Last Chance, Says Gordon Brown," *The Guardian*, Oct.19, 2009, https://www.theguardian.com/environment/2009/oct/19/gordon-brown-copenhagen-climate-talks,最后访问时间:2022 年 8 月 18 日。

37. Matthew Hoffmann, *Climate Governance at The Crossroads: Experimenting with A Global Response After Kyoto*, Oxford: Oxford University Press, 2011, p.71.

38. Louise Gray, "Durban Climate Change: The Agreement Explained," *The Telegraph*, December 11, 2011. 相关历史回顾参见李慧明:《〈巴黎协定〉与全球气候治理体系的转型》,载《国际展望》2016 年第 2 期,第 1—20 页。

39. Karin Bäckstrand, et al., "Non-State Actors in Global Climate Governance:

From Copenhagen to Paris and Beyond," *Environmental Politics*, Vol.26, No.4, 2017, pp.561—579.

40. Thomas Hale, "'All hands on Deck': The Paris Agreement and Nonstate Climate Action," *Global Environmental Politics*, Vol.16, No.3, 2016, pp.12—22. 当然，国家和联合国作为传统实践共同体的核心，其反思是有限的，这一点留待后面再详细讨论。

41. Carbon Pricing Leadership Coalition, "Report of the High-Level Commission on Carbon Prices," Washington, DC: World Bank, 2017, pp.1—2.

42. 梅德文:《排污权交易——市场化治污的新途径》,载《环境保护》2009 年第 10 期,第 35—36 页。

43. Matthew Paterson, Matthew Hoffmann, Michele Betsill, and Steven Bernstein, "The Micro Foundations of Policy Diffusion Toward Complex Global Governance: An Analysis of the Transnational Carbon Emission Trading Network," *Comparative Political Studies*, Vol.47, No.3, 2014, pp.433—434; Matthew Hoffmann, *Climate Governance at The Crossroads: Experimenting with A Global Response After Kyoto*, Oxford: Oxford University Press, 2011, p.74.

44. "Carbon Footprints: Following the Footprints," *The Economist*, June 4, 2011, https://www.economist.com/technology-quarterly/2011/06/04/following-the-footprints,最后访问时间：2022 年 8 月 18 日。

45. Hamish Van der Ven, Steven Bernstein and Matthew Hoffmann, "Valuing the Contributions of Nonstate And Subnational Actors to Climate Governance," *Global Environmental Politics*, Vol.17, No.1, 2017, p.11.

46. Matthew Hoffmann, *Climate Governance at The Crossroads: Experimenting with A Global Response After Kyoto*, Oxford: Oxford University Press, 2011, p.75.

47. Tora Skodvin and Steinar Andresen, "An Agenda for Change in US Climate Policies? Presidential Ambitions and Congressional Powers," *International Environmental Agreements: Politics, Law and Economics*, Vol.9, No.3, 2009, pp.263—280.

48. Steven Bernstein, "Liberal Environmentalism and Global Environmental Governance," *Global Environmental Politics*, Vol.2, Issue 3, 2002, p.1—16.

49. Fariborz Zelli, Aarti Gupta and Harro Van Asselt, "Institutional Interactions at The Crossroads of Trade and Environment: The Dominance of Liberal Environmentalism?" *Global Governance*, Vol.19. No.1, 2013, pp.105—118.

50. Matthew Paterson, "Who and What are Carbon Markets for? Politics and the Development of Climate Policy," *Climate Policy*, Vol.12, No.1, 2012, pp.82—97.

51. Matthew Hoffmann, *Climate Governance at The Crossroads: Experimenting with A Global Response After Kyoto*, Oxford: Oxford University Press, 2011, p.72.

52. Matthew Hoffmann, Michele Betsill, and Steven Bernstein, "The Micro Foundations of Policy Diffusion Toward Complex Global Governance: An Analysis of the Transnational Carbon Emission Trading Network," *Comparative Political Studies*, Vol.47, No.3, 2014, pp.7—8, p.14.

53. 部分案例研究成果见 https://munkschool.utoronto.ca/egl/publications/

type/working-papers，最后访问时间：2022年8月18日。

54. Hamish Van der Ven, Steven Bernstein and Matthew Hoffmann, "Valuing the Contributions of Nonstate And Subnational Actors to Climate Governance," *Global Environmental Politics*，Vol.17，No.1，2017，pp.7—10；Steven Bernstein and Matthew Hoffmann, "The Politics of Decarbonization: A Framework and Method," Working Paper 2016—1, Environmental Governance Lab, The University of Toronto, pp.10—11.

55. Steven Bernstein and Matthew Hoffmann, "The Politics of Decarbonization and The Catalytic Impact of Subnational Climate Experiments," *Policy Sciences*，Vol.51，No.2，2018，pp.198—201.

56. Geert De Cock, "The European Union as a Bilateral Norm Leader on Climate Change Vis-a-Vis China," *European Foreign Affairs Review*，No.16，2011，p.102.

57. ICAP的一项报告对碳市场的诸多政治和经济效应作了全面的总结，参见Alexander Eden, et al., "Benefits of Emissions Trading: Taking Stock of the Impacts of Emissions Trading Systems Worldwide," 2018, https://icapcarbonaction.com/en/?option=com_attach&task=download&id=575，最后访问时间：2022年8月18日。

58. Ebbe Thisted and Rune Thisted, "The Diffusion of Carbon Taxes and Emission Trading Schemes: The Emerging Norm of Carbon Pricing," *Environmental Politics*，Vol.29，No.5，2020，pp.804—824.

59. Alexander Eden, et al., "Benefits of Emissions Trading: Taking Stock of the Impacts of Emissions Trading Systems Worldwide," International Carbon Action Partnership, 2018, pp.18—22, 21, https://icapcarbonaction.com/en/?option=com_attach&task=download&id=575，最后访问时间：2022年8月18日；Matthew Hoffmann, *Climate Governance at The Crossroads: Experimenting with A Global Response After Kyoto*, Oxford: Oxford University Press, 2011, pp.129—134。

60. ICAP, "Emissions Trading Worldwide: Status Report 2019," Berlin: ICAP, p.19.

61. "State and Trends of Carbon Pricing 2022," World Bank, 2022, https://openknowledge.worldbank.org/handle/10986/37455，最后访问时间：2022年9月22日。

62. 李惠民、董文娟、齐晔：《"十二五"低碳发展回顾》，清华-布鲁金斯公共政策研究中心，https://www.brookings.edu/wp-content/uploads/2017/08/e2809ce58d-81e4ba8ce4ba94e2809ce4bd8ee7a2b3e58f91e5b195e59b9ee9a1be.pdf，最后访问时间：2022年8月18日。

63. Ye Qi, Li Ma, Huanbo Zhang, and Huimin Li, "Translating a Global Issue into Local Priority: China's Local Government Response to Climate Change," *The Journal of Environment & Development*，Vol.17，No.4，2008，pp.379—400；David Belis and Bart Kerremans, "The Socialization Potential of The CDM in EU-China Climate Relations," *International Environmental Agreements: Politics, Law and Economics*，Vol.16，No.4，2016，p.548.

64. David Belis and Bart Kerremans, "The Socialization Potential of The CDM in EU-China Climate Relations," *International Environmental Agreements: Politics, Law and Economics*，Vol.16，No.4，2016，p.550；Geert De Cock, "The Eu-

ropean Union as a Bilateral 'Norm Leader' on Climate Change vis-a-vis China," *European Foreign Affairs Review*, Vol.16, No.1, 2011, p.89.

65. Da Zhang, Valerie J. Karplus, Cyril Cassisa, Xiliang Zhang, "Emissions Trading in China: Progress and Prospects," *Energy Policy*, No.75, 2014, p.10.

66. 陈健鹏:《温室气体减排政策:国际经验及对中国的启示——基于政策工具演进的视角》,载《中国人口·资源与环境》2012年第9期,第26—32页。

67. 熊小平、戴彦德、康艳兵:《碳交易制度研究》,中国发展出版社2014年版,第29—30页。根据本书作者记载,此书的最初版本为提供给国家发展改革委的决策咨询报告。对中国对EU-ETS态度的其他记录,参见深圳碳交易考察团:《学习借鉴EU-ETS经验与建设中国碳排放交易体系》,载《开放导报》2013年第3期,第50—63页;Diarmuid Torney, "Bilateral Climate Cooperation: The EU's Relations with China and India," *Global Environmental Politics*, Vol.15, No.1, 2015, p.113。

68. Hamish Van der Ven, Steven Bernstein and Matthew Hoffmann, "Valuing the Contributions of Nonstate And Subnational Actors to Climate Governance," *Global Environmental Politics*, Vol.17, No.1, 2017, p.12.

69. Ibid., pp.13—14.

70. Ernst and Young, "Report on Company Feedback from the French National Environmental Labelling Pilot," 2013, p.4, http://docplayer.net/3040063-Report-on-company-feedback-from-the-french-national-environmental-labelling-pilot.html, 最后访问时间:2022年8月18日。

71. Steven Bernstein and Matthew Hoffmann, "The Politics of Decarbonization and The Catalytic Impact of Subnational Climate Experiments," *Policy Sciences*, Vol.51, No.2, 2018, pp.205—206.

72. David Gordon, "Between Local Innovation and Global Impact: Cities, Networks, and the Governance of Climate Change," *Canadian Foreign Policy Journal*, Vol.19, No.3, 2013, pp.294—296;庄贵阳、周伟铎:《非国家行为体参与和全球气候治理体系转型——城市与城市网络的角色》,载《外交评论》2016年第3期,第133—156页。

73. 李昕蕾、任向荣:《全球气候治理中的跨国城市气候网络——以C40为例》,载《社会科学》2011年第6期,第45页。

74. Vanesa Castan Broto and Harriet Bulkeley, "A Survey of Urban Climate Change Experiments in 100 Cities," *Global Environmental Change*, Vol.23, No.1, 2013, pp.92—102.

75. Robyn Eckersley, "Ambushed: The Kyoto Protocol, the Bush Administration's Climate Policy and the Erosion of Legitimacy," *International Politics*, Vol.44, No.2, 2007, pp.306—324; Jeffrey McGee and Ros Taplin, "The Asia-Pacific Partnership on Clean Development and Climate: A Complement or Competitor to the Kyoto Protocol?," *Global Change, Peace & Security*, Vol.18, No.3, 2006, pp.173—192; Jeffrey McGee and Ros Taplin, "The Role of The Asia Pacific Partnership in Discursive Contestation of The International Climate Regime," *International Environmental Agreements: Politics, Law and Economics*, Vol.9, No.3, 2009, pp.213—238.

76. Tora Skodvin and Steinar Andresen, "An Agenda for Change in US Climate Policies? Presidential Ambitions and Congressional Powers," *International Envi-*

ronmental Agreements: *Politics*, *Law and Economics*, Vol.9, No.3, 2009, p.268.

77. Jeffrey McGee and Ros Taplin, "The Asia-Pacific Partnership and Market-liberal Discourse in Global Climate Governance," *International Journal of Law in Context*, Vol.10, No.3, 2014, p.344.

78. Noriko Fujiwara, "Sector-Specific Activities as the Driving Force Towards a Low-Carbon Economy: From the Asia-Pacific Partnership to a Global Partnership," *CEPS Policy Brief No.262*, 2012, https://www.ceps.eu/wp-content/uploads/2012/01/PB262%20NF%20From%20Asia-Pacific%20partnership%20to%20global%20partnership.pdf,最后访问时间:2022年8月18日。

79. Ibid.

80. Lutz Weischer, Jennifer Morgan, and Milap Patel, "Climate Clubs: Can Small Groups of Countries Make a Big Difference in Addressing Climate Change?" *Review of European Community & International Environmental Law*, Vol.21, No.3, 2012, pp.177—192.

81. CEM1 Summary Fact Sheet, http://www.cleanenergyministerial.org/Portals/2/pdfs/CEM_SummaryFactSheet.pdf,最后访问时间2022年8月18日。

82. Initiative Highlighted Results and Impacts, http://www.cleanenergyministerial.org/Our-Work/Key-Accomplishments,最后访问时间:2022年8月18日。

83. Fact Sheet: 21st Century Power Partnership, http://www.cleanenergyministerial.org/Portals/2/pdfs/factsheets/CEM6_Initiative_Fact%20Sheet_21CPP_May2015.pdf,最后访问时间:2022年8月18日。

84. Steven Bernstein and Matthew Hoffmann, "The Politics of Decarbonization and The Catalytic Impact of Subnational Climate Experiments," *Policy Sciences*, Vol.51, No.2, 2018, p.201.

85. Steven Bernstein, Michele Betsill, Matthew Hoffmann, and Matthew Paterson, "A Tale of Two Copenhagens: Carbon Markets and Climate Governance," *Millennium*, Vol.39, No.1, 2010, pp.161—173.

86. Ingrid Barnsley and Sun-Joo Ahn, "Mapping Multilateral Collaboration on Low-Carbon Energy Technologies," IEA Insights Series, 2014, https://kipdf.com/mapping-multilateral-collaboration-on-low-carbon-energy-technologies_5ac90-8221723dddae4a320f7.html,最后访问时间:2022年8月18日。

87. Matthew Hoffmann, *Climate Governance at The Crossroads: Experimenting with A Global Response After Kyoto*, Oxford: Oxford University Press, 2011, Chapter 2.

88. CDP网站每年都会报告相关数据,参见https://data.cdp.net/。

89. New Climate Institute, Data-Driven Lab, PBL, German Development Institute/Deutsches Institut für Entwicklungspolitik(DIE), Blavatnik School of Government, University of Oxford, "Global Climate Action from Cities, Regions and Businesses: Impact of Individual Actors and Cooperative Initiatives on Global and National Emissions," Research Report, 2019, p.23, https://newclimate.org/wp-content/uploads/2019/09/Report-Global-Climate-Action-from-Cities-Regions-and-Businesses_2019.pdf,最后访问时间:2022年8月18日。

90. Naghmeh Nasiritousi, "Fossil Fuel Emitters and Climate Change: Unpacking the Governance Activities of Large Oil and Gas Companies," *Environmental Politics*, Vol.26, No.4, 2017, pp.621—647.

91. Gwyn Prins and Steve Rayner, "The Wrong Trousers: Radically Rethinking Climate Policy," Joint Discussion Paper of the James Martin Institute for Science and Civilization, University of Oxford and the MacKinder Centre for the Study of Long-Wave Events, London School of Economics, 2007.

92. Kati Kulovesi, Elisa Morgera and Miquel Muñoz, "Environmental Integration and Multi-Faceted International Dimensions of EU Law: Unpacking the EU's 2009 Climate and Energy Package," *Common Market Law Review*, Vol.48, No.3, 2011, p.829.

93. 李昕蕾:《美国非国家行为体参与全球气候治理的多维影响力分析》,载《太平洋学报》2019年第6期,第73—90页;于宏源:《论全球气候治理的共同治理转向》,载《国际观察》2019年第4期,第151页。

94. Kenneth Abbott, "Strengthening the Transnational Regime Complex for Climate Change," *Transnational Environmental Law*, Vol.3, No.1, 2014, p.88.

95. Coral Davenport, "Trump Defends Plan to Kill California's Auto-Emissions Authority," *The New York Times*, Sep.18, 2019, https://www.nytimes.com/2019/09/18/us/trump-california-emissions.html,最后访问时间:2022年8月18日。

96. Kenneth Abbott, "Strengthening the Transnational Regime Complex for Climate Change," *Transnational Environmental Law*, Vol.3, No.1, 2014, pp.77—88; Thomas Hale and Charles Roger, "Orchestration and Transnational Climate Governance," *The Review of International Organizations*, Vol.9, No.1, 2014, pp.59—82.

97. Sander Chan, et al., "Reinvigorating International Climate Policy: A Comprehensive Framework for Effective Nonstate Action," *Global Policy*, Vol.6, No.4, 2015, p.470.

98. New Climate Institute, Data-Driven Lab, PBL, German Development Institute/Deutsches Institut für Entwicklungspolitik(DIE), Blavatnik School of Government, University of Oxford, "Global Climate Action from Cities, Regions and Businesses: Impact of Individual Actors and Cooperative Initiatives on Global and National Emissions," Research Report, 2019, p.23, https://newclimate.org/wp-content/uploads/2019/09/Report-Global-Climate-Action-from-Cities-Regions-and-Businesses_2019.pdf,最后访问时间:2022年8月18日。

99. Sander Chan, et al., "Reinvigorating International Climate Policy: A Comprehensive Framework for Effective Nonstate Action," *Global Policy*, Vol.6, No.4, 2015, p.470.

100. 李昕蕾:《中美清洁能源竞合新态势与中国应对》,载《国际展望》2021年第5期,第130—152页。

101. 李坤泽、戚凯、许勤华:《"绿色竞赛":中美气候竞争的表现、原因与应对》,载《全球能源互联网》2022年第5期,第409—415页。

102. 例如,拜登提出美国将力争在2030年达到碳排放比2005年标准下降50%—52%的目标,日本提出2030年碳排放相比于2013年降低46%的减排新目标,英国计划将在2035年之前减少78%的碳排放量,并提前十五年在2035年走向"碳中和"目标。参见《领导人气候峰会:40多国领导人作出承诺 联合国再次呼吁奔向零碳》,联合国网站,2021年4月22日,https://news.un.org/zh/story/2021/04/1082682,最后访问时间:2022年8月18日。

103. 2021年4月,美国气候特使克里呼吁中国提高碳减排速度。

104.《美〈通胀削减法案〉难缓美国电动车转型焦虑 对中国影响相对有限》,新京报网站,2022年9月24日,https://www.bjnews.com.cn/detail/16640052161-4067.html,最后访问时间:2022年8月18日。

105. 许骞:《欧盟碳边境调节税对中国的影响及策略选择》,载《经济体制改革》2022年第3期,第157—163页。

106. 李慧明:《全球气候治理制度碎片化时代的国际领导及中国的战略选择》,载《当代亚太》2015年第4期,第141页;于宏源、王文涛:《制度碎片和领导力缺失:全球环境治理双赤字研究》,载《国际政治研究》2013年第3期,第38—51页;Karen Alter and Sophie Meunier, "The Politics of International Regime Complexity," *Perspectives on Politics*, Vol.7, No.1, 2009, pp.13—24。

107. 谢来辉:《巴黎气候大会的成功与国际气候政治新秩序》,载《国外理论动态》2017年第7期,第116—127页;李强:《中美气候合作与〈巴黎协定〉》,载《理论视野》2016年第3期,第67—70页。

108. Sebastian Oberthür and Lisanne Groen, "Explaining Goal Achievement in International Negotiations: The EU and the Paris Agreement on Climate Change," *Journal of European Public Policy*, Vol.25, No.5, 2018, pp.708—727; Charles Parker, Christer Karlsson and Mattias Hjerpe, "Assessing the European Union's Global Climate Change Leadership: From Copenhagen to the Paris Agreement," *Journal of European Integration*, Vol.39, No.2, 2017, pp.239—252;刘宏松、解单:《再论欧盟在全球气候治理中的领导力》,载《国际关系研究》2019年第4期,第94—116页。

109. Robert Keohane and David Victor, "The Regime Complex for Climate Change," *Perspectives on Politics*, Vol.9, No.1, 2011, p.8。

110. Chukwumerije Okereke, "Equity Norms in Global Environmental Governance," *Global Environmental Politics*, Vol.8, No.3, 2008, pp.25—50; Kathryn Hochstetler and Manjana Milkoreit, "Responsibilities in Transition: Emerging Powers in the Climate Change Negotiations," *Global Governance*, Vol.21, No.2, 2015, pp.205—226。

111. 康晓:《国际规范的双重属性与规范的缘起》,载《世界经济与政治》2013年第6期,第117—160页;康晓:《利益认知与国际规范的国内化——以中国对国际气候合作规范的内化为例》,载《世界经济与政治》2010年第1期,第66—83页;马建英:《国际气候制度在中国的内化》,载《世界经济与政治》2011年第6期,第91—121页;Geert De Cock, "The European Union as a Bilateral 'Norm Leader' on Climate Change vis-a-vis China," *European Foreign Affairs Review*, Vol.16, Issue 1, 2011, pp.89—105; Diarmuid Torney, "Bilateral Climate Cooperation: The EU's Relations with China and India," *Global Environmental Politics*, Vol.15, No.1, 2015, pp.105—122。

第六章
变革动力协同与国际发展合作体系深度变革

第一节 国际发展合作体系及其深度变革

一、西方主导的国际发展合作体系(20世纪80年代至2005年)

国际发展合作泛指以支持发展中国家的经济和社会发展为目标,向发展中国家提供优惠资金和各类物资、技术支持的国际合作活动。[1]现代意义上的国际发展合作起源于第二次世界大战结束以后。在西方阵营,美国总统哈利·杜鲁门(Harry S. Truman)在他1949年1月20日的总统就职典礼讲话中宣布,应将支持"落后地区"的发展作为一项重要外交工作。[2]这推动了美国对外援助机构的建立,拉开了西方国家向发展中世界提供援助的序幕。在东方阵营,以苏联和中国为代表的社会主义大国也很早就开始围绕经济建设展开合作,并积极支持其他社会主义国家和正在争取民族解放的国家的发展。[3]虽然国际发展合作从一开始就并非西方的专利,但今天我们讨论国际发展合作体系变革时,一般认为该体系是由西方大国(一些文献和资料将它们称为传统援助国)所主导的。这是因为,自20世纪80年代到21世纪初的这段时期内,非西方力量提供的发展援助逐渐减少,而美国为首的西方大国凭借其物质实力、知识生产能力和话语权,在决策权、宏观理念和治理方案三个层次上为国际发展合作体系打上了深深的西方烙印。[4]

第一,西方大国掌控了国际发展合作体系的决策权。首先,尽管冷战后各国的发展援助规模都出现了一定程度的下降,但由于非西方资金大幅减少,西方大国仍是国际发展合作的主要出资方。随着2000年"千年发展目标"的提出,经济合作与发展组织发展援助委员会(以下简称OECD-DAC)成员国提供的援助金额再次上升。据统计,20世纪90年代末,ODEC-DAC成员提供的援助占世界范围内官方发展援助(ODA)的88.61%,到2008年时,这一比例还有78.57%。[5]由于国际发展合作活动是以援助、发展类资金为基础的,出资方显然拥有设定条件和设计项目的权力。其次,西方大国尝试通过OECD-DAC来统一各援助国在规则设置、融资方式和项目设计等方面的做法。由此,西方各国在国际发展领域自行其是的情况得到一定程度的缓解,这有利于西方建构统一的国际发展合作模式。[6]再次,作为最重要的多边开发银行的世界银行也由西方所主导。世界银行集团成立于1944年,由数个机构组成,其中的国际复兴开发银行和国际开发协会负责国际发展合作项目设计和融资。世界银行的执行董事会(包括行长和执行董事)掌握项目和融资的制定和审批权力,其中,行长一直由美国人担任。同时,在2010年投票权改革以前,发达国家拥有超过57%的投票权,且美国有对重大事项的否决权。与其他二十几个地区性多边开发银行相比,世界银行有最多的成员国和最雄厚的资金。世界银行的经济学家在漫长的实践和研究中积累了巨量的行业和国别发展知识。因此,世界银行在国际发展中的影响力不仅基于物质资源,更基于其作为"知识银行"(knowledge bank)的专业权威。[7]由此,世界银行建构的理念、规则、方案往往能够被其他地区性开发银行所吸纳,而西方就通过控制世界银行的决策权和管理层的方式对多边开发银行体系施加影响。当然,需要强调的是,国际发展合作毕竟是一项全球性事业,有数百个双边、多边机构和组织参与,且各国都有巨大的资金和项目需求,西方的资金难以满足全部需求。需求和供给的不完全匹配也导致西方在国际发展领域的控制力并不如金融领域那么强大。[8]

第二,与西方的权力相配合,生成于美欧的新自由主义发展理念自20世纪80年代开始逐渐成为指导OECD-DAC成员国和世界银行开展国际发展合作行动的基础性理念。新自由主义理念强调减少国家干预,发挥市场的力量,拥抱世界市场。作为一种意识形态和经济理论的混合物,新自由主义在20世纪70年代开始逐渐取代"内嵌的自由主义"在欧美社会占据主导地位。[9]新自由主义发展理念的影响力在世界银行中得到明显体现。有学者总结道:"到1982年,凯恩斯经济学家已经在世界银行……丧失了影响力。到20世纪80年代末,自由主义议程已经在大部分美国研究型大学的经济系占据主流(正是这些大学训练了世界上大部分的经济专家)。"[10]除了新自由主义理念,干预主义也是影响西方国际发展合作行动的宏观理念。知名学者彼得·埃文斯(Peter Evans)就批评道,西方在开展国际发展合作时有"制度复制"(institutional monocropping)取向,即总是想"将理想化的、统一的制度蓝图强加给发展中国家"[11]。可见,将捐助国和发展中国家的关系视为教师—学生式的不平等关系,也是西式发展合作模式的重要理念基础。[12]

第三,在方案层面,西方主导的传统国际发展合作方案处处体现新自由主义和干预主义理念。这里至少可以概括出三点特色。第一个特点是强调以附加条件的贷款推动受援国制度的自由主义化改革(如结构性调整、善治等)。以世界银行为例。1981年,结构调整贷款(以下简称SAL)建立。世界银行开始减少项目投资型贷款(Investment Project Financing,以下简称IPF),转而越来越多地使用发展政策贷款(Development Policy Financing,以下简称DPF)来推动发展中国家改革。[13]作为拉丁美洲债务危机的主要援助者,世界银行与IMF一起设计并实施了一系列由新自由主义理念支撑的援助方案。这一方案后来被应用到非洲的广大地区。[14]作为获得贷款的条件,受援国被要求建立一个市场中心主义体系。其总体方向是调整政府收支(稳定宏观经济)、私有化、放松管制和推动国内经济与国际市场的接轨,这些改革方案后来被总结为"华盛顿共识"。[15] 1980 年到 2000 年间,世界银行向 109 个国家提供了 537 项 SAL,总资金额将近 1 000 亿美元。[16] SAL 的附加条件平均超过 50 项,条件的覆盖领域也从经济、财政领域扩展到公共政策、制度设计等诸多领域。[17] 与世界银行做法类似,传统援助国也在直接财政援助和减贫项目贷款中附加了要求借款国改革的政治条件。[18]

传统西式国际发展方案的第二个特点是聚焦社会性基础设施,淡化传统的经济基础设施。按照 OECD-DAC 的官方总结,西方援助的重点在于保护人权、促进性别平等、保护环境、社会赋权、加强基层能力,以及提升政府的参与度、透明性、领导力和责任感。[19] 由此,不难理解为何西方大国的资金主要向社会发展领域,而不是向经济基础设施或加强政府能力方面倾斜。图 6.1 展示了 2010 年到 2012 年间两个最典型的西方大国——美国和英国——对援助资金的分配,并将其与中国的情况作了对比。这里明确提示,西方更注重社会部门的发展。[20] 值得注意的是,西方的援助虽然也以项目为主要单元,但各国均注重使用"部门方案"模式,即强调针对某一部门(如交通运输、医疗、教育和农业等领域)进行系统

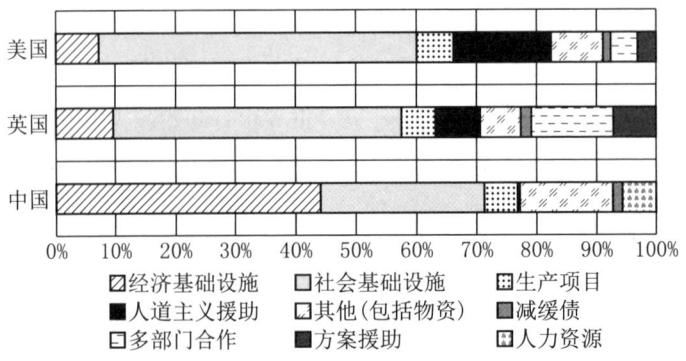

资料来源:笔者根据《中国的对外援助(2014)》和 OECD 数据 ODA by sector(https://data.oecd.org/oda/oda-by-sector.htm)计算得来。

图 6.1　美国、英国和中国的发展合作资金分配比较(2010—2012 年)

性项目设计,以加强项目之间的协调和配合。[21] 显然,这种模式如果执行得当,就会增强援助的效果,但如果执行过度,就会影响受援国的自主性。

传统西式国际发展合作方案的第三个特点是强调援助资金的高优惠性。世界银行有其独立的统计系统,各类款项归类明确。而西方大国的相关资金归类起来则较为复杂。对此,OECD-DAC明确强调官方发展援助应由官方(中央和地方官方机构)提供,并具备较高的优惠度——即贷款应包含至少25%的赠款成分的无息或低息贷款。[22] 与此同时,OECD-DAC 还强调将援助资金与商业行为"解绑"。也就是说,不应在提供援助资金时要求受援方购买出资方的商品和服务。[23] 当然,在实践中,西方大国目前只是同意在针对最贫穷国家的援助中实现完全"解绑",且执行效果参差不齐。[24]

二、国际发展合作体系的深度变革(2005年以来)

尽管西方在权力、理念和方案三个层面都深刻影响了国际发展合作体系,但最近十几年来,这一体系还是发生了深刻的变革。国际发展合作体系变革的首要表现显然是中国、印度、巴西等为代表的新兴援助国参与国际发展合作力度的加大。新兴援助国已经成为重要的资金和项目来源,它们不但积极推动世界银行投票权和治理结构的改革,还在世界银行和 OECD-DAC 之外行动,创建了新机构和新合作计划。[25] 除了体系内主要治理者变得更多元了之外,国际发展合作中最引人瞩目的变革是 OECD-DAC 成员和世界银行开始大量采用与传统不同的新理念和新方案。正是在这个意义上,我们说国际发展合作体系发生了深度变革。

在理念层面,虽然新自由主义理念仍然对西方的行动发挥着重要影响,但西方似乎已经接受了更具包容性的合作理念,更加尊重伙伴国的"自主性"(ownership)。如前文所述,西方大国原本强调将制定好的方案强加给受援国,但在 2005 年推出的《关于援助有效性的巴黎宣言》中,西方援助国明确将自主性原则放在首位,表示要推动援助向更加服务于受援国需求的方向发展。在 2011 年的《釜山宣言》中,西方国家再次表示要建构与发展中国家更平衡的伙伴关系,改变传统的援助和被援助关系。[26] 虽然人们有理由怀疑上述新理念是否被完全贯彻到实践中,但新理念的出现本身对改革方向的引领作用不可忽视。

在方案层面,我们也可以看到至少三方面新变化。其一,与尊重"所有权"的宏观理念相适应,以借款国自定发展方案的实施结果为导向的发展融资方案开始被西方所采纳。这方面最为典型的代表,是世界银行于 2012 年推出的结果规划贷款(P4R)这一新型发展融资工具。作为与世界银行其他两大融资工具——IPF 和 DPF——并列的新工具,P4R 丰富了世界银行的发展融资工具箱。发展中国家可以就新设或既有发展方案向世界银行申请 P4R 资助。这些方案可以由国家或次国家(省、市或者更低级别)主导,可以包括一个领域或跨多个领域,可以与制度建设有关,也可以与基础设施相关(但大型基础设施由于其环境风险被排除在外)。根据具体申请,世界银行对 P4R 的技术细节和发展影响进行评估,并采取一事一议的方式,与借款国(或其地方政府)联合设计拨款关联指标体系(Disbursement Linked Indicators,以下简称 DLIs)。相关款项的发放就按照 DLIs 的情况分阶段进行。作为 P4R 的支柱,DLI 主要包括四种形式:方案的具体结果(如具体的疾病预防率)、服务的可获得性(如多少农村居民获得了清洁水源)、治理参与度(如基层治理中妇女参与者的比例)和系统能力提升(如多少相关人员获得了环境和社会安全保障方面的训练)。[27] 虽然根据美国政府的要求,P4R 运行前两年的总资金被限定在世界银行总资金的 5% 以内,[28] 但各方增加 P4R 资金的意愿十分强烈。从具体实践来看,到 2014 年,就已经有了 22 个 P4R 申请(世界银行出资 35 亿美元)得到批准,另有 21 个 P4R 项目(申请资助额 55 亿美元)在准备过程中。[29] 到 2015 年底,P4R 项目达到 35 个,世界银行出资 81 亿美元,杠杆率约为 500%,撬动资金 467 亿美元。[30] 2016 年 9 月,京津冀大气污染防治融资创新项目成为中国第一个采用 P4R 的项目,也是全球第一个应用于能效领域的世界银行结果规划贷款项目。[31]

方案层次的第二个重要变化,是经济基础设施类援助重新被西方所重视。在国际发展合作进程早期,西方也是高度重视经济基础设施和工业项目的,是 20 世纪 80 年代发展理论的变化促使西方的合作重点逐渐转移到社会基础设施和治理改革方面。[32]近十几年来,西方大国开始加大对经济基础设施项目的投入。2010 年,G20 首次提出应加强对发展中国家基础设施的支持力度。2014 年,世界银行发起全球基础设施基金,而在澳大利亚举行的 G20 布里斯班峰会上,成员国也推出"全球基础设施倡议"。在此后的 G20 杭州峰会、汉堡峰会、布宜诺斯艾利斯峰会、大阪峰会等会议上,更具体的基础设施合作倡议被推出。虽然 G20 平台的基础设施合作主要以发起倡议和建构指南为主要形式,但这些都说明基础设施已经得到全球主要国家的关注。[33]美国的动向也是这一变化的最好注解。在特朗普政府时期,美国表态支持世界银行和亚洲开发银行加大基础设施投资,并与东盟、印度、日本、澳大利亚等国达成基础设施合作协议,谋求搭建所谓"'印太'基础设施投资伙伴关系"。[34] 2021 年 6 月,美国总统拜登联合 G7 首脑共同提出了"重建更美好世界"倡议(Build Back Better World,B3W)。该计划虽然关注包括气候变化、健康和卫生安全、数字技术、性别公平与平等在内的一系列议题,但也将基础设施列为合作重点之一。[35]与美国类似,欧盟在 2018 年提出"欧—亚互联互通战略"(EU-Asia Connectivity Strategy)的基础上,于 2021 年启动了"全球门户"(Global Gateway)这一全新基础设施建设计划,并计划在 7 年内为该计划动员超 3 000 亿欧元的各类资金。[36]值得注意的是,在强调基础设施的同时,西方还谋求建构所谓"高质量"基础设施项目的判定标准。比如,美国在特朗普政府时期提出了"蓝点网络"计划,将透明度和问责机制、劳工标准、环境保护规则、融资方式的可持续性等内容结合起来,试图建构对基础设施项目进行评级的"米其林指南"。[37] 欧盟的"全球门户"计划也强调六大准则:民主和高标准、善治与透明度、平等伙伴关系、绿色清洁、安全,以及动员私营部门资金。[38] 当然,西方大国虽然高举"高质量基础设施"大旗,但由于其对基础设施项目的实质性支持还未落地,其标准先行的做法并不一定成功。

方案层次的第三个重要变化是融资方式的多元化。与传统上强调高优惠度的官方援助不同,传统援助国开始重视多种资金的组合。2018年,美国国会通过《2018年善用投资促进发展法》(美国国内将其简称为"BUILD法案"),强调动员私人资本参与国际发展合作项目的重要性。[39] 基于此,美国政府组建了美国国际发展融资公司,该机构注重与本国、盟国和伙伴国的发展融资机构和大型私人企业合作。它还被允许灵活结合信贷、担保、股权投资、保险等方式,提供更多元的融资工具。[40] 与美国类似,欧盟的全球门户计划也明确强调私营部门资金的重要性。2018年,OECD-DAC完成了对官方发展援助资金统计方法的改革。在新体系下,债务减免、其他官方资金(传统标准下优惠度不足的资金)、出口信贷和部分私人资金在满足相应标准的情况下都可被纳入统计之中,共同构成"可持续发展官方支持总额"(TOSSD)。这样的变化说明,西方大国已经从原本的单纯强调高优惠度官方援助资金转变为重视撬动多元资金参与发展合作。[41]

综上所述,国际发展合作体系已经出现深度变革。这种变革不仅表现为非西方力量和实践的加入,更体现在西方大国在理念和方案方面的变化上。因此,国际发展体系的变革比气候治理体系的变革更为深入。那么,为什么会出现这些变化?笔者认为,上述变化遵循同一个逻辑,即非西方国际发展合作方案的出现与新兴援助国和其他力量权威性的提升,对西方大国和世界银行构成了强大的治理竞争压力。本章接下来的部分将分析推动国际发展合作体系变革的因素。为了有助于读者更充分地理解创新实践和改革者的权威对该体系深度变革的重要性，第二节将首先讨论单纯的话语逻辑对世界银行改革的有限影响，以建立一个参照系。

第二节 外部批评与国际发展合作体系的有限改革

前文已经讨论过，西方大国和西方主导的世界银行在 20 世纪 80 年代开始就已建立了在国际发展体系中的主导地位。世界银行也于 20 世纪 80 年代初开始推行 SAL，试图以推动国内治理结构改革的方式推动发展中国家的发展。然而，世界银行的方案很快遭受广泛质疑和批评，这导致其面临改革压力。那么，外部批评所推动的世界银行的改革成果如何？答案是：较为有限。

华盛顿共识和 SAL 所产生的治理绩效是糟糕的，这的确导致世界银行面临较大改革压力。无论是从经济增长维度还是从社会发展维度，接受 SAL 和华盛顿共识指导的发展中国家的发展绩效都远逊于预期。[42] 撒哈拉以南非洲在 20 世纪 80 年代至 90 年代在经济和社会发展领域的衰退被视为世界银行相关项目的严重失败。[43] 与此同时，学术界和世界银行自身对亚洲经济发展奇迹的重新解读也进一步冲击了华盛顿共识的权威。与世界银行最初基于自由主义理论对亚洲经济发展逻辑的解释不同，[44] 东亚"四小龙"的发展实际上并非简单地基于自由化和融入世界市场，国家干预在其中发挥了至关重要的作用。由此，"后华盛顿"共识概念被提出，一些学者开始反对全面自由化，强调国家能力建设的重要性，并反对用单一方案强行干预各发展中国家。[45] 与外部批评相比，世界银行最初对失败和批评的回应十分保守。世界银行认为 SAL 的总体绩效是积极的，其失败案例大都与受援国国内政治有关。即由于腐败和制度缺陷等因素，SAL 方案并未得到有效执行。[46] 这一解读显然无法令各方满意。随着世界银行内部对治理失败的认识逐渐清晰，[47] 加上具有很强改革意愿的詹姆斯·沃尔芬森

(James Wolfensohn)于1995年接任世界银行行长,改革成为优先事项。

沃尔芬森于1998年提出了综合发展框架(Comprehensive Development Framework,以下简称CDF),开始强调提升世界银行的贷款发放效率、加强与发展中国家的伙伴关系、提升受援国的自主性等。[48]在《减贫战略文件》(Poverty Reduction Strategy Paper)和《国家援助战略》(Country Assistance Strategy)这两个宏观战略文件的制定过程中,"世界银行强调受援国应发挥主导作用,充分调动各方力量,制定以发展效果为导向的长远综合性发展规划"[49]。但是,这些战略层面的改革并未充分传导到方案层次。世界银行并未改变其对最优援助模式的认知及相关实践。在华盛顿共识代表的市场中心主义理念逐渐退潮后,世界银行并未真正反思制度复制路径的效用,而只是更新了其对最优制度体系的想象。"良治"(good governance)理论——强调好的制度是经济发展的重要基础——内嵌于20世纪90年代以来世界银行的实践中。虽然良治在一定程度上超越了市场中心主义框架,但这并未真正超出世界银行传统的治理模式。CDF框架要求世界银行审慎地选择项目供给:只为拥有良好政策环境的国家提供资金援助,对其他(未执行良治的)国家提供政策建议,并视建议的落实情况给予援助。[50]同时,《减贫战略文件》虽然强调受援国的参与,但仍使用由世界银行制定的严格的指导方针主导其编制过程。[51]这都说明世界银行对条件性的坚持仍在,发展中国家的所有权仍只是形式上的。[52]更为重要的是,由于对良治的界定是由世界银行单独主导的,世界银行制度复制的倾向反而得到了加强。[53]事实上,世界银行对于良治的理解基于对发达国家现行制度体系(如小政府、高效服务、去中心化的行政体系、不干预私营部门等)的理想化,既不反映发达国家的历史,也不符合其多样的现实实践,因而不具有帮助发展中国家的潜力。[54]可以说,世界银行的改革实际上是在使其对发展中国家的干预更加精细化。[55]其目标是改变制度复制的内容和方法,而不是试图超越制度复制路径本身。

世界银行在 SAL 失败后的很长时期内所采取的改革措施与建构主义者所提出的国际组织行为理论非常吻合。由于世界银行的改革由外部批评和内部反思推动,且后者对世界银行的变革更具关键意义,[56]在新自由主义规范的影响下,世界银行对于失败的界定倾向于避重就轻。[57]即使在承认 SAL 失败的情况下,世界银行也并未改变其对最优发展治理模式的理解:强调自由市场、市民社会发展和融入国际体系的重要性,并视国家和制度为辅助性机制。也就是说,世界银行是按照自身所持有的发展理论的渐进演化而进行改革的。这使其改革实践以修补和升级相关政策为核心,而非改变其"以制度复制促进发展"这一治理模式。因此,世界银行的一系列政策调整在实践中皆未充分体现灵活性和需求导向的特点。发展中国家的自主性和对发展战略的所谓所有权无从谈起,世界银行的条件性只是换了面孔而已。

与针对"结构调整"方案的改革努力类似,发展中国家通过大国协调途径引导世界银行调整工作重点的努力也收效不佳。由于发达国家长期将发展援助的重点放在促进受援国改革和社会发展上,发展中国家一直面临基础设施项目缺乏资金的问题。借助 G20 平台,发展中国家呼吁将更多资金投入到基础设施领域。在各国的倡导和 2010 年 G20 峰会主办国韩国的支持下,基础设施议题被列入《首尔发展共识》之中。G20 也要求世界银行制定支持基础设施建设的发展融资方案。但是,世界银行对此的回应是消极的。世界银行的官员仍坚持要将重点放在促进受援国国内改革上,并将基础设施投资视为发展中国家吸引力提升的附带结果。[58]自首尔峰会之后的数年内,G20 峰会虽然都会讨论基础设施问题,却未再将该问题列为关键议程。[59]这一情况直到 2014 年的 G20 布里斯班峰会才有所改观,而此时西方各国已经开始感受到新兴大国方面的竞争压力,开始在基础设施方面有所作为。因此,2014 年以后的改革不能简单归功于 G20。

上述分析表明,单纯由批判性话语驱动的改革几乎必然是有限的。这些有缺陷的改革能在一定时期内成功维护世界银行的权威,正是由于世界银行在全球发展领域缺乏来自替代性模式的竞争。虽然世界银行的权威在政策失败的情况下受到了损害,但世界银行的批评者由于没有更好的替代模式,只能依赖世界银行来自行更新相关政策。这导致改革的方向全由世界银行决定。换句话说,世界银行只需要进行积极的政策调整,就能够在一个时间段内平息批评,重塑权威,直到改革后的治理实践再次出现明显的负面绩效为止。同时,站在世界银行的立场来说,由于没有外部替代模式的参照,自我主导的反思受到既有官僚文化的影响并以原有治理模式为基础也实属正常。

第三节 创新实践与非西方发展合作方案的建构

前文已经表明,在西方大国和世界银行作为国际发展知识和方案的主要建构者的情况下,通过争论、批判这类话语类机制来推动改革的努力必定收效有限。但是,进入21世纪以来,西方对知识和方案的垄断逐渐式微,国际发展在实践层面呈现出一些新变化。非传统援助国对国际发展的参与度大幅增加。他们将其国内发展经验应用于国际发展合作之中,逐渐建构起有别于西方的发展合作方案。

一、非西方国际发展合作方案

进入21世纪以来,新兴援助国根据自身情况建构了许多非西方国际发展合作方案。这些非西方方案并不是同质化的,而是丰富多彩的。不同的发展中大国往往提供各具特色的发展合作方案,而这些方案都具备特殊的合作重点和具体做法。例如,巴西的国际发展合作遵循需求驱动原则,但在合作重点方面强调科学技术合作和教育培训类项目,这显然与巴西在南美洲地区的相对科技和教育优势有关。印度在需求驱动的大原则下,更乐于将技术、贸易、投资和援助混合起来。[60]

中国无疑也是非西方国际发展合作方案的主要建构者。[61] 2011 年、2014 年和 2021 年,中国三次发布与国际发展合作相关的白皮书,提供了关键数据并总结中国特色国际发展合作模式的基本特征。前两部白皮书仍然采用了历史上被长期使用的"对外援助"概念,但最新的白皮书已经明确将中国有关实践定义为"国际发展合作"。[62] 虽然中国的国际发展合作形式多样,但我们仍可以从项目设计的基本方法、主要合作领域和融资模式三方面提炼出一些基本特征。第一,中国在设计发展合作项目时充分尊重受援国主导权。项目设计过程一般由受援国政府根据自身需求发起,中国政府主要从自身技术和资金能力角度进行可行性论证,不对伙伴国附加具有干预性质的条件。[63] 传统上,中国的发展合作活动围绕单个项目展开,但在"一带一路"框架下,中国也尝试添加一些宏观指引。比如,中国提出了"五通"(政策沟通、设施联通、贸易互通、资金融通、民心相通)作为"一带一路"的合作重点,并强调应加强项目之间的联系。尽管如此,"一带一路"中发展合作项目的设计还是在充分政策沟通的基础上形成的。中国的项目设计方法与西方的干预主义模式形成对照。

第二,虽然中国的国际发展合作同时涉及农业、教育、卫生等多个领域,但中国关注的重点领域仍是经济基础设施(如交通、通信、电力、能源、公共设施等)。根据 2011 年《中国的对外援助》白皮书的数据,若把能源类基础设施(这类项目在白皮书中单列)与其他基础设施合并计算,则 70% 的优惠贷款都流向了与基础设施相关的项目。[64] 中国对基础设施的关注与西方强调制度改革和社会发展项目形成了明显区别。在"一带一路"框架下,中国继续关注基础设施。根据 2021 年《新时代的中国国际发展合作》白皮书,2013 年至 2018 年,中国为中大型基础设施投入的资金占发展合作总资金近一半,这还不算为小型基础设施提供的资金。[65] 与此同时，中国还开始开展以"工业园＋基础设施"为代表的综合发展合作方案。例如，在中白工业园项目中，中国以援助资金为工业园提供了变电站等基础设施，而工业园的其他资金为商业贷款。[66]

第三，中国更愿意为国际发展合作提供复合式的融资，即将赠款、优惠贷款，以及有一定优惠性的其他种类贷款混合在一起。其中，最后一类贷款的优惠度低于OECD-DAC定义的官方援助资金的优惠度，但其有明显的发展导向性，且也比普通商业贷款更优惠。[67]与此同时，中国也更强调公共部门和私营部门合作开展发展合作项目。比如，中国在非洲开办的农业技术示范中心虽为发展合作项目，但其常由中国企业负责建设和运营。这些农业技术示范中心在建设初期受到中国政府的资助，但在资助期结束后，负责运营的企业还需独立谋求商业运行模式。[68]这种将发展合作项目与企业深度绑定的做法与西方追求明确区分援助和商业行为的做法形成区别。[69]在"一带一路"框架下，中国的国际发展融资仍保持复合性，但加强了与各类行为体的合作。例如，中国进出口银行已经与亚洲开发银行（ADB）和伊斯兰开发银行合作，为中亚地区的中吉乌公路项目提供融资。这种联合投资试验也被中国进出口银行视为一种国际合作的成功案例。[70] 2019年4月25日，在第二届"一带一路"国际合作高峰论坛上，中国财政部正式发布了《"一带一路"债务可持续性分析框架》。这份文件"是在借鉴IMF和世界银行低收入国家债务可持续性分析框架基础上，结合'一带一路'国家实际情况制定的"[71]。

需要强调的是，在看似复杂多样的非西方发展合作方案背后，我们也可找到一些最大公约数。第一，发展中国家自1955年万隆会议以来就一直强调以平等互利、相互尊重为原则的南南合作。这一精神一直影响着新兴大国开展的国际发展合作活动。[72]第二，以中国、印度、巴西为代表的新兴援助国的发展合作项目主要由合作伙伴驱动。它们均反对为贷款设置附加条件，且贷款和项目具有标准宽松、执行灵活高效等特点。第三，新兴大国均比西方大国更重视发展合作伙伴自主选择发展道路的权利,更因地制宜地开展合作项目,更重视伙伴国政府对发展的推动作用,反对过度的自由化和统一化的制度改革。[73]这些共同点形成了一个"形散神不散"的新发展合作范式,与传统的西方模式形成明显差异。不仅如此,印度、巴西、南非还在尝试建构实体的三方合作机制。[74]正如后文将要阐述的,金砖国家也通过新开发银行加强了发展领域的合作。此外,对硬基础设施的强调虽属于中国特色,但基于中国对这方面投入的巨量资源(后文将详述这一点),其也成为非西方发展合作方案的重要特点。

二、地方性实践与非西方国际发展方案的建构

上文已经总结了非西方国际发展合作方案的特点,这里讨论它们是如何被建构出来的。事实上,新兴援助国建构非西方国际发展合作方案的创新实践是在西方主导的发展合作体系之外独立开展的。由于新兴援助国皆非 OECD-DAC 成员,也不认可 OECD-DAC 在建构发展合作方案方面的权威,又由于西方的资金和项目无法满足全部需求,新兴援助国是有一定的行动空间的。尽管在一段时期内,它们提供的资金量较少,影响有限。由于非西方实践具有高度的复杂性,这里无法深入讨论所有的方案。因此,这里以中国国际发展合作方案的建构过程为例来展示创新实践在国际发展领域的运行逻辑。

虽然常在西方语境中被叫作新兴援助国,但中国并不是国际发展的后来者,中国参与国际发展(早期是单纯的援助)可以追溯到中华人民共和国成立之初。事实上,当今中国的国际发展合作方案(包括其项目设计方法、合作重点、融资手段)是自 20 世纪 50 年代开始,经过不断反思和试验逐步演化而来的。中国的第一代领导人亲自设计和指导发展援助,并将无产阶级国际主义外交理念和"和平共处五项原则"融入中国的对外援助活动中。中国将社会主义国家和亚非拉争取民族独立的国家称为"同志和兄弟",

将援助视为帮助他们对抗帝国主义的重要手段。[75]与此同时,中国也较早认识到其对外援助具有"南南合作"性质,强调援助应着力实现互利共赢、不附加条件、帮助受援国获得独立发展的能力,这些认识体现在著名的"对外援助八原则"中。在上述理念指导下,20世纪50到70年代的中国对外援助呈现出一些特点:援助项目设计以受援国需求为中心;援助的组织以单个项目为中心;援助重点关注物资援助和生产经营项目援助(当然也有如坦赞铁路这样的大型基建工程);援助资金高度优惠,基本以无息贷款和赠款为主。[76]可以说,早期的中国对外援助还是体现了较多的顶层设计的,影响早期援助实践的因素主要是国际主义意识形态,以及以"和平共处五项原则"为核心的中国外交原则。

进入20世纪80年代,中国的对外援助进入大调整时期。中国决策者明确了原有援助模式中应该坚持的部分,也进一步提出了应该改革的部分。一方面,决策者明确应该坚持以受援国需求为导向、不附加条件的基本原则。因为这些原则使中国获得了很高的国际声望,也符合中国外交的基本理念。[77]另一方面,中国决策者明确应该对援外进行系统改革,以寻求提高援助的可持续性,并真正实现八原则中所提出的"互利共赢"目标。1978年到1980年,邓小平多次提出中国在开展对外援助时应"缓口气"的主张。[78]遵循"缓口气"原则,对外援助资金占财政支出的比重于1979年降至1%以下。[79]传统对外援助模式的两大重点——物资和资金援助——也相应减少。1983年,新的对外援助"四原则"正式提出,突出强调了"平等互利"和"共同发展"。

在20世纪80年代的对外援助大改革之后,中国的国际发展合作在实践中继续发展。在20世纪80年代到21世纪头十年期间,中国的国际发展合作由商务部、外交部、财政部、政策性银行、国有企业、援外专家等多元行为体共同塑造。[80]第一,商务部作为一个高度关注预算平衡和单个项目建设的部门,[81]强化了中国国际发展合作模式中的受援国主导、以单个项目为核心的倾向。无论从人员的分配来看,还是从商务部工作文件的文本来看,商务部都更加强调对单个项目质量的把控,而不是特别强调综合性项目设计。[82]这种援助组织方式具有明显的好处,即其能够保证相关项目的及时交付。因此,其经常被称赞为"急人之所急"。[83]

第二,在寻找新的发展合作重点的过程中,因地制宜的治理试验和国内经验平移同时存在。20世纪80年代到90年代,中国试图将更多的资源配置到公共设施、中小型工厂等花费更少的项目上。之所以做此选择,主要是因为它们与中国的专业能力相匹配,并更能够较快地落地。[84] 20世纪90年代末到21世纪初,在"走出去"战略的支持下,国际工程承包业开始快速发展,中国工程基建企业的海外活动激增。[85]虽然中国公司在"走出去"的初期受到政府的援助类资金和优惠贷款的支持,但其在打开局面后往往能与受援国开展更多商业合作。随着各类合作的增加,受援国对中国的基础设施建设能力认可度不断增加,这反过来影响了他们对中国提出的援助请求。同时,在中国政策界所普遍认同的"要想富,先修路"理念也使中国更愿意为基础设施项目提供支持。总之,对基础设施的关注是由政策试验和经济规律共同推动的。[86]

第三,在发展合作中融入商业元素是基于中国国内经验的创新。一方面,在公共服务机构中融入商业元素是典型的中国国内发展经验。例如,"从20世纪80年代末开始,中国对农技推广体系进行商业化和市场化改革,允许农业科技研究和推广机构提供商业性的技术服务……从而推动公共性的农业技术推广部门能够'自收自支'"[87]。农村技术推广机构从此成为"一个机构两块牌子",兼具公共产品提供者和商业实体的双重身份。[88]这种国内改革方法的关键价值是减少公共服务机构对公共资金的依赖并提高其可持续性。有效的国内实践激发了决策者在国际发展合作中应用市场机制的兴趣。[89]中国对在马里、坦桑尼亚等国的一些纺织厂项目实行了市场化改革,这些项目因此免于破产。这些早期治理试验的积极绩效进一步增强了中国决策者扩大新方案应用范围的信心。1995年的全国对外援助工作会议呼吁更加积极地将"国内市场经济改革经验"应用于对外援助中。[90]另一方面,复合式发展融资也受到中国国内经验的启发。例如,1998年由国家开发银行建构的"芜湖模式"就表明以借款方未来产出作为抵押进行长期贷款,是有效的市场孵化手段。[91]与国家开发银行的思路类似,中国进出口银行前行长李若谷就曾指出,随着贷款增加受援国未来偿债能力,政策性银行需要以动态而非静态的方式处理债务可持续性问题。[92]这种以受助人未来收入作为还款方式的特殊发展融资安排于2002年在安哥拉被首次应用,并取得了初步成功。从那时起,该方法已被应用于更多国家。[93]

"一带一路"倡议提出后,中国国际发展合作模式的进一步更新也反映了创新实践的逻辑。"工业园＋基础设施"这一更具整合性的项目设计方法是典型的中西方知识的合成体。一方面,在供给端成体系地进行项目规划是西方采用多年的发展合作模式。这一点前文已经讨论过了。尽管中国建设海外工业园区的活动已经进行多年,但长期以来,中国并未设计一套完整方案以使这些孤立的项目对对象国的工业化发挥更系统性的促进作用。[94]在"一带一路"倡议下,中国开始更加系统地考虑发展合作的长期绩效而非仅仅着眼单个项目的完成度。基于此,中国专家开始不断强调适当吸收西方更具系统性的项目规划方法。[95]另一方面,"工业园＋基础设施"模式中,中方对基础设施的重视显然属于中国国内的发展经验。除了上述创新,"一带一路"框架下的发展融资也有一定创新。混合融资由于被认为是非常成功模式而得到坚持,但在此基础上,中国决策者对项目的长期发展绩效和社会影响给予更多重视,这促使其吸纳西方与融资可持续性、环境安全保障相关的发展融资规则。

本部分总结了非西方发展合作方案的特点,以及这些方案是如何基于创新实践而被建构出来的。从中国的案例中可以发现,与气候治理领域大量方案创新来自非国家行为体,且创新的源泉来自理论指导的政策试验不同，国际发展合作领域的非西方方案原则是以中国为代表的新兴援助国基于本国和伙伴国经验因地制宜的创新。理论总结是在实践基础上产生的。但与气候领域类似，国际发展领域的方案创新也是从地方实践开始，平行于西方的治理方案。这也符合实践理论的观点：创新实践是可能在主流之外不断发展的。当然，创新之所以能够在西方主流方案之外得到发展，还与前文所提及的，国际发展领域需求巨大、活动空间广阔的特点有关。从本章开篇的论述中我们已经知道，非西方国际发展合作方案中的很多元素已经体现在改革后的西方方案中，那么，以下将讨论这些非西方方案是如何获得体系性影响力的。

第四节　变革动力的协同与国际发展合作方案革新

一、变革动力协同与治理竞争压力的上升

非西方国际发展合作方案之所以能够产生系统性影响，首先当然得益于其积极的治理绩效。仍以中国为例，由于中国的发展合作有不干涉内政、需求导向、追求效率、融资方式多元化等特点，中国项目的审批和执行效率比传统援助国和世界银行要高出很多。[96]这一点西方专家心知肚明。2007年，时任世界银行中国—蒙古局局长的杜大伟（David Dollar）就指出："很快，中国将成为对非优惠贷款的重要提供者。中国对非提供的支持将可能比世界银行的旗舰项目更加实惠。"[97]"实惠"（substantial）一词道出了中国模式的核心吸引力。此外，许多国家都高度认可中国在提供基础设施解决方案方面的比较优势。例如，这种认知对老挝在选择铁路项目合作伙伴时的决策产生了重要影响。[98]

仅凭积极的治理绩效并不足以对传统援助国和世界银行产生足够的改革压力，毕竟，非西方国际发展合作方案虽然已经运行多年，但它们曾长期被视为边缘性实践。[99]如研究中国国际发展合作的著名学者黛博拉·布罗蒂加姆（Deborah Brautigam）曾表示，在

她职业生涯的前期,她的研究领域受关注程度很低。[100]使这些新方案取得体系性影响的,是进入21世纪以来新兴援助国权威性的提升。第一,传统援助国和世界银行几乎垄断资金供给的局面正逐渐被打破。中国、印度、巴西等新兴经济体和以沙特阿拉伯为代表的富裕的中东国家成为广大发展中国家日益重要的替代性发展融资来源。这与援助国提供官方发展援助的能力和意愿不断下降形成对比。国际发展融资缺口不断扩大,也提升了非西方发展合作资金的重要性。[101]以中国为例,"1950—2012年间,中国共向外国提供了548.6亿美元的对外援助,其中包括219.9亿美元的无偿援助、133亿美元的无息贷款和195.7亿美元的优惠贷款"[102]。这一统计数字不包括各种具有优惠性质但不属于援外预算的官方发展融资(比如中国进出口银行的优惠出口买方信贷)。[103]另有统计显示,"从2005年至2015年,中国进出口银行共向非洲提供贷款630亿美元",这一数值远高于美国进出口银行,并有追赶世界银行的趋势。2015年,中国进出口银行对非贷款达到85亿美元,[104]而世界银行贷款金额为140.8亿美元。[105]"一带一路"倡议提出后,中国用于国际发展合作的资金规模也进一步上升。根据《新时代的中国国际发展合作》(白皮书)的数据:"2013年至2018年,中国对外援助金额为2 702亿元人民币。"[106]除了中国,其他新兴经济体的发展融资供给能力也在迅速增长。[107]2009年的测算显示,印度的对外援助资金规模达到了31.3亿美元,中国、印度和沙特阿拉伯三国提供的资金总量已经超过了一半OECD-DAC成员国。[108]布鲁金斯学会2012年的文章认为,新兴援助国"每年大约提供100—150亿美元的资金,占全球总资金的7%—10%……且这一数字将在未来5年翻番"[109]。

第二,在资金增加的基础上,以中国为代表的新兴援助国在话语层面更旗帜鲜明地倡导改革与创新,为发展领域的创新实践建构了坚实的合法性基础。比如,中国将宏观维度的人类命运共同体理念与国际发展合作创新联系起来。根据习近平主席在

2015年第70届联合国大会的一般性辩论中的阐释,人类命运共同体理念强调"平等相待""互商互谅""公道正义""和而不同"等关键元素。[110]人类命运共同体理念主张国际社会成员无论是发达国家还是发展中国家,在参与和决定全球事务时皆应享有平等权利。同时,中国特别强调"文明之间要对话,不要排斥;要交流,不要取代"[111],这使人类命运共同体区别于西方在定义"共同体"概念时所强调的共同体的社会化和去差异化功能。从中国视角来看,人类命运共同体需要以求同存异为基础,是一个动态的、多样化的体系。共同体成员分享着共同的目标,如追求经济繁荣与可持续发展,但他们又不屈从于某些所谓"更先进成员"的社会化压力。[112]"一带一路"倡议被定义为人类命运共同体理念的实践载体。[113]在这个意义上,改革性话语被深度融入中国的国际发展合作实践,对西方国际发展合作模式的干预主义理念构成持续冲击。[114]

第三,新兴援助国还建构了一系列新合作平台和国际组织,这进一步增强了其制度性权力。其中,影响力最大的举措要属中国发起的"一带一路"倡议和两个新型多边开发银行的建立。作为"完善全球发展模式和全球治理、推进经济全球化健康发展"[115]的重要途径,"一带一路"倡议显著增强了中国在国际发展合作领域的制度性权力。[116]自习近平主席于2013年提出"一带一路"构想以来,中国政府便不断强化"一带一路"倡议的制度架构。2015年,中国政府发布了《推动共建丝绸之路经济带和21世纪海上丝绸之路的愿景与行动》文件,明确"一带一路"倡议旨在"构建全方位、多层次、复合型的互联互通网络",它"将推动沿线各国发展战略的对接与耦合,发掘区域内市场的潜力,促进投资和消费,创造需求和就业,增进沿线各国人民的人文交流与文明互鉴"。[117]该文件还正式提出了著名的"五通"作为合作重点。在国际层面,"一带一路"倡议以"一带一路"国际合作高峰论坛为重要合作平台,整合十余个区域合作机制和地区性组织(如中非合作论坛、中国—东盟领导人会议、中阿合作论坛、中拉合作论坛等),辅以超过 100 份双边合作文件(其中包括以匈牙利、意大利为代表的欧洲国家,以新西兰为代表的发达国家,以及以联合国为代表的国际组织)。[118]这些新平台和主场外交机遇使中国在治理方案倡议和制定方面获得了更多的主动权。[119]与此同时,"一带一路"倡议和合作机制所强调的"共商"和"开放"原则也提升了发展中国家的选择权和主体地位。比如,2019 年的第二届"一带一路"国际合作高峰论坛吸引了来自 150 多个国家的各界代表与会,其中包括 38 个国家的领导人和联合国、IMF 等重要国际组织负责人。

除了"一带一路"倡议,由中国和其他新兴大国共同推动建立的新型多边开发银行也具有很强的竞争力。2015 年 6 月 29 日,《亚洲基础设施投资银行协定》在北京签订。亚洲基础设施投资银行(以下简称"亚投行")有 57 个创始成员国,包括澳大利亚、韩国、英国等。到 2021 年 1 月,亚投行已有 103 个成员。到 2021 年初,亚投行已经提供了 108 个、总额近 220 亿美元的基础设施项目投资。[120]新开发银行到 2022 年已经成立 7 年,为 5 个金砖国家提供了超 300 亿美元贷款。[121]亚投行和新开发银行都将基础设施融资列为工作重点,这直击传统西方国际发展合作模式的不足,体现了非西方方案在这些新国际组织中得到贯彻。同时,中国对两个多边开发银行都不谋求绝对控制,这增加了两个国际组织的道义性权威。此外,两个多边开发银行都提出了一些新理念:亚投行提出高效、廉洁、绿色的运营理念,强调将改良后的高标准和最佳实践应用于项目全过程;[122]新开发银行强调借款国导向原则,在项目和融资标准方面采用国别体系(country system),更照顾借款国的发展阶段。[123]可见,两个新型多边开发银行采取了不同的创新路径,它们在方案创新方面积极和多样化行动与僵化的世界银行形成对比。

第四,新兴援助国和新型多边开发银行的努力,加之全球资本市场的发展,使得发展中国家的能力普遍提升。许多发展中国家已经不再依赖世界银行等西方机构的帮助来制定本国的发展规划。通过与新兴经济体的互动和自己的摸索,一些发展中国家已经积累起发展知识,并更自主地推动发展议程。它们逐渐将发展的重心从制度改革向贸易、基础设施建设和工业化等方面转移。[124]这些议程都与世界银行先前所倡导的以制度改革为中心的发展议程不同。可以说,发展中国家本身已经不再单单是被治理者,它们已经成为发展方案的制定者。因此,发展中国家所需求的,是能够灵活响应其自定发展议程的融资机制,这进一步放大了前述非西方融资的优势。

二、治理竞争压力对西方的影响

随着新兴援助国和新兴多边开发银行权威性的大幅增加,传统上处于边缘地位的非西方国际发展合作方案便获得了更高的影响力。这对传统援助国和世界银行都造成了冲击。在此情况下,传统援助国和世界银行在国际发展领域既不再垄断资源,也不再垄断知识。如果它们继续其传统的以制度复制和复杂的条件性为中心的治理实践,而不采取行动增加其治理方案的吸引力,其所面临的客户流失的风险将比以往更大。[125]各种证据表明,西方大国对治理竞争的压力有明确认知。他们尤其关注中国在发展领域日益增大的影响。第一,西方学界一改传统上对中国的国际发展合作活动不够重视态度,开始大量收集和分析相关数据。例如,由美国大学和非盈利机构共同发起的"援助数据"(Aiddata)项目就以收集中国发展融资数据而获得了较大的影响力。当然,该机构总是因夸大中国的融资量和将商业资金混淆为发展合作融资而受到批评。[126]第二,"一带一路"倡议提出后,美国政府对中国在国际发展领域的行动给予高度关注。2017—2018年,美国国会两次举行关于"一带一路"倡议的听证会。参与作证的专家普遍认为,"一带一路"倡议将增强中国的影响力,这是因为中国企业在基础设施建设方面有较强能力,中国有较强的融资能力,且中国在项目设计时更为灵活。[127] 2021年,美国智库对外关系委员会(CFR)发布《中国"一带一路"倡议对美国的影响》报告,也强调"一带一路"倡议所提供的公共物品对伙伴国具有吸引力,这将挑战美国的利益。[128] 可见,美国政治精英对中国国际发展合作方案的优势有清晰认识。正是基于上述认识,美国才开始强调建构自己的国际发展合作方案,以与中国展开竞争,并争取对中国的方案产生替代效应。美国国会众议院于2021年提出的"确保美国全球领导地位与接触法案"明确指出要帮助发展中国家摆脱对中国投资的依赖,与中国竞争的意图再明显不过了。[129] 而拜登和一些美国国会议员在谈及美国的海外基础设施合作时,也多次明确表明这些合作活动是为了与中国的"一带一路"展开"竞争"。[130]

值得注意的是,与第二章对治理竞争引发变革效应的预期一致,美国等西方大国并未采取给发展中国家更多与中国类似的基础设施项目这样简单化竞争策略,而是在强调基础设施合作的同时,寻求突出西方特色。正如有学者归纳的,美国等西方大国在国际发展合作中不仅向发展中国家提供物质类公共产品,而是同时大力建构价值和规则。[131] 一方面,针对中国等国在桥梁、道路、高铁、港口等传统的经济基础设施合作方面的优势,美欧正越来越强调在建构所谓"安全"的数字基础设施(如互联网)、能源基础设施(如液化天然气站和管道、新能源设施)等方面加大投入。对上述合作重点的选择与美欧对自身技术优势的认知密切相关。正是由于美欧自认为能够在科技含量相对较高的基础设施项目中提供更受欢迎的方案,也正是由于它们无法有效筹集资金和建设力量为那些传统基础设施项目提供充分支持,它们才另辟蹊径,选择了数字、能源作为基础设施合作重点。[132] 另一方面,西方大国的专家还建议建构西式基建投资标准,以从规则和标准层面建构新的相对优势。之所以要在这方面发力,是因为"高质量基础设施"虽是喜闻乐见的概念,但缺少明确定义和实施细则,这一标准真空给了西方机会。美国专家于是建议,美国政府应将采购、环境和社会安全保障、劳工标准、债务可持续性这些具有美国特色的要素纳入"高质量"的定义中。[133]基于此,2018 年美国国会通过的 BUILD 法案明确提出要在投资中"采用高标准的透明度规则,以及环境和社会安全保障规则,并考虑合作国债务的可持续性,从而为各国提供一个坚实的替代选项"[134]。除了美国,近年来,欧洲一些学者开始主张将相关项目是否有利于减缓气候变化和加强相关国家的气候适应能力也纳入国际发展合作的全流程。[135] OECD 于 2019 年发布了一份报告,总结了成员国在发展合作中实现环境主流化(environmental mainstreaming)的经验。[136]这样,欧洲除了采用与美国类似的透明度、良治标准外,又进一步将自身的优势和关注重点加入"高质量"的定义之中。虽然美欧所提出的新标准究竟是否能够产生很强的号召力尚不明确,但美欧领导人显然对此很有信心。拜登曾明确提出美国所提供的基础设施项目因为采用了高标准而"与众不同"。[137]与拜登类似,欧盟委员会主席冯德莱恩(Ursula von der Leyen)也说欧盟的项目会因这些高标准而"脱颖而出"。[138]这些比较性质的用语从侧面说明了美欧在建构"高质量"基础设施概念时是以赢得竞争为主要考量的。可见,虽然非西方发展合作方案的竞争压力的确促使西方大国更加重视基础设施方面的投入,因而可被视为产生了方案变革效果,但西方同时寻求通过对基础设施合作重点和标准的引导来更好地建构竞争优势。

除了传统援助国,世界银行也显然感受到了国际发展合作领域的结构性变化带来的压力。世界银行认识到,发展中国家正有越来越强的能力独立开展发展方案,且这些方案能比以往更容易地得到非世界银行资金的支持。因此,世界银行的贷款工具需要与其他融资机制进行竞争,否则就可能不再被客户所需要,其对全球发展议程的影响也会越来越小。世界银行前行长金墉(Jim Yong Kim)曾表示他很忧虑非世界银行发展融资渠道不断发展的情况下,世界银行的相关性(relevance)问题。[139]在实践中,世界银行在同中国等新兴援助国竞争时也会主动调整其贷款的条件性。

研究显示,尤其在低收入国家,中国援助与世界银行贷款附加条件的数量存在明显的负相关性。而世界银行在同传统援助国共同放贷时则没有表现出明显的调整条件性的倾向。[140]这一现象体现了竞争性治理模式对世界银行行为的影响。

前文所述的 P4R 的设立就是对竞争压力推动重大改革的最好例证。世界银行设立 P4R 的一个重要的初衷,就是维护其在变化中的国际发展合作领域的相关性。正如世界银行前官员在一篇评论文章中所指出的:"现在(摆在世界银行面前)的问题是:世界银行是要严格按照其传统规则建一段 5 公里的路,然后对任由别人(比如中国)按照其他(更宽松的)标准建造另外 495 公里,还是愿意与其他行为者就规则进行妥协,从而共同修建这 500 公里路?"P4R 则可被视为对此问题的一种回应。[141]值得注意的是,这篇分析文章虽然发表在媒体上,却被世界银行收录进 P4R 官方网站。这体现出世界银行对文章观点的认同。[142]时任世界银行副总裁的乔希姆·冯阿姆斯贝格(Joachim von Amsberg)在评论 P4R 的背景时指出,在当今的发展援助领域,世界银行的客户们"有很多选择",而非如从前那样由世界银行垄断资金来源。"那种世界银行指挥发展中国家照做的时代已经一去不复返。"[143]这一论断既反映出传统的强调制度复制的理念在世界银行内部的松动,也反映出世界银行在设计 P4R 时考虑到了其客户可以轻易转向其他融资机制的情况。

在此考量的指引下,P4R 体现出前所未有的灵活性。这集中体现在前文所述的 P4R 项目定制程序上。一方面,P4R 的主要目的是推动借款方实现自我设定的发展目标,而非(如 DPF 那样)将世界银行的想法强加于后者。项目设计和实施的主导权真正落于借款方,世界银行真正地从外来导师变为帮手。这同之前 CDF 框架下名义上的主导权转移有极大不同。同时,由于 DLIs 的设计并无统一指南,而是需要根据具体情况(如客户要求、项目特点等)来进行,这种高度灵活性甚至对世界银行官员造成了一定的挑战。[144]另一方面,P4R 的准备过程也较其他机制大为缩短。根据 P4R 头两年的实施情况来看,P4R 项目的平均准备时间为 13.6 个月(与之对应的 IPF 审批平均需要 15 个月),最短只需 6.9 个月。[145] P4R 削减条件性和提高立项审批效率的特点与前述世界银行回应来自中国融资的竞争时所呈现的倾向一致。这说明,在竞争压力下,尽管竞争性治理方案的特点与世界银行的传统治理思路有很大区别,但其仍能被世界银行所接受。

更值得注意的是,P4R 还反映出世界银行为了追求灵活性而软化安全保障要求的倾向。传统上,世界银行贷款最重要的特点就在于它给项目设计的完善、复杂的社会和环境保障标准。可以说,安全保障长期在世界银行文化中占据重要位置。针对 P4R,世界银行官员曾明确表示世界银行对安全保障问题十分重视。[146] 但在具体操作上,P4R 对安全保障的规则性要求仍明显降低(尤其是与 IPF 相比)。P4R 项目信息文件(Program Information Documents, PIDs)中不包含关于一般化安全保障政策的章节,而是将安全保障政策按照项目和借款方的具体情况进行一事一议的设计。在实践操作中,世界银行人员在项目的最初阶段对借款国的社会和环境安全保障情况进行总体评估(以筛掉具有较高环境和社会风险的项目,比如大型基础设施建设项目),并在项目设计过程中参与具体安全保障条款的制定。但是,基于具体情境而非一般化标准的安全保障设计对于世界银行官员的知识构成严重挑战。同时,由于安全保障的实施完全依赖借款国政府,这也进一步使安全保障标准出现降低趋势。正因为此,许多非政府组织对 P4R 采取了批判态度,认为其体现了世界银行的竞次思维。[147] 这一情况又从另一个侧面反映了 P4R 的针对性。对于 P4R 而言,灵活性和效率优先于世界银行的传统程序和条例,这也体现了竞争压力对世界银行的影响。

当然,除了使 P4R 更高效和灵活,世界银行也要着力使 P4R 更"聪明",并更综合地利用世界银行的既有优势。这是使 P4R 在竞争中取得优势的要义。与其他机构相比,世界银行至少有两大优势。其一,专业知识是世界银行最重要的相对优势。如前文所述,世界银行不仅是一个融资机构,也是一个知识银行。其二,作为国际组织的世界银行与国际发展领域的各种利益攸关方有紧密的联系,这使世界银行既能够通过国际合作更有效地吸收各利益攸关方的意见,优化自身治理方案,又能够通过沟通机制争取更广泛的支持,从而建构权威。

P4R 的设计体现出从三个方面追求利用世界银行的优势。第一,P4R 实际上增强了世界银行介入借款方发展项目实施过程的能力,使世界银行的专业知识有了更多的发挥空间。通过 DLIs,世界银行建立了一个完善和透明的评估项目绩效的方法学。[148] 从监督的角度来说,P4R 在理论上应比 IPF 和 DPF 更完善。同时,这一机制使世界银行能够为相关项目注入其知识,并对借款方进行有效激励。其原理是,将资金与项目绩效挂钩能够使借款方"有进取和改革精神的官员获得额外的政治资本,从而平衡国内阻力,推动项目实施"[149]。因此,DLIs 如果运用得当,将使 P4R 比其他仅以需求为导向且缺乏跟踪评估的融资机制更能有效地引导借款方的发展。[150] 同样重要的是,P4R 并不对客户所提方案从设计到实施的全部过程大包大揽,而是谋求从治理、制度建设和能力建设等角度支持这些方案的实施,提升方案的效果。[151] 正是在这些方面,世界银行具有明显的优势。有研究表明,一些国家采用 P4R 的重要目的不在于资金,而在于利用世界银行的知识和权威性来加强制度和能力建设。[152]

第二,世界银行通过 P4R 获得了协调不同发展融资的渠道。P4R 的项目估值文件(Project Appraisal Document,以下简称 PAD)要求借款方将方案的其他资金来源和数额上报世界银行。PAD 同时鼓励借款方阐明使用 P4R 资金的必要性、各项资金的具体用途,以及协调各项资金的可能性。这一安排使世界银行和借款政府联合起来与其他行为者进行融资协调,从而增加了借款方协调碎片化融资机制的能力,因而受到欢迎。[153]

第三,P4R 的设计是在充分吸收各方(包括客户、捐助国、国际组织、私人部门、市民社会、基金、学术界、智库、实践者等)的意见基础上建构起来的。[154] 从 2011 年 3 月开始,世界银行就 P4R 向各利益攸关方进行了多轮网上和面对面咨询。各方的意见被收集起来并体现在 P4R 文件中(P4R 政策文件的附件 A 对此进行了详细记录)。此外,如前文所述,世界银行与借款政府充分互动和合作过程也贯穿 P4R 项目(尤其是 DLIs)设计的全过程。[155] 充分的互动可以实现一石二鸟的效果。其一,广泛的沟通使 P4R 与其他相对零散和缺乏审慎设计的融资机制相区别,从而使其有可能在功能上发挥更好的效果。其二,沟通本身就是建构权威的过程。由于 P4R 在设计过程中综合了多元的诉求和理念,其在诞生之初就争取了尽可能多的利益攸关方的政治支持,其在政治上也就享有比其他融资工具更高的信誉。

P4R 还在一定程度上体现了世界银行转移业务重心、实现差异化发展的倾向。事实上,世界银行在历史上有过根据实际环境进行业务转型的实践。在 21 世纪初,世界银行与中国的合作就逐渐从经济发展领域转移到社会和环境领域。这主要是由于中国在经济发展领域对世界银行需求的下降。在金墉治下,世界银行的业务转型不断加快。金墉"已经将世界银行 560 亿美元资金池的很大一部分投入其传统领域之外的部门,如气候治理、抗击埃博拉疫情、解决叙利亚难民危机等"[156]。P4R 项目覆盖了包括教育(占总支出的 4%)、卫生(18%)、社会保障(9%)、贸易(4%)、交通(4%)、城市和农村发展(22%)、金融和市场(15%)、水(19%)等领域,覆盖范围很广。[157] 从这些项目的资金分布来看,世界银行对P4R 项目的选择具有明显的倾向公共服务和社会发展领域的特征。[158] 这也使其与竞争者的方案(如中国方案对基础设施的强调)相区分。[159]

总而言之,P4R 的提出是基于世界银行对国际发展体系变化——治理竞争压力加剧——的认识。其在设计上也体现出世界银行打造比竞争性发展融资机制更优的贷款机制的意图。P4R既包含竞争性发展融资机制的核心优势——灵活性和高效率,又包含世界银行的核心优势——专业知识及综合多元理念和诉求的能力。这两种优势的有效结合将可能使 P4R 成为世界银行的新核心竞争力。正如世界银行报告所展示的,有80%的受访 P4R 客户表示将再次考虑使用 P4R,其原因包括:P4R 对所有权的尊重、对结果而非项目细节的关注、审批流程的简化、对借款方能力和治理系统的提升,以及结果评估流程的制度化。[160]此外,由于 P4R 规避了世界银行的传统治理思路——推广单一化的制度中心主义发展方案,其本身是对世界银行官僚文化的超越。

本 章 小 结

本章讨论了国际发展合作体系深度变革的原因。与第三章讨论的金融和第四章讨论的知识产权案例不同,国际发展合作体系的变革不仅表现为正式制度的改革和新制度的创设,而且出现了系统性治理方案革新。并且,与第五章讨论的气候治理案例不同,新兴援助国创设的国际发展合作方案不仅与传统方案平行存在,而且导致传统援助国也调整了他们的方案。因此,国际发展合作体系的变革是深度且稳定的。结合对实证资料的综合分析,笔者认为,国际发展合作体系的深度变革遵循了第二章所提出的变革的基本逻辑,即成功的创新实践和创新者权威性的提升,共同导致深入方案层次的变革。

本章的研究进一步拓展了我们对国际发展合作变革问题的认识。第一,对国际发展体系变革问题的早期研究强调规范、理念传播对国际发展合作动态发展的影响。比如,新自由主义理念、环保主义理念等都通过国家和非政府行为体的倡导而被世界银行所接受。[161]从这个视角看,传统援助国强调所有权可被视为对外部批评的回应。而世界银行推出 P4R 也符合援助国所强调的所有权原则。但是,所有权原则的实现形式有很多。前述 CDF 框架内的《减贫战略文件》虽然也强调受援国所有权,但仍包含了很强的外部控制成分。因此,所有权原则并不必然导致 P4R 的创立。此外,P4R 也并非对借款方需求的简单回应。这是因为 P4R 在设计中所追求的是世界银行的理念与贷款工具的灵活性的平衡。第二,一些研究强调失败-反思机制是国际发展合作改革的动力。[162]但是,实证研究表明,即使面临失败,世界银行和传统援助国也不一定会跳出原有的思维框架。比如,对世界银行来说,结构调整贷款的失败是新自由主义的失败,还是具体执行过程的失败?虽然许多批评者认为答案应该是前者,但世界银行的理解却是后者。这与第三章所讨论的 IMF 案例类似。即使亚洲金融危机这种较大的政策失败也只是导致新自由主义在国际货币基金组织中的调整。时至今日,国际货币基金组织只是采纳了关于资本账户自由化的更具实用主义和渐进主义色彩的版本。因此,如果反思过程是由国际组织单独主导的,那么对于失败的界定和对适当调整措施的选择也往往受到组织内部官僚文化的影响。反思机制导出的政策调整将极有可能仍然以维护组织文化内核为目的。P4R 也不仅是对过往治理失败的回应。从 DLI 的设计上来看,P4R 对有效援助的定义局限于方案绩效本身,而 P4R 并不一定能够直接改善发展中国家的整体发展指标。这说明 P4R 的提出已经与世界银行过往惯用的失败回应策略不同。第三,许多研究都注意到以中国为代表的新兴援助国对国际发展合作体系变革的影响,但是,这些研究要么将主要精力放在收集和整理数据上,要么专注梳理非西方发展合作的历史,或者只关注非西方资金对西方资金的挤压作用,并未系统讨论非西方方案通过何种政治机制影响西方方案。[163]

注释

1. José Antonio Alonso and Jonathan Glennie, "What Is Development Cooper-

ation?" *2016 UN Development Cooperation Forum Policy Briefs*, No. 1, 2015, https://www.un.org/en/ecosoc/newfunct/pdf15/2016_dcf_policy_brief_no.1.pdf, 最后访问时间：2022 年 8 月 18 日。

2. 本计划是杜鲁门讲话中所提及的第四点外交政策目标，所以得名"第四点计划"。

3. 关于苏联对外援助的研究，可参见张盛楠：《苏联对第三世界的援助政策：动机与结果——以对古巴援助为例（1959—1982 年）》，载《拉丁美洲研究》2019 年第 4 期，第 78—100 页。后文还将详细讨论中国对外援助的历史。

4. 在这段时间里，西方大国和世界银行建构了稳定的发展治理模式，这一模式的失败引发了外部批评和后续的一系列改革。本章主要关注的是非西方国际发展合作方案对西方方案的影响，从 20 世纪 80 年代起开始分析已经能够满足分析目标。因此，笔者不再讨论在此时期之前的历史。

5. 参见唐丽霞、周圣坤、李小云：《国际发展援助新格局及启示》，载《国际经济合作》2012 年第 9 期，第 65 页。当然，后文会说到，此时发展合作相关资金已经较为多样化了，并不能被 OECD 的统计所涵盖。

6. 当然，这只是大体上协调了各方行动，设置了各国为之努力的目标，而不是说 OECD-DAC 成员国的行动已经完全整齐划一。

7. "知识银行"理念始于 1996 年，得到了沃尔芬森的大力推动。关于该理念和相关实践的研究，参见 Adrian Bazbauers, "The World Bank as a Development Teacher," *Global Governance*, Vol.22, No.3, 2016, pp.409—426; Charis Enns, "Knowledges in Competition: Knowledge Discourse at the World Bank During the Knowledge for Development Era," *Global Social Policy*, Vol.15, No.1, 2015, pp.61—80; Martin Ravallion, "The World Bank: Why It Is Still Needed and Why It Still Disappoints," *Journal of Economic Perspectives*, Vol.30, No.1, 2016, pp.77—94。

8. Eckhard Deutscher and Sara Fyson, "Improving the Effectiveness of Aid," *Finance & Development*, Vol.45, No.3, 2008, https://www.imf.org/external/pubs/ft/fandd/2008/09/deutscher.htm，最后访问时间：2022 年 8 月 18 日。

9. 这与金融领域一致，参见 David Harvey, *A Brief History of Neoliberalism*, New York: Oxford University Press, 2007。

10. David Harvey, *A Brief History of Neoliberalism*, New York: Oxford University Press, 2007, p.93.

11. Peter Evans, "Development as Institutional Change: The Pitfalls of Monocropping and the Potentials of Deliberation," *Studies in Comparative International Development*, Vol.38, No.4, 2004, pp.30—31.

12. 徐秀丽、李小云：《发展知识：全球秩序形成与重塑中的隐形线索》，载《文化纵横》2020 年第 1 期，第 94—103 页。

13. Patrick Sharma, "Bureaucratic Imperatives and Policy Outcomes: The Origins of World Bank Structural Adjustment Lending," *Review of International Political Economy*, Vol.20, No.4, 2013, pp.668—669.

14. World Bank, *Accelerated Development in Sub-Saharan Africa: An Agenda for Action*, Washington, D.C.: The World Bank, 1981.

15. 这是华盛顿共识在发展领域的体现，其内核与金融案例是一致的。更多研究参见 John Williamson, "What Washington Means by Policy Reform," in John Williamson, eds., *Latin American Adjustment: How Much Has Happened*,

Washington, D.C.: Peterson Institute for International Economics, 1990; Charles Gore, "The Rise and Fall of The Washington Consensus as A Paradigm for Developing Countries," *World Development*, Vol.28, No.5, 2000, pp.789—804。

16. World Bank, *Adjustment Lending Retrospective*, Washington, D.C.: The World Bank, 2001, p.8.

17. Jacqueline Best, *Governing Failure: Provisional Expertise and the Transformation of Global Development Finance*, New York: Cambridge University Press, 2014, p.51.

18. Olav Stokke, *Aid and Political Conditionality*, New York: Routledge, 2013, Chapter 1.

19. ODEC, "Managing Aid: Practices of DAC Member Countries," 2009, http://www.oecd.org/dac/peer-reviews/42903202.pdf,最后访问时间:2022年8月18日。

20. 出于数据可得性和可比性考虑,且由于本部分主要讨论改革前的西方模式,这里主要使用2010—2012年两年的数据加总。

21. 毛小菁:《中国对外援助方式回顾与创新》,载《国际经济合作》2012年第3期,第91页;联合国开发计划署和商务部国际贸易经济合作研究院:《兼容并蓄与因地制宜? 各国开展发展合作的方式及其对中国的借鉴意义》,中国商务出版社2016年版,第8章。

22. 在统计时,OECD-DAC对官方发展援助有更多细节标准,参见 https://www.oecd.org/dac/financing-sustainable-development/development-finance-standards/officialdevelopmentassistancedefinitionandcoverage.htm,最后访问时间:2022年8月18日。

23. OECD, "Untied Aid-OECD," http://www.oecd.org/dac/financing-sustainable-development/development-finance-standards/untied-aid.htm,最后访问时间:2022年8月18日。

24. Deborah Bräutigam: "Aid 'with Chinese Characteristics': Chinese Foreign Aid and Development Finance Meet the OECD-DAC Aid Regime," *Journal of International Development*, Vol.23, No.5, 2011, p.760.

25. 后文将详述这一点,这里主要关注西方传统援助国的变化。

26. 贺文萍:《从"援助有效性"到"发展有效性":援助理念的演变及中国经验的作用》,载《西亚非洲》2011年第9期,第120—135页;钟玲、李小云:《〈釜山宣言〉及其最新进展评述》,载《广西大学学报(哲学社会科学版)》2013年第2期,第95—98页。

27. 关于P4R的制度设计详情,详见 World Bank, "A New Instrument to Advance Development Effectiveness: Program-for-Results Financing," Washington, D.C.: The World Bank, 2011; Fadia Saadah, "Beyond the Boundaries: Program-for-Results and the Role of Leverage in Scaling up Results," https://thedocs.worldbank.org/en/doc/583761534193720449-0290022015/original/PforRfactsheetSpringMeetings2015.pdf,最后访问时间:2022年8月18日。

28. US Treasury, "US Position on the World Bank's Program-for-Results (P4R)," January 24, 2012, https://home.treasury.gov/system/files/206/1-30-2012-P4R-US-Position-Statement-Final.pdf,最后访问时间:2022年8月18日。

29. Fadia Saadah, "Beyond the Boundaries: Program-for-Results and the Role of Leverage in Scaling up Results," https://thedocs.worldbank.org/en/doc/583761534193720449-0290022015/original/PforRfactsheetSpringMeetings2015.pdf,最

后访问时间:2022年8月18日。

30. Alan Gelb, Anna Diofasi and Hannah Postel, "Program for Results: The First 35 Operations," Center for Global Development, Working Paper 430, July 2016, pp.1—2. 世界银行资金占比根据项目具体情况变化很大,在一些项目中可能占比不到10%,而在另一些项目中则可能占比超过90%。因此,这里的5倍杠杆率只是一个平均数。

31.《华夏银行携手世界银行,正式启动我国首个P4R"京津冀大气污染防治融资创新项目"》,载《证券时报》2016年9月23日。

32. Dominik Kopiński and Qian Sun, "New Friends, Old Friends? The World Bank and Africa When the Chinese Are Coming," *Global Governance*, Vol.20, No.4, 2014, p.610.

33. 朱杰进:《新兴经济体与二十国集团的基础设施议程》,载《当代世界》2020年第12期,第16—21页。

34. 刘飞涛:《美国"印太"基础设施投资竞争策略》,载《国际问题研究》2019年第4期,第1—20页。

35. "FACT SHEET: President Biden and G7 Leaders Launch Build Back Better World (B3W) Partnership," The Whitehouse, June 12, 2021, https://www.whitehouse.gov/briefing-room/statements-releases/2021/06/12/fact-sheet-president-biden-and-g7-leaders-launch-build-back-better-world-b3w-partnership/,最后访问时间:2022年8月18日。

36. "Global Gateway," European Commission, 2021, https://ec.europa.eu/info/strategy/priorities-2019-2024/stronger-europe-world/global-gateway_en,最后访问时间:2022年8月18日。

37. "The Launch of Multi-Stakeholder Blue Dot Network," U.S. International Development Finance Corporation, 2019, https://www.dfc.gov/media/opic-press-releases/launch-multi-stakeholder-blue-dot-network,最后访问时间:2022年8月18日。相关分析参见毛维准、戴菁菁:《对冲"一带一路":美国海外基建"蓝点网络"计划》,载《国际论坛》2021年第5期,第55—75页。

38. "Global Gateway," European Commission, 2021, https://ec.europa.eu/info/strategy/priorities-2019-2024/stronger-europe-world/global-gateway_en,最后访问时间:2022年8月18日。

39. Daniel F. Runde and Romina Bandura, "The BUILD Act Has Passed: What's Next?" CSIS, 2018, https://www.csis.org/analysis/build-act-has-passed-whats-next,最后访问时间:2022年8月11日。

40. 相关分析和总结参见赵行姝:《美国国际发展融资机构的改革》,载《现代国际关系》2019年第8期,第50—58页;周У渊:《美国国际发展合作新战略探析——兼论其对中国的影响》,载《太平洋学报》2019年第12期,第1—14页。

41. 周弘、杨成玉、荣丹:《从"官方发展援助"到"可持续发展官方支持总额":国际发展援助统计方法的变革》,载《西亚非洲》2022年第4期,第3—21页。

42. Dani Rodrik, "Goodbye Washington Consensus, Hello Washington Confusion? A Review of The World Bank's Economic Growth in the 1990s: Learning from a Decade of Reform," *Journal of Economic Literature*, Vol.44, No.4, 2006, p.975.

43. Jacqueline Best, *Governing Failure: Provisional Expertise and the Transformation of Global Development Finance*, New York: Cambridge University

Press, 2014, pp.74—75; Axel Dreher and Martin Gassebner, "Do IMF and World Bank Programs Induce Government Crises? An Empirical Analysis," *International Organization*, Vol.66, No.2, 2012, pp.329—358; Howard Stein, "Deindustrialization, Adjustment, the World Bank and the IMF in Africa," *World Development*, Vol.20, No.1, 1992, pp.83—95.

44. 这种解读仅强调开放型经济对"四小龙"的影响。对这种解读的总结和批评,参见 Robert Wade, "Japan, the World Bank and the Art of Paradigm Maintenance: The East Asian Miracle in Political Perspective," *New Left Review*, No.217, 1996, pp.3—36。

45. 关于东亚奇迹的新认识,参见 Dani Rodrik, "Goodbye Washington Consensus, Hello Washington Confusion? A Review of The World Bank's Economic Growth in the 1990s: Learning from a Decade of Reform," *Journal of Economic Literature*, Vol.44, No.4, 2006, p.975; Alice Hoffenberg Amsden, *Asia's Next Giant: South Korea and Late Industrialization*, New York: Oxford University Press, 1992; Atul Kohli, *State-Directed Development: Political Power and Industrialization in the Global Periphery*, New York: Cambridge University Press, 2004。

46. World Bank, *Sub-Saharan Africa: From Crisis to Sustainable Growth: A Long-Term Perspective Study*, Washington, D.C.: The World Bank Group, 1989; David Dollar and Jakob Svensson, "What Explains the Success or Failure of Structural Adjustment Programs?" *World Bank Policy Research Working Paper*, No.1938, Washington, D.C.: The World Bank Group, 1998.

47. The World Bank, *Assessing Aid: What Works, What Doesn't, and Why*, New York: Oxford University Press, 1998; The World Bank, *Entering the 21st Century: World Development Report 1999/2000*, New York: Oxford University Press, 1999.

48. The World Bank, *1999 Annual Review of Development Effectiveness*, Washington, D.C.: The World Bank Group, 1999.

49. 徐佳君:《新型援助附加条件?——评析世界银行绩效导向的援助分配政策》,载《国际政治研究》2012 年第 3 期,第 26 页。

50. Francis Owusu, "Pragmatism and The Gradual Shift from Dependency to Neoliberalism: The World Bank, African Leaders and Development Policy in Africa," *World Development*, Vol.31, No.10, 2003, p.1161.

51. Devin Joshi and Roni Kay O'Dell, "Global Governance and Development Ideology: The United Nations and The World Bank on The Left-Right Spectrum," *Global Governance*, Vol.19, No.2, 2013, p.252; Ame Rucken, "The Forgotten Dimension of Social Reproduction: The World Bank and the Poverty Reduction Strategy Paradigm," *Review of International Political Economy*, Vol.17, No.5, 2010, pp.816—839.

52. John Pender, "From 'Structural Adjustment' to 'Comprehensive Development Framework:' Conditionality Transformed?" *Third World Quarterly*, Vol.22, No.3, 2001, p.409.

53. 徐佳君:《新型援助附加条件?——评析世界银行绩效导向的援助分配政策》,载《国际政治研究》2012 年第 3 期,第 32—35 页。

54. Matt Andrews, "The Good Governance Agenda: Beyond Indicators Without Theory," *Oxford Development Studies*, Vol.36, No.4, 2008, pp.379—407.

55. David Williams, "Development, Intervention, and International Order," *Review of International Studies*, Vol.39, No.5, 2013, pp.1213—1231.

56. 虽然外因(如国家、国际组织的压力等)也很重要,但很多研究倾向于认为世界银行的内部反思是这些外因起作用的关键条件。参见 Catherine Weaver and Ralf J. Leiteritz, "'Our Poverty Is a World Full of Dreams': Reforming the World Bank," *Global Governance*, Vol.11, No.3, 2005, p.375。

57. 事实上,即使到 21 世纪 10 年代,世界银行内部许多资深官员对 SAL 的看法仍比外界更积极。这在世界银行一位前资深官员在多伦多大学的演讲(2014 年 11 月 8 日)中体现无遗。在演讲中,这位前世界银行官员指出 SAL 虽然未达到理想效果,但绝非一无是处。本资料来源为笔者的会议记录。

58. World Bank, "Global Development Horizons: Capital for the Future-Saving and Investment in an Interdependent World," 2013, https://openknowledge.worldbank.org/handle/10986/13431,最后访问时间:2022 年 8 月 18 日。

59. 朱杰进:《中国与全球经济治理机制变革》,上海人民出版社 2020 年版,第 186—188 页。

60. 联合国开发计划署和商务部国际贸易经济合作研究院:《兼容并蓄与因地制宜? 各国开展发展合作的方式及其对中国的借鉴意义》,中国商务出版社 2016 年版,第二、三章;Fahimul Quadir, "Rising Donors and the New Narrative of 'South—South' Cooperation: What Prospects for Changing the Landscape of Development Assistance Programmes?" *Third World Quarterly*, Vol. 34, No. 2, 2013, pp.321—338。

61. 张海冰:《发展引导型援助:中国对非洲援助模式研究》,上海人民出版社 2013 年版。

62. 白皮书基本信息参见国务院新闻办公室网站,http://www.scio.gov.cn/zfbps/index.htm,最后访问时间:2022 年 8 月 18 日。

63. May Tan-Mullins, Giles Mohan, and Marcus Power, "Redefining 'Aid' in the China—Africa Context," *Development and Change*, Vol. 41, No. 5, 2010, pp.857—881; Xiaoyun Li, Dan Banik, Lixia Tang, and Jin Wu, "Difference or Indifference: China's Development Assistance Unpacked," *IDS Bulletin*, Vol. 45, No.4, 2014, pp. 22—35; Dominik Kopiński and Qian Sun, "New Friends, Old Friends? The World Bank and Africa When the Chinese Are Coming," *Global Governance*, Vol.20, No.4, 2014, pp.601—623.

64. 国务院新闻办公室:《中国的对外援助(2011)》,2011 年 4 月。

65. 国务院新闻办公室:《新时代的中国国际发展合作》,2021 年 1 月。

66. 赵会荣:《"一带一路"高质量发展与境外经贸合作区建设——以中白工业园为例》,载《欧亚经济》2019 年第 6 期,第 46—63 页。

67. Deborah Bräutigam, *The Dragon's Gift: The Real Story of China in Africa*, Oxford: Oxford University Press, 2009, Chapter 5; Deborah Bräutigam, "Chinese Development Aid in Africa: What, Where, Why, and How Much?," in Jane Golley and Ligang Song, eds., *Rising China: Global Challenges and Opportunities*, Canberra: ANUE Press, 2011; 程诚:《中国特色的官方开发金融——中非发展合作的新模式》,载《复旦国际关系评论(第十九辑):国际发展合作新方向》,上海人民出版社 2016 年版,第 1—35 页。

68. Xiuli Xu, Xiaoyun Li, Gubo Qi, Lixia Tang, Langton Mukwereza, "Science, Technology, and the Politics of Knowledge: The Case of China's Agricultural

Technology Demonstration Centres in Africa," *World Development*, Vol. 81, 2016, pp.82—91; Xiaoyun Li, Dan Banik, Lixia Tang, and Jin Wu, "Difference or Indifference: China's Development Assistance Unpacked," *IDS Bulletin*, Vol.45, No.4, 2014, p.30.

69. 当然,这不是说西方的国际发展合作完全完成了与商业活动的"解绑"。这里只是强调,西方认为"捆绑援助"是不好的,应该被努力消除的,而中国认为只要能保证项目的落地和项目运行的可持续性,捆绑与否并不重要。参见 Deborah Bräutigam, "Aid 'With Chinese Characteristics': Chinese Foreign Aid and Development Finance Meet the OECD-DAC Aid Regime," *Journal of International Development*, Vol.23, No.5, 2011, pp.758—760。

70. 参见中国进出口银行行长助理李健在 2015 年陆家嘴论坛上的演讲, http://finance.sina.com.cn/hy/20150627/101822533218.shtml,最后访问时间: 2022 年 8 月 19 日。

71. 《财政部发布〈"一带一路"债务可持续性分析框架〉》,http://www.mof.gov.cn/zhengwuxinxi/caizhengxinwen/201904/t20190425_3234663.htm,最后访问时间:2022 年 8 月 18 日。

72. 朱杰进:《中国与全球经济治理机制变革》,上海人民出版社 2020 年版,第 168—169 页。

73. 关于综合讨论新兴援助国行为特点的相关文献,参见庞珣:《新兴援助国的"兴"与"新"——垂直范式与水平范式的实证比较研究》,载《世界经济与政治》2013 年第 5 期,第 37 页;联合国开发计划署和商务部国际贸易经济合作研究院:《兼容并蓄与因地制宜? 各国开展发展合作的方式及其对中国的借鉴意义》,中国商务出版社 2016 年版,第 2—3 页;郑宇:《援助有效性与新型发展合作模式构想》,载《世界经济与政治》2017 年第 8 期,第 135—155 页;Brookings, "New in Town: A Look at the Role of Emerging Donors in an Evolving Aid System," https://www.brookings.edu/articles/new-in-town-a-look-at-the-role-of-emerging-donors-in-an-evolving-aid-system/,最后访问时间: 2022 年 8 月 18 日; Axel Dreher, Peter Nuuenkamp and Rainer Thiele, "Are 'New' Donors Different? Comparing the Allocation of Bilateral Aid Between Non-DAC and DAC Donor Countries," *World Development*, Vol.39, No.11, 2011, pp.1950—1968。

74. Daniel Flemes, "India-Brazil-South Africa(IBSA) In The New Global Order: Interests, Strategies and Values of The Emerging Coalition," *International Studies*, Vol.46, No.4, 2009, pp.401—421。

75. 参见 Hong Zhou, "China's Evolving Aid Landscape: Crossing the River by Feeling the Stones," in Sachin Chaturvedi et al., eds., *Development Cooperation and Emerging Powers, New Partners or Old Patterns*, London: Zed Books, 2012, p.149; Ai Ping, "From Proletarian Internationalism to Mutual Development: China's Cooperation with Tanzania, 1965—95," in Goran Hyden and Rwekaza Mukandala, eds., *Agencies in Foreign Aid*, London: Palgrave Macmillan, 1999, pp.156—201;朱蓉蓉:《中国共产党对外援助策略的历史演进》,载《毛泽东邓小平理论研究》2011 年第 9 期,第 71—72 页。

76. Pippa Morgan and Yu Zheng, "Old Bottle New Wine? The Evolution of China's Aid in Africa 1956—2014," *Third World Quarterly*, Vol.40, No.7, 2019, pp.1283—1303; Xiaoyun Li, Dan Banik, Lixia Tang, and Jin Wu, "Difference or Indifference: China's Development Assistance Unpacked," *IDS Bulletin*, Vol.45,

No.4,2014,p.26；Peter Andrews Poole,"Communist China's Aid Diplomacy," *Asian Survey*,Vol.6,No.11,1966,p.623.

77. 周弘：《中国对外援助与改革开放30年》，载《世界经济与政治》2008年第11期，第36—37页。

78. 《邓小平年谱（第四卷）》，中央文献出版社2020年版，第390—391,532页。

79. Yanzhong Huang,"Domestic Politics and China's Health Aid to Africa," *China：An International Journal*,Vol.12,No.3,2014,p.182.

80. 20世纪80年代以来，对外援助管理体制经历了一些变化。1982年，对外经济联络部并入新成立的对外经济贸易部。对外经济贸易部于1993年更名为对外贸易经济合作部，又于2003年定名为我们现在所熟知的商务部。在20世纪80年代以前，对外经济联络部这一部级单位管理对外援助，而到20世纪80年代后，则由司级单位——商务部对外援助司——管理对外援助。2008年，为加强对外援助管理，国务院建立了对外援助部级协调机制，使得外交部和财政部也参与到对外援助管理中。但是，项目设计仍然以商务部为主。当然，1994年成立的中国进出口银行由于控制了优惠贷款业务且直接受国务院领导，它也对项目设计发挥重大影响。参见 Merriden Varrall,"Domestic Actors and Agendas in Chinese Aid Policy," *The Pacific Review*,Vol.29,No.1,2016,pp.21—44；黄梅波：《中国政府对外优惠贷款的发展历程与前景》，载《国际经济合作》2010年第11期，第50页。

81. Merriden Varrall,"Domestic Actors and Agendas in Chinese Aid Policy," *The Pacific Review*,Vol.29,No.1,2016,p.27.

82. Denghua Zhang and Graeme Smith,"China's Foreign Aid System：Structure,Agencies,and Identities," *Third World Quarterly*,Vol.38,No.10,2017,pp.2333—2334.

83. 张海冰：《发展引导型援助：中国对非洲援助模式研究》，上海人民出版社2013年版，第102页；Arjan De Haan,"Will China Change International Development as We Know It?" *Journal of International Development*,Vol.23,No.7,2011,p.889.

84. 周弘：《中国对外援助与改革开放30年》，载《世界经济与政治》2008年第11期，第38页。

85. Hong Zhang,"The Aid-contracting Nexus：The Role of the International Contracting Industry in China's Overseas Development Engagements," *China Perspectives*,No.4,2020,pp.17—27.

86. 王胜文：《中国援助非洲基础设施建设的经验与展望》，载《国际经济合作》2012年第12期，第7—9页。

87. 李小云、唐丽霞、陆继霞等：《新发展的示范：中国援非农业技术中心的微观叙事》，社会科学文献出版社2017年版，第21页。

88. Jikun Huang,Ruifa Hu,and Scott Rozelle,"China's Agricultural Research System and Reforms：Challenges and Implications for Developing Countries," *Asian Journal of Agriculture and Development*,Vol.1,No.1,2004,pp.98—112.

89. Xiuli Xu,Xiaoyun Li,Gubo Qi,Lixia Tang,Langton Mukwereza,"Science,Technology,and the Politics of Knowledge：The Case of China's Agricultural Technology Demonstration Centres in Africa," *World Development*,Vol.81,2016,pp.83—84.

90. Xiaoyun Li,Dan Banik,Lixia Tang,and Jin Wu,"Difference or Indifference：China's Development Assistance Unpacked," *IDS Bulletin*,Vol.45,No.4,

2014，p.28；周弘：《中国对外援助与改革开放 30 年》，载《世界经济与政治》2008 年第 11 期，第 39—40 页。

91. Jiajun Xu, "Market Maker: The Role of China Development Bank in Incubating Market," *Man and the Economy*, Vol.4, No.2, 2017, p.18.

92. 李若谷：《正确认识发展中国家的债务可持续问题》，载《世界经济与政治》2007 年第 4 期，第 63—72 页。

93. 唐晓阳：《中非经济外交及其对全球产业链的启示》，世界知识出版社 2014 年版，第 81—88 页；余南平：《一种新的国际援助混合模式？——以华刚公司在刚果金项目为分析视角》，载《华东师范大学学报（哲学社会科学版）》2015 年第 1 期，第 66 页。

94. Deborah Bräutigam and Xiaoyang Tang, "'Going Global in Groups': Structural Transformation and China's Special Economic Zones Overseas," *World Development*, Vol.63, 2014, pp.85—88.

95. 宋微：《中国对外援助意义的再思考》，载《国际经济合作》2015 年第 1 期，第 81—84 页；李兴乾：《国际援助规划决策的经验及其启示》，载《国际经济合作》2009 年第 3 期，第 45—49 页。

96. Ian Taylor, *China's New Role in Africa*, Boulder: Lynne Rienner 2009, p.22.

97. David Dollar's Presentation at the Session on "China: Developing Giant and Emerging Development Actor," Hosted by the Center for Global Development, Washington, D.C., June 21, 2007, quoted in Gregory Chin, "Two-Way Socialization: China, The World Bank, And Hegemonic Weakening," *The Brown Journal of World Affairs*, Vol.19, No.1, 2012, p.218.

98. Selina Ho, "Infrastructure and Chinese Power," *International Affairs*, Vol.96, Issue 6, November 2020, pp.1461—1485.

99. Ngaire Woods, "Whose Aid? Whose Influence? China, Emerging Donors and the Silent Revolution in Development Assistance," *International Affairs*, Vol.84, No.6, 2008, pp.1205—1221.

100. 《美国中非关系问题专家接受本报专访：中国为非洲打开了一扇门》，环球网，2010 年 1 月 20 日，https://world.huanqiu.com/article/9CaKrnJmUF4，最后访问时间：2022 年 8 月 18 日。

101. 一些机构估计，亚洲地区有 7 500—10 000 亿美元的基础设施融资需求。参见 Ramon Pacheco Pardo, Pradumna B. Rana, "Co-operation Not Competition: The New Multilateral Development Banks and the Old," *Global Asia*, https://www.globalasia.org/v13no1/feature/co-operation-not-competition-the-new-multilateral-development-banks-and-the-old_ramon-pacheco-pardopradumna-b-rana，最后访问时间：2022 年 8 月 18 日。

102. 联合国开发计划署和商务部国际贸易经济合作研究院：《兼容并蓄与因地制宜？各国开展发展合作的方式及其对中国的借鉴意义》，中国商务出版社 2016 年版，第 15 页。

103. 关于对并非援助但具有优惠性的资金的理解，参见中国人民大学重阳金融研究院：《"造血"金融——"一带一路"升级非洲发展方式》，载《人大重阳研究报告》第 23 期，2017 年 5 月 3 日。

104. Janet Eom et al., "The United States and China in Africa: What Does the Data Say?" *Policy Brief*, 2017, No.18, China Africa Research Initiative at Johns

Hopkins University's School of Advanced International Studies.

105. 笔者根据世界银行数据库计算得出，IBRD/IDA Lending Summary-Lending Amounts by FY，http://financesapp.worldbank.org/en/summaries/ibrd-ida/。

106. 国务院新闻办公室：《新时代的中国国际发展合作（白皮书）》，2021年1月。

107. 联合国开发计划署和商务部国际贸易经济合作研究院：《兼容并蓄与因地制宜？各国开展发展合作的方式及其对中国的借鉴意义》，中国商务出版社2016年版。该报告对印度、巴西、阿联酋等国的发展合作资金规模均有介绍。

108. Walz, Julie, and Vijaya Ramachandran, "Brave New World: A Literature Review of Emerging Donors and the Changing Nature of Foreign Assistance," *Center for Global Development Working Paper*, No.273, 2011.

109. Brookings, "New in Town: A Look at the Role of Emerging Donors in an Evolving Aid System," https://www.brookings.edu/articles/new-in-town-a-look-at-the-role-of-emerging-donors-in-an-evolving-aid-system/，最后访问时间：2022年8月18日。

110. 《习近平谈治国理政》(第二卷)，外文出版社2017年版，第523—524页。

111. 同上书，第524页。

112. 相关学术研究参见张辉：《人类命运共同体：国际法社会基础理论的当代发展》，载《中国社会科学》2018年第5期，第43—68页；赵可金、马钰：《全球意识形态大变局中的人类命运共同体》，载《国际论坛》2020年第2期，第3—17页；王玉主：《中国的国际社会理念及其激励性建构——人类命运共同体与"一带一路"建设》，载《当代亚太》2019年第5期，第4—29页。

113. 国纪平：《"一带一路"倡议5周年：构建人类命运共同体的伟大实践》，载《人民日报》2018年10月4日。

114. 郭树勇：《人类命运共同体面向的新型国际合作理论》，载《世界经济与政治》2020第5期，第23—50页。

115. 国务院新闻办公室发布的《新时代的中国国际发展合作（白皮书）》明确将"一带一路"定义为中国参与国际发展合作的"重要平台"。参见国务院新闻办公室：《新时代的中国国际发展合作（白皮书）》，2021年1月。

116. Joshua P. Meltzer, *China's One Belt One Road initiative: A View from the United States*, Washington, D.C.: Brookings Institute, 2017; William A. Callahan, "China's 'Asia Dream' the Belt Road Initiative and the New Regional Order," *Asian Journal of Comparative Politics*, Vol.1, No.3, 2016, pp.226—243.

117. 国家发展改革委、外交部、商务部：《推动共建丝绸之路经济带和21世纪海上丝绸之路的愿景与行动》，2015年3月。

118. 根据2022年3月的数据，已经有149个国家和32个国际组织与我国签署共建"一带一路"合作文件。《已同中国签订共建"一带一路"合作文件的国家一览》，中国一带一路网，https://www.yidaiyilu.gov.cn/xwzx/roll/77298.htm，最后访问时间：2022年8月18日。

119. 朱磊、陈迎：《"一带一路"倡议对接2030年可持续发展议程——内涵、目标与路径》，载《世界经济与政治》2019年第4期，第95—97页；门洪华：《"一带一路"规则制定权的战略思考》，载《世界经济与政治》2018年第7期，第19—40页；James F. Paradise, "The Role of 'Parallel Institutions' in China's Growing Participation in Global Economic Governance," *The Journal of Chinese Political Science*, Vol.21, Issue 2, 2016, pp.149—175.

120.《创设五年,亚投行的这份成绩单令人瞩目》,新华网,2021年1月15日,http://www.xinhuanet.com/fortune/2021-01/15/c_1126988301.htm,最后访问时间:2022年8月18日。

121. "New Development Bank Celebrates Seven Years Of Accomplishments," https://www.ndb.int/press_release/ndb-at-7-new-development-bank-celebrates-seven-years-of-accomplishments/,最后访问时间:2022年8月18日。

122. 对亚投行的相关研究参见 Gregory T. Chin, "Asian Infrastructure Investment Bank: Governance Innovation and Prospects," *Global Governance*, Vol.22, No.1, 2016, pp.11—25; Alice De Jonge, "Perspectives on the Emerging Role of the Asian Infrastructure Investment Bank," *International Affairs*, Vol.93, No.5, 2017, pp.1061—1084.

123. 朱杰进:《新型多边开发银行的运营制度选择——基于历史制度主义的分析》,载《世界经济与政治》2018年第8期,第30—61页。

124. 一些案例研究,参见 Sam Hickey, "Beyond the Poverty Agenda? Insights from The New Politics of Development in Uganda," *World Development*, Vol.43, No.1, 2013, pp.194—206; Christine Hackenesch, "European Good Governance Policies Meet China in Africa: Insights from Angola And Ethiopia," European Association of Development Research and Training Institutes (EADI), Working Paper, No.10, 2011.

125. 一些研究者注意到新兴援助国、地区发展银行、其他机构(如盖茨基金会等)对世界银行业务的替代效应。参见宋锦:《美国在世界银行的影响力下降了吗——从世界银行发展融资分布得出的证据》,载《世界经济与政治》2019年第10期,第74—98页; Diego Hernandez, "Are 'New' Donors Challenging World Bank Conditionality?" *World Development*, Vol.96, 2017, pp.529—549; Sophie Harman and David Williams, "International Development in Transition," *International Affairs*, Vol.90, No.4, 2014, pp.925—941.

126. 张传红:《"误读"中国发展援助数据,美智库堕落》,载《环球时报》2021年11月10日。

127. Foreign Affairs Committee of the House, Asia and the Pacific Subcommittee Hearing, "Development Finance in Asia: Us Economic Strategy Amid Chinas Belt and Road," November 15, 2017, https://www.govinfo.gov/content/pkg/CHRG-115hhrg27552/html/CHRG-115hhrg27552.htm,最后访问时间:2022年8月18日; United States-China Economic and Security Review Commission of the Congress Hearing, "China's Belt and Road Initiative: Five Years Later," 2018, https://www.uscc.gov/sites/default/files/transcripts/Hearing%20Transcript%20-%20January%2025,%202018_0.pdf,最后访问时间:2022年8月18日。

128. Jennifer Hillman and David Sacks, "Chinas Belt and Road: Implications for the United States," CFR, March 2021, https://www.cfr.org/report/chinas-belt-and-road-implications-for-the-united-states/,最后访问时间:2022年8月18日。

129. EAGLE Act, H. R. 3524, https://www.congress.gov/bill/117th-congress/house-bill/3524/text,最后访问时间:2022年8月18日。

130. 相关表态见于很多场合,当然也不排除这些表态有宣传目的。"Biden Says There Will be 'Extreme Competition' With China, But Won't Take Trump Approach," CNBC News, February 7, 2021, https://www.cnbc.com/2021/02/07/biden-will-compete-with-china-but-wont-take-trump-approach.html#:~:text=

WASHINGTON％20％E2％80％93％20President％20Joe％20Biden％20said％20his％20administration, told％20in％20a％20CBS％20interview％20clip％20published％20Sunday,最后访问时间：2022年8月18日；"Biden says he suggested to UK's Johnson a plan to rival China's Belt and Road," Reuters, March 26, 2021, https://www.reuters.com/world/uk/biden-says-he-suggested-uks-johnson-plan-rival-chinas-belt-road-2021-03-26/,最后访问时间：2022年8月18日；Gregory W. Meeks, "The Build Back Better World Partnership Could Finally Break the Belt and Road," *Foreign Policy*, June 28, 2021, https://foreignpolicy.com/2021/06/28/the-build-back-better-world-partnership-could-finally-break-the-belt-and-road/,最后访问时间：2022年8月18日。

131. 霍淑红：《中美竞争—合作框架下美国对外援助研究》，载《社会科学》2021年第7期，第35—43页。

132. 仇朝兵：《特朗普政府的"印太战略"及其与相关国家的能源合作：动因、特点及影响》，载《美国研究》2021年第6期，第54—83页；李莉：《美国的印太数字经济外交：推进与前景》，载《印度洋经济体研究》2022年第2期，第1—18页；陈超、王义桅：《双转型下的欧盟"全球门户"战略》，载《现代国际关系》2022年第6期，第42—50页。

133. George Ingram and Sally Paxton, "Movement on Transparency at the Development Finance Corporation," Brookings, December 2, 2020, https://www.brookings.edu/blog/future-development/2020/12/02/movement-on-transparency-at-the-development-finance-corporation/,最后访问时间：2022年8月18日；Joshua P. Meltzer, "Sustainable Infrastructure Investment, Climate Change, and Global Development," Brookings, December 3, 2018, https://www.brookings.edu/blog/planetpolicy/2018/12/03/sustainable-infrastructure-investment-climate-change-and-global-development/,最后访问时间：2022年8月18日；United States-China Economic and Security Review Commission of the Congress Hearing, "China's Belt and Road Initiative: Five Years Later," 2018, https://www.uscc.gov/sites/default/files/transcripts/Hearing％20Transcript％20-％20January％2025,％202018_0.pdf,最后访问时间：2022年8月18日。

134. "Better Utilization of Investments Leading to Development Act of 2018," Full Text, https://www.congress.gov/115/bills/hr5105/BILLS-115hr5105pcs.xml,最后访问时间：2022年8月18日。

135. Frederik De Roeck, Jan Orbie, and Sarah Delputte, "Mainstreaming Climate Change Adaptation into the European Union's Development Assistance," *Environmental Science & Policy*, Vol.81, 2018, pp.36—45.

136. OECD, "Greening Development Co-operation: Lessons from the OECD Development Assistance Committee, The Development Dimension," OECD Publishing, 2019, https://doi.org/10.1787/62cc4634-en,最后访问时间：2022年8月18日。

137. 《拜登总统就启动全球基础设施和投资伙伴关系发表讲话》，美国驻华大使馆，2022年6月26日，https://china.usembassy-china.org.cn/zh/remarks-by-president-biden-at-launch-of-the-partnership-for-global-infrastructure-and-investment/,最后访问时间：2022年8月18日。

138. 转引自《欧盟发布"全球门户"计划,外媒：一大批发展中国家并不期待其鼓吹的"民主议程"!》,环球网,2021年12月2日,https://world.huanqiu.com/arti-

cle/45oczenacEs,最后访问时间:2022 年 8 月 18 日。

139. Andrew Rice, "Is Jim Kim Destroying the World Bank—or Saving It From Itself?" *Foreign Policy*, April 27, 2016, http://foreignpolicy.com/2016/04/27/is-jim-yong-kim-destroying-the-world-bank-development-finance/,最后访问时间:2022 年 8 月 18 日。

140. Diego Hernandez, "Are 'New' Donors Challenging World Bank Conditionality?" *World Development*, Vol.96, 2017, pp.544—545.

141. Daniel Runde, "Ensuring The World Bank's Relevance," March 16, 2015, https://www.forbes.com/sites/danielrunde/2015/03/16/ensuring-world-bank-relevance/#62876d327feb,最后访问时间:2022 年 8 月 18 日。

142. 参见世界银行网站,http://www.worldbank.org/en/programs/program-for-results-financing#4,最后访问时间:2022 年 8 月 18 日。

143. "New World Bank Funding Approach Riles Green Groups," February 2, 2012, https://www.cgdev.org/article/new-world-bank-funding-approach-riles-green-groups-climate-wire,最后访问时间:2022 年 8 月 18 日。

144. Ben Cormier, "Empowered Borrowers? Tracking the World Bank's Program-for-Results," *Third World Quarterly*, Vol.37, No.2, 2016, p.217.

145. The World Bank Operations Policy and Country Services, "Program-for-Results: Two-Year Review," the World Bank, 2015, p.10.

146. "New World Bank Funding Approach Riles Green Groups," February 2, 2012, https://www.cgdev.org/article/new-world-bank-funding-approach-riles-green-groups-climate-wire,最后访问时间:2022 年 8 月 18 日。

147. 关于对 P4R 中安全保障制度的评价(批评),参见 John Vidal, "NGOs Criticise World Bank's New Lending Plan for Poorer Countries," *The Guardian*, October 21, 2011, https://www.theguardian.com/global-development/poverty-matters/2011/oct/21/ngos-criticise-world-bank-lending,最后访问时间:2022 年 8 月 18 日; Kirk Herbertson, "Will Safeguards Survive the Next Generation of Development Finance?" *International Rivers Report*, June 2012, http://www.bankinformationcenter.org/en/Document.102926.pdf,最后访问时间:2022 年 8 月 18 日; Ben Cormier, "Empowered Borrowers? Tracking the World Bank's Program-for-Results," *Third World Quarterly*, Vol.37, No.2, 2016, p.214; Dominik Kopiński and Qian Sun, "New Friends, Old friends? The World Bank and Africa When the Chinese Are Coming," *Global Governance*, Vol.20, No.4, 2014, p.616。

148. Ben Cormier, "Empowered Borrowers? Tracking the World Bank's Program-for-Results," *Third World Quarterly*, Vol.37, No.2, 2016, p.214.

149. Daniel Runde, "Ensuring the World Bank's Relevance," March 16, 2015, https://www.forbes.com/sites/danielrunde/2015/03/16/ensuring-world-bank-relevance/#62876d327feb,最后访问时间:2022 年 8 月 18 日。

150. Alan Gelb, Anna Diofasi and Hannah Postel, "Program for Results: The First 35 Operations," Center for Global Development, Working Paper 430, July 2016, p.30.

151. World Bank, "A New Instrument to Advance Development Effectiveness: Program-for-Results Financing," Washington, D.C.: The World Bank, 2011, pp.14—15.

152. Ibid, pp.27—28.

153. Ben Cormier, "Empowered Borrowers? Tracking the World Bank's Program-for-Results," *Third World Quarterly*, Vol.37, No.2, 2016, p.218.

154. World Bank, "A New Instrument to Advance Development Effectiveness: Program-for-Results Financing," Washington, D.C.: The World Bank, 2011, p.2, Annex A. Summary of Consultations, Section 2.

155. The World Bank Operations Policy and Country Services, "Program-For-Results: Two-Year Review," the World Bank, 2015, p.96.

156. Andrew Rice, "Is Jim Kim Destroying the World Bank—or Saving It From Itself?" *Foreign Policy*, April 27, 2016.

157. Fadia Saadah, "Beyond the Boundaries: Program-for-Results and the Role of Leverage in Scaling up Results," https://thedocs.worldbank.org/en/doc/58376-1534193720449-0290022015/original/PforRfactsheetSpringMeetings2015.pdf, 最后访问时间：2022年8月18日。

158. The World Bank Operations Policy and Country Services, "Program-for-Results: Two-Year Review," the World Bank, 2015, Annex 2.

159. 需要强调的是,世界银行工作重点的转移并不全是依托于P4R的。对世界银行更广意义上的方案创新的研究,参见杨娜、程弘毅：《国际组织的非核心职能拓展——以世界银行参与全球治理为例》,载《世界经济与政治》2021年第10期,第4—28页。

160. The World Bank, "Program-for-Results Financing Overview," https://www.thepmr.org/system/files/documents/Session%206_%20PforR_Shah_May-23_final.pdf, p.5, 最后访问时间：2022年8月18日。

161. Susan Park and Antje Vetterlein, eds., *Owning Development: Creating Policy Nnorms in the IMF and the World Bank*, New York: Cambridge University Press, 2010; Susan Park, *World Bank Group Interactions with Environmentalists: Changing International Organization Identities*, New York: Oxford University Press, 2010; Mark T. Buntaine, "Accountability in Global Governance: Civil Society Claims for Environmental Performance at the World Bank," *International Studies Quarterly*, Vol.59, No.1, 2015, pp.99—111.

162. Jacqueline Best, *Governing Failure: Provisional Expertise and the Transformation of Global Development Finance*, New York: Cambridge University Press, 2014.

163. 一些典型研究参见李小云等：《国际发展援助:非发达国家的对外援助》,世界知识出版社2013年版;Martyn Davies et al., "How China Delivers Development Assistance to Africa," Centre for Chinese Studies, University of Stellenbosch, February 2008; Peter Kragelund, "The Return of Non-DAC Donors to Africa: New Prospects for African Development?" *Development Policy Review*, Vol.26, No.5, 2008, pp.555—584; Sebastian Paulo and Helmut Reisen, "Eastern Donors and Western Soft Law: Towards a DAC Donor Peer Review of China and India?," *Development Policy Review*, Vol.28, No.5, 2010, pp.535—552。

第七章
迈向新的全球治理

　　回到本书开篇的论点：全球治理最理想的结果是在公道的规范和规则指导下，有效地解决全球性问题，而公道且有效的全球治理必然需要不断创新和变革。长期以来，人们往往大而化之地从国际格局变迁和正式国际制度改革角度讨论全球治理变革问题。这一分析路径虽然有一定价值，但其只触及了全球治理体系的一个层次，并未涵盖全球治理变革复杂的实际情况。本书对全球治理变革的表现和逻辑进行了多维度分析，提出了一系列创新性学理观点和新实证发现。第一，本书将全球治理体系分为决策权分配、宏观理念和治理方案三个层次，提出这三根支柱共同决定了某一特定议题领域内全球治理体系的运行逻辑。这有助于我们更准确地判断不同全球治理体系的特征，避免过度简化地认为所有全球治理体系皆由西方大国主导。第二，本书基于治理方案与全球性问题的解决联系最为紧密的考虑，认为治理方案层次出现持久、系统性革新才是全球治理深度变革的表现，而正式制度和宏观理念调整可能在不引发方案变革的情况下单独发生。这种对全球治理变革的认识有助于我们认清变革的性质，避免大而化之地认为正式制度变革将必然引发深层、系统的全球治理变革。第三，本书将制度竞争理论、建构主义规范变迁理论、实践理论和中国的改革理论结合起来，提出全球治理深度变革需要权力博弈、话语互动和创新实践三大变革动力的协同才可实现。三者协同得不好，就可能导致变革停留在较浅层次，或无法持续。在此观点基础上，本书将权力和话语机制合并为权威的建构,将创新实践的治理绩效和变革发起者的权威性高低综合考虑,建构出能分析全球治理方案变革不同效果的分析框架。第四,在新理论的指导下,本书对全球金融安全体系的有限改革、国际知识产权体系的不稳定方案革新、全球气候治理中新方案的发展和扩散,以及国际发展合作领域的系统性方案变革这四个现实案例进行了分析。这四个案例中全球治理体系变革的程度有所区别,且案例内的变革效果在不同时间段也有区别(见图7.1)。对他们的分析展示了本书理论框架的解释力,也能够使我们在这些议题领域积累更多的改革知识。

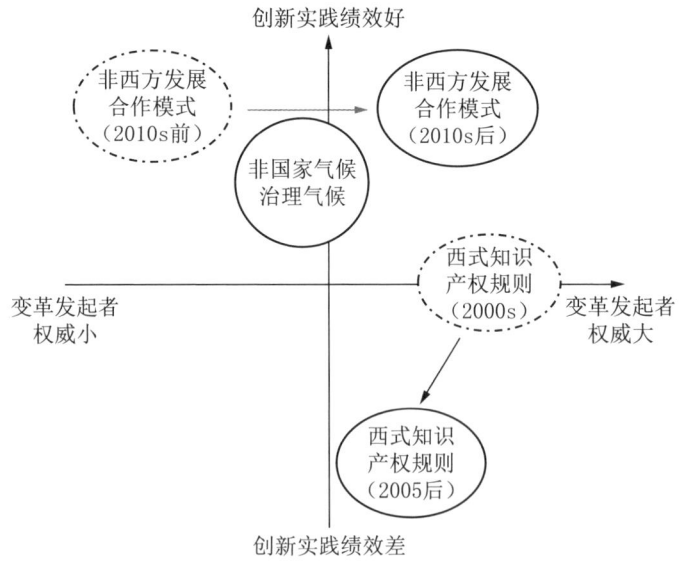

资料来源:笔者自制。

图7.1 对本书案例的总结[1]

全球治理改革与创新的进程永远不会停止,而全球治理所涉及的问题也远非本书有限的篇幅所能涵盖。因此,由本书的研究延伸开来,还有许多有价值的问题值得探究。一方面,本书所关注的四个议题领域内的全球治理体系仍处在不断发展演变的进程中,继续追踪相关案例的新进展将产生新的学术发现。第一,在金融领域，本书所分析的只是全球金融安全网建设方面截至2022年的进展。那么，地区性金融安全网能否在未来获得独立地位？东亚各国能否最终突破西方知识的桎梏，真正用地方知识和经验建构起新方案？第二，在知识产权领域，虽然目前来看发展中国家已经能够更理性地与西方展开自由贸易谈判，并抵制西式知识产权规则的扩张。但是，随着各方博弈的加剧，西方可能会加大力度利用自身权力优势来强推 TRIPS-Plus 规则，改变原先以利益交换和劝说为主的做法，这将如何影响发展中国家的利益，值得关注。此外，发展中大国建构"南方特色 TRIPS-Plus"规则的行动刚刚起步，其发展情况也值得持续关注。第三，在气候治理领域，随着大国博弈的加剧和全球气候危机的恶化，非国家行为体主导的治理方案可能面临新的挑战。非国家行为体如何应对个别大国可能的拆台行为？如何处理非国家治理行动速度和力度不够的问题？这些疑问还有待进一步研究。第四，在国际发展领域，西方和非西方治理方案显然已经出现了较大程度的趋同发展现象。但是，在合作重点类似的情况下，各方围绕具体标准和规则的竞争是不断加剧的。并且，美国等国可能并不如中国那样秉持开放包容的合作理念，他们也并不想与中国展开公平的治理竞争。相反，美国等国可能逼迫发展合作伙伴国选边站队。这些新情况将如何影响国际发展合作方案的革新，又将如何影响发展中国家的切身利益？我们对这些问题尚无明确回答。

另一方面，除了继续跟进本书所讨论的案例之外，本书的分析框架也可以被用来分析更多的全球治理变革案例。例如，全球金融治理改革不仅涉及金融安全体系建设，还涉及如信用评级、银行业风险监管、反避税等诸多领域。[2] 又如，全球卫生、粮食、信息安全等议题领域的全球治理体系都正在经历动荡和变革。[3] 本书并未讨论这些议题，但未来可以考察本书的综合性分析框架是否能够帮助我们更好理解这些领域的方案创新逻辑，以及新方案的发展演变。此外，除了气候治理，全球环境治理主题下的许多领域都出现了国家中心主义治理模式受到冲击,非国家行为体直接参与治理的现象。其中,最为典型的案例要属全球森林治理。受到多边主义理念的影响,并基于臭氧层保护、全球气候治理的早期经验,全球森林治理从一开始也采用了多边缔约的治理模式。[4]但是,由于全球森林系统的复杂性和国家间利益冲突难以调和,多边层次的谈判逐渐陷入困境。在此背景下,非政府组织开始推动可持续木材采购标准的制定。而非政府组织的规则推广活动不但对私营部门(尤其是大公司)造成了规范性压力,还使大公司看到了采用新标准所可能产生的商业利益(即采用可持续采购标准本身可能成为采购商的新比较优势)。[5]可见,在全球森林治理领域内已经出现了治理方案革新——依托森林采购供应链的治理行动。而新方案之所以能逐渐扩散开来,也主要得益于其比单纯的多边谈判有更好的治理绩效。有趣的是,随着创新性方案的运行,森林治理领域也出现了政府参与度提升,公私合作回归的现象。[6]从上述简要讨论可见,全球森林治理的演变逻辑也基本符合本书的分析框架。

此外,本书所讨论的议题总体上是低政治领域,在更偏高政治的国际安全领域,已有一些学者探析了中西方全球治理理念和方案的互动关系。例如,何银分析了中国和西方在参与联合国维持和平行动时所采用的方案的差异性(即中国所持有的是"发展和平"思路,而西方所持有的是"自由和平"思路),并认为两种方案并不一定是二元对立的,而是可能走向融合共存。[7]这是一个非常有价值的研究成果,因为其证明认知和规范维度的变革不仅存在于更具公共属性的全球治理领域,也存在于安全领域。有必要在此基础上,进一步分析安全领域的其他各类治理方案革新是否以及在何种条件下具有可持续性和广泛影响。

进入21世纪以来,世界迎来"百年未有之大变局"。不但国际政治总体背景在发生变化,全球性问题也对人类社会构成越来越严峻的挑战。因此,对于中国而言,推动全球治理朝着更加公正、合理、高效、包容的方向发展是我们作为大国义不容辞的责任。当然,推动全球治理深度变革这一崇高事业也对中国的综合能力——不仅是外交能力,还包括知识建构、跨国沟通、动员各类社会力量等方面的能力——提出了更高的要求。本书对优化中国改革全球治理的实践有几点启示。第一,大国外交仍是推动全球治理变革的基础性动力。除了推动关键国际组织治理结构的改革,中国应继续强调建构改革情境(如通过新建国际组织提升对旧组织的压力),以削弱传统国际组织的惰性,引导其向竞优方向发展。第二,全球治理变革的动力不止是国际格局的东升西降,还包括西方知识体系与全球治理需求不匹配情况的加剧。[8]这里的"全球治理知识"至少包含两个维度:一是关于全球治理应该如何组织的宏观理念;二是关于具体议题的可操作的理论。因此,若要推动全球治理深度变革,就必须在这两方面都贡献新知识,而首先要做的,就是在宏观理念上打破西方传统的二元对立式全球秩序观,加大力度破除其对单一秩序模式的迷信,[9]宣传人类命运共同体理念的开放包容、和而不同的内核。第三,本书已经说明,正式制度层次的改革,甚至宏观理念的变革都并不一定引发方案革新,因为方案革新遵循着独特的逻辑——以创新实践为基础的知识生产。作为重要的治理方案建构者,国际组织在专业性议题上既与学术界保持密切联系,又不断在实践中总结经验,还在与其他实践者的碰撞中汲取新知识。因此,实践和知识生产是一个整体。光有新实践,没有系统性知识创造也是不行的。美国之所以对许多国际组织产生重大影响,不只是因为其有丰富的创新实践,还因为其能够将这些实践转化为知识,从而通过教育、研究等方式注入国际组织之中。[10]比如,真正推动IMF金融治理理念转变的不是美国政府,而是美国经济学的自由主义学派。针对此,中国不但应加强对全球治理的研究,进一步发展中国特色的国际关系学、全球学,还应大力培育全球治理细分专业领域(如金融、环境、经济、贸易、国际法等)的中国学科、中国知识体系和专业人才。如果中国在某些议题领域能够建立起强大的学科和专业知识体系(如在发展领域建构中国特色的、被广泛认可的新发展经济学理论),则其对国际组织将产生更加根本性影响。第四,虽然中国人常讲"酒香不怕巷子深",但事实上,知识的传播需要多元行为体不懈的主动努力。若想让中国声音、中国智慧、中国方案为世人所知、所认同,就需要多管齐下的努力。比如,国际组织改革的人才因素非常重要。中国政府越来越重视国际组织专门人才的培养,许多高校也建立了国际组织人才培养方案和专业。[11] 以人才战略引导国际组织文化变革符合既有研究呈现的变革规律。同时,学术研究、智库、媒体发声等是一国获取国际话语权的关键。中国在近些年对智库建设、传播能力建设的支持具有非常重要的战略价值。[12] 最后,非国家行为体(不止是非政府组织,还包括地方政府的跨国网络,以及行业协会这类私营部门构成的组织)已经被证明可以在合适的条件下独当一面,成为影响全球治理乃至全球经济运行的重要力量。鉴于此,中国应继续大力发展非政府组织,推动其走出去并与国际组织积极互动。同时,非国家行为体也不一定总是积极的治理推动者和公共物品提供者,它们还可能追求权威和私利。这一点在许多议题中都有所体现。事实上,在涉及对网络效应的使用时(如供应链治理),非国家行为体有时会与国家产生明显的矛盾。因此,若要引导全球治理积极健康地发展,就应重视以适当的方式与非国家行为体互动,引导并在必要时限制其改革行动。总之,国家对于全球治理施加影响并不是依靠单一路径,而是需要依靠一个由政府、非政府组织、高校、智库、国际组织、个人等多元行为体构成的复杂网络。并且,由于知识生产和传播本身的复杂性,国家也不宜谋求完全控制知识生产,而只需在适当时机加以引导,并让各类行为体充分发挥其创造力,形成百花齐放的局面。

既然已经谈到了推动全球治理变革的具体方法,那么不妨让我们从更长的时间尺度上展望全球治理的未来。虽然各种有利于全球治理变革的条件都已具备,但若把时间尺度拉长,全球治理变革的进程恐怕仍存在许多不确定性。事实上,本书开篇和后面案例部分所讨论的主要还是一些比较积极的变化,如参与者多元化、垄断性理念弱化、地方性方案创新增加等。这些因素的叠加总体上有利于全球治理向更开放、包容、多元、公道、有效的方向发展。但是,在传统国际关系逻辑的影响下,全球治理的变革也面临一些不利因素,如大国竞争加剧、民主化程度不足、灵活的实践导向理念尚未完全确立等。

第一,全球治理虽然不断呼唤全球主义理念,即从全人类共同利益角度开展跨国合作,但传统国际关系仍以国家主义为指导,这使全球治理时刻面临合作动力衰减、围绕变革的冲突加剧的困扰。正如蔡拓等人所言:"'国家中心主义'理念让国家将全球治理仅仅看作不同行为体之间进行冲突或竞争的新方式而使得主权国家的全球共同体意识缺失,导致全球治理困境的出现。"[13]虽然非国家行为体已经能在一些领域驱动全球治理的运转,但国家仍然掌握着主要的资源。而在自助、自利的国际政治文化下,大国对相对收益的执着和彼此间的信任缺失,都可能使全球集体行动陷入困境。因此,在这个最需要大国合作的时代,全球治理可能出现"无领导化"(也可称为"G0"化)倾向。[14]更令人担忧的是,美国为首的西方大国可能从原本的主要以"消极参与"表达不满转向以"破坏"表达不满。特朗普政府时期,美国频频"废约""退群",对许多正式国际制度的有效运转造成重大冲击。[15]美国的破坏行动不只限于正式制度层面,其还干扰全球治理知识的生产。例如,不满于世界银行的《营商环境报告》对一些国家给出"过高"评分,美国利用所谓"第三方调查"批评世界银行的报告受到认为操纵。这导致世界银行于2021年停止发布新营商环境报告。[16]又如,不顾国际组织中中国雇员数量与中国国际地位严重不符的现实,美国居然堂而皇之地宣称要抑制中国在联合国的影响力。[17]此外,如笔者在气候治理案例中简要讨论的,即使在气候治理这种被视为以合作为主旋律的议题领域,大国间竞争的加剧都可能对治理进程产生干扰。美国已经将竞争性贸易和科技政策应用到清洁能源、电动汽车等领域,这将严重干扰全球供应链和科技交流,也为全球气候治理蒙上阴影。上述行为都表明,美国正越来越突出全球治理的政治维度,更愿意基于狭隘的霸权利益而非全球公共利益采取行动。总之,全球治理中的竞争可以是良性的,也可以是恶性的。[18]本书所讨论的竞争和变革虽然也与权力密不可分,但总体上是良性的。随着西方不断强调以政治和小圈子为基础的对抗性行动,这种良性竞争能否保持? 目前尚不明朗。

第二,全球治理的民主化水平仍较低。虽然部分议题领域内的全球治理体系已经能够更平衡地反应发达国家和发展中国家的利益和理念,但从更广泛的意义上看,政治精英对全球治理仍发挥决定性影响,这使得全球治理的民主化水平仍十分有限。长期以来,国家和国际组织的政治精英在公众视野之外,并能在不甚考虑公众诉求的情况下作出承诺和采取行动。如约瑟夫·斯蒂格利茨(Joseph Stiglitz)所言,政治精英"认为其他的参与者只会搞乱讨论",精英们"所做的决策影响到社会的各个方面的游戏规则,然而,决策者的范围是非常窄小的"。[19]无论是正式的多边谈判还是非正式大国协调,都体现了精英主导特色。但是,全球体系下大大扩宽和加强了的全球联系渠道,使最普通的个人首次与全球体系紧密地联系在一起。如著名社会学家安东尼·吉登斯(Anthony Giddens)所言:"全球化在抽离国家力量的同时,还进一步使事物本土化。许多影响进入国家层面之下,要么对地方发生直接影响,要么对本土或者城市发生直接影响。"[20]在上述背景下,人本意识觉醒了,个人在世界事务中的能动性也大为加强。个人的崛起更凸显了大国协调的民主赤字。前文所述的大国在全球治理中恶性竞争、背信弃义的行为都在一定程度上与全球治理民主化水平不足有关。民众参与不足、民心不通成为制约全球治理深化发展的重要因素。

第三,除了少数特例,人们仍主要强调通过全球缔约来解决全球性问题,实践导向、灵活应变的治理方案建构机制尚不是主流。

主流认知中,能否最终缔结一项具有法律约束力的多边条约,进而在其指导下展开行动,是评判全球治理集体行动是否成功的关键标准。一方面,这种路径关注的是通过订立一套完整的权利和义务分配系统来组织全球性集体行动。另一方面,这种路径试图将所有相关子议题纳入一个整合的框架中加以讨论,并建立一套非常宏大的制度系统。比如,多边贸易领域的多哈回合谈判的志向是极其宏伟的:"它不仅力图建立规范制成品、农产品和服务贸易的国际规则,还将一系列与国际贸易并无直接关联的领域包含在内(比如反垄断、知识产权和外商投资规则等)";多哈回合谈判追求一步到位的缔约思路,"以设计一个统一的、不可分割的自由化框架来规范农业、制造业和服务业贸易为目标"。[21] 虽然建章立制看似是理想的治理路径,但正如本书所展示的,全球治理的许多议题是高度复杂的。这种复杂性不仅指问题本身需要多种政策工具多管齐下才能解决,而且指各国围绕治理行动的利益纠葛难以在一个框架下被完全理顺。因此,这种路径虽然看上去很美,但实际不能满足全球治理对决策效率的要求。

由于上述困境,若要确保全球治理变革行稳致远,并向我们期待的方向发展,我们可能需要采取更基础性行动,通过多方共同努力来重塑国际关系运行逻辑。一方面,应加强国际关系民主化水平,抵制西方大国将全球治理作为权力竞技场的倾向。深度民主化的国际关系应"是一个深层次、多阶层、紧密相扣的架构,让政治领导人、立法者、官员、专家、企业、政策研究机构、学者、学生……可以建立互信,进行磋商和协调"[22]。政治精英之外的互动体系应当具有明确的指向性,既以影响政治精英决策为目标,又谋求产出可操作的治理方案,而非仅仅以研讨之类的相对疏离于政治的形式存在。即使出于谈判效率的考虑而不能允许公众对决策进程的参与,但公众对于政治承诺和执行的知情权需要得到保证。因为"不管是什么形式的责任,透明度都是使责任有意义的重要因素"[23]。在全球时代,对于国家间协议是否符合公众利益的评判,以及对于国家遵约情况的终极监督者是个人。也只有充分动员起非国家力量,才能抑制全球治理滑向不顾人类公益的矛盾对立。只有民心相通,才能保证全球治理行稳致远。当然,如前文所言,全球治理参与者的多元化也并不必然是积极因素。非国家行为体并不只是为了公益而存在。多元治理者参与全球治理固然能够限制国家的垄断,为全球治理增加创新性和灵活性,但它们也可能为了私利而产生负面影响。当大公司、商业协会或非政府组织可以通过设定标准来影响全球供应链、全球金融运转、全球互联网的运行时,谁来保证它们所设定的标准是公平正义的?如何平衡它们的行动与国家主权和安全的关系?对于这些问题恐怕没有完美的解决方案。所以,理想的全球治理应该是公私合作和公私制衡并存,防止偏废一方。[24]另一方面,在顶层设计已经越来越难以达成的情况下,从细处着眼,在具体实践中摸索问题的解决方案,以"积跬步"的方式推进大国合作将是一种更优选择。如本书第五章和第六章所展示的,实践为导向的灵活治理模式可以反映多元行为体的利益和各类地方性知识,其产生实际治理效果的速度更快,也拥有较多试错空间。此外,实践导向的全球治理还能重新培育大国间的合作氛围。第五章对清洁能源部长级会议的介绍就表明,大国间按照自己的兴趣组成灵活的合作项目能够规避冲突,不至于使局部的矛盾损害整体全球治理议程的进展。

回到我们先前提及的阿米塔·阿查亚的著作《美国世界秩序的终结》。阿查亚所提出的多厅影院隐喻诚然是颇具吸引力的,[25]毕竟,如果全球治理中真的能够形成各类治理方案公平竞争的局面,则全球治理将显然更加公道,其效能也将得到较大提升。但是,多厅影院的出现并不是随着垄断巨头的衰落而自然产生的,许多其他的条件还需要人们努力去创造。比如,要想生产出更多受欢迎的影片,就不仅需要有更多资金雄厚的制片方参与电影制作,还需要有足够多的接地气的新点子,并需要有能够将点子转化为好影片的优秀导演。而若想真正让观众的选择多元化,就还需给多种影片更公道的排片机会。此外,多厅影院的运营还需要更有耐心、更高品位的观众。反映到全球治理中,这一系列条件显然涉及政治、经济、制度、规范,甚至文化等多方面。这种系统性变革——恐怕要算革命了——所需要的推动力也是全方位的,非一本国际关系著作所能涵盖的了。总之,全球治理深度变革仍任重道远,我们必须不停为之奋斗。

注释

  1. 此图不包含全球金融安全体系改革案例,因为该案例中没有出现创新实践和方案层次的变革。

  2. 相关研究参见朱杰进:《中国与全球经济治理机制变革》,上海人民出版社2020年版。

  3. 目前对这些议题的研究主要是政策性的,代表性研究参见王明国:《全球互联网治理的模式变迁、制度逻辑与重构路径》,载《世界经济与政治》2015年第3期,第47—73页;鲁传颖:《网络空间治理的力量博弈、理念演变与中国战略》,载《国际展望》2016年第1期,第117—134页;于宏源、李坤海:《粮食安全的全球治理与中国参与》,载《国际政治研究》2021年第6期,第83—103页;高明、唐丽霞、于乐荣:《全球卫生治理的变化和挑战及对中国的启示》,载《国际展望》2017年第5期,第126—146页。

  4. Radoslav Dimitrov, "Hostage to Norms: States, Institutions and Global Forest Politics," *Global Environmental Politics*, Vol.5, No.4, 2005, pp.1—24.

  5. Benjamin Cashore, Graeme Auld, Steven Bernstein, and Constance McDermott, "Can Non-state Governance 'Ratchet Up' Global Environmental Standards? Lessons From the Forest Sector," *Review of European Community & International Environmental Law*, Vol.16, No.2, 2007, pp.158—172.

  6. Philipp Pattberg, "The Institutionalization of Private Governance: How Business and Nonprofit Organizations Agree on Transnational Rules," *Governance*, Vol.18, No.4, 2005, pp.589—610; Burkard Eberlein, "Who Fills the Global Governance Gap? Rethinking the Roles of Business and Government in Global Governance," *Organization Studies*, Vol.40, No.8, 2019, pp.1125—1145.

  7. 何银:《规范竞争与互补——以建设和平为例》,载《世界经济与政治》2014年第4期,第105—121页;何银:《发展和平:全球安全治理中的规范竞争与共生》,中国社会科学出版社2020年版。

  8. 赵可金:《全球治理知识体系的危机与重建》,载《社会科学战线》2021年第12期,第176—191页。

  9. 秦亚青:《全球治理失灵与秩序理念的重建》,载《世界经济与政治》2013年第4期,第4—18页。

  10. Richard Clark and Lindsay R. Dolan, "Pleasing the Principal: U.S. Influence in World Bank Policymaking," *American Journal of Political Science*, Vol.65, No.1, 2021, pp.36—51.

11. 2019年11月,北京大学国际关系学院主办了北京大学国际组织人才培养论坛,共有30多所开展国际组织人才培养工作的中国高校代表和多位官员参加。参见张海滨、刘连连:《服务国家战略,积极推进中国国际组织人才培养:2019年北京大学国际组织人才培养论坛综述》,载《国际政治研究》2019年第6期,第123—137页。

12. 张骥、方炯升:《中国外交安全智库国际话语权分析》,载《国际展望》2018年第5期,第75—94页。

13. 蔡拓、曹亚斌:《新政治发展观与全球治理困境的超越》,载《教学与研究》2012年第4期,第49页。

14. Bremmer Ian and Roubini Nouriel, "A G-zero World," *Foreign Affairs*, March-April 2011, pp.2—7.

15. 周方银、何佩珊:《国际规则的弱化:特朗普政府如何改变国际规则》,载《当代亚太》2020年第2期,第4—39页。

16. The World Bank, "World Bank Group to Discontinue Doing Business Report," Sep.16, 2021, https://www.worldbank.org/en/news/statement/2021/09/16/world-bank-group-to-discontinue-doing-business-report,最后访问时间:2022年8月18日。

17. 《中国常驻联合国代表:美国将遏制中国影响力当联合国主要任务和成绩荒唐可笑》,联合早报网,2022年1月22日,https://www.zaobao.com.sg/realtime/china/story20220122-1235508,最后访问时间:2022年8月18日。

18. 吴心伯:《论中美战略竞争》,载《世界经济与政治》2020年第5期,第96—130页。

19. 参见[英]戴维·赫尔德等:《驯服全球化》,童新耕译,上海译文出版社2005年版,第40—41页。

20. [英]安东尼·吉登斯:《全球时代的民族国家》,郭忠华、何莉君译,载《中山大学学报(社会科学版)》2008年第1期,第4—5页。

21. "Goodbye Doha, Hello Bali," *The Economist*, Sep. 8, 2012, https://www.economist.com/leaders/2012/09/08/goodbye-doha-hello-bali,最后访问时间:2022年8月18日。

22. Jing Huang, Kanti Bajpai and Kishore Mahbubani, "Rising Peacefully Together," *Foreign Policy*, August 1, 2012.

23. [美]罗伯特·基欧汉、约瑟夫·奈:《多边合作的俱乐部模式与世界贸易组织:关于民主合法性问题的探讨》,门洪华、王大为译,载《世界经济与政治》2001年第12期,第63页。

24. 关于对非国家行为体的制约的一个代表性研究参见 Sarah S. Stroup and Wendy H. Wong, *The Authority Trap: Strategic Choices of International NGOs*, Cornell University Press, 2017。

25. Amitav Acharya, *The End of American World Order*, Cambridge and Medford: Polity, 2018.

参 考 文 献

一、中文文献

[英]安东尼·吉登斯:《气候变化的政治》,曹荣湘译,社会科学文献出版社 2009 年版。

[意]安东尼奥·葛兰西:《狱中札记》,曹雷雨等译,中国社会科学出版社 2000 年版。

[加]埃里克·赫莱纳:《布雷顿森林被遗忘的基石:国际发展与战后秩序的构建》,张士伟译,人民出版社 2019 年版。

[美]奥兰·扬:《复杂系统:人类世的全球治理》,杨剑、孙凯译,上海人民出版社 2019 年版。

薄燕、高翔:《原则与规则:全球气候变化治理机制的变迁》,载《世界经济与政治》2014 年第 2 期。

薄燕、高翔:《中国与全球气候治理机制的变迁》,上海人民出版社 2017 年版。

蔡拓:《全球主义与国家主义》,载《中国社会科学》2000 年第 3 期。

蔡拓、曹亚斌:《新政治发展观与全球治理困境的超越》,载《教学与研究》2012 年第 4 期。

陈拯:《霸权国修正国际制度的策略选择》,载《国际政治科学》2021 年第 3 期。

陈拯:《改制与建制之间:国际制度竞争的策略选择》,载《世界经济与政治》2020 年第 4 期。

陈拯:《规范阻滞及其策略——以中俄等在"保护的责任"演进中的实践为例》,载《世界经济与政治》2019 年第 6 期。

陈拯:《建构主义国际规范演进研究述评》,载《国际政治研究》2015 年第 1 期。

陈志敏:《全球治理体系的中国式增量改进战略》,载《当代世界》2014 年第 8 期。

[英]戴维·赫尔德、[英]安东尼·麦克格鲁编:《治理全球化:权力、权威与全球治理》,曹荣湘、龙虎译,社会科学文献出版社 2004 年版。

[英]戴维·赫尔德等主编:《全球大变革:全球化时代的政治、经济与

文化》，杨雪冬等译，社会科学文献出版社2001年版。

丁韶彬、杨蔚林：《西方国家的对外援助：政策目标及其实现》，载《世界经济与政治》2008年第6期。

丁韶彬：《社会化视角下世界银行与中国的关系》，载《教学与研究》2008年第9期。

董亮、张海滨：《IPCC如何影响国际气候谈判——一种基于认知共同体理论的分析》，载《世界经济与政治》2014年第8期。

东艳：《全球贸易规则的发展趋势与中国的机遇》，载《国际经济评论》2014年第1期。

樊勇明：《西方国际政治经济学》，上海人民出版社2001年版。

樊勇明：《全球化与国际行为主体多元化》，载《世界经济研究》2003年第9期。

高海红：《当前全球美元本位：问题及东亚区域解决方案》，载《世界经济与政治》2008年第1期。

高尚全：《中国改革开放四十年：回顾与思考》，人民出版社2018年版。

高翔、王文涛、戴彦德：《气候公约外多边机制对气候公约的影响》，载《世界经济与政治》2012年第4期。

郭树勇：《人类命运共同体面向的新型国际合作理论》，载《世界经济与政治》2020年第5期。

韩震：《改革开放的历史变迁与理论变革》，载《中国社会科学》2018年第11期。

何银：《规范竞争与互补——以建设和平为例》，载《世界经济与政治》2014年第4期。

何银：《发展和平：全球安全治理中的规范竞争与共生》，中国社会科学出版社2020年版。

贺凯、冯惠云：《领导权转移与全球治理：角色定位、制度制衡与亚投行》，载《国际政治科学》2019年第3期。

贺凯：《亚太地区的制度制衡与竞争性多边主义》，载《世界经济与政治》2018年第12期。

［美］亨利·基辛格：《世界秩序》，胡利平译，中信出版社2015年版。

胡美、刘鸿武：《中国援非五十年与中国南南合作理念的成长》，载《国际问题研究》2012年第1期。

黄梅波：《中国政府对外优惠贷款的发展历程与前景》，载《国际经济合作》2010年第11期。

黄梅波：《国际发展援助的有效性研究：从援助有效性到发展有效性》，人民出版社2020年版。

黄超：《金融危机背景下全球治理机制的变革》，载《国际观察》2012年第3期。

黄超：《说服战略与国际规范传播》，载《世界经济与政治》2010年第

9期。

霍淑红:《中美竞争—合作框架下美国对外援助研究》,载《社会科学》2021年第7期。

[美]贾雷德·戴蒙德:《枪炮、病菌与钢铁:人类社会的命运》,谢延光译,上海译文出版社2006年版。

姜鹏:《对全球化的起源、含义及其研究现状的考察》,载《太平洋学报》2000年第1期。

江时学:《比较拉美和东亚的金融自由化》,载《世界经济》2001年第9期。

康晓:《国际规范的双重属性与规范的缘起》,载《世界经济与政治》2013年第6期。

[美]肯尼斯·华尔兹:《国际政治理论》,信强译,上海人民出版社2003年版。

[美]凯尔·哈珀:《罗马的命运:气候、疾病和帝国的终结》,李一帆译,北京联合出版公司2019年版。

李慧明:《全球气候治理制度碎片化时代的国际领导及中国的战略选择》,载《当代亚太》2015年第4期。

李慧明:《全球气候治理与国际秩序转型》,载《世界经济与政治》2017年第3期。

李若谷:《正确认识发展中国家的债务可持续问题》,载《世界经济与政治》2007年第4期。

李巍、罗仪馥:《从规则到秩序:国际制度竞争的逻辑》,载《世界经济与政治》2019年第4期。

李巍、孙忆:《理解中国经济外交》,载《外交评论》2014年第4期。

李巍:《东亚货币秩序的政治基础——从单一主导到共同领导》,载《当代亚太》2012年第6期。

李巍:《国际秩序转型与现实制度主义理论的生成》,载《外交评论》2016年第1期。

李巍:《制度之战:战略竞争时代的中美关系》,社会科学文献出版社2017年版。

李小云:《发展援助的未来:西方模式的困境和中国的新角色》,中信出版社2019年版。

李小云:《贫困的终结》,中信出版社2020年版。

李小云、唐丽霞、陆继霞等:《新发展的示范:中国援非农业技术中心的微观叙事》,社会科学文献出版社2017年版。

李小云、唐丽霞、武晋:《国际发展援助概论》,社会科学文献出版社2009年版。

李小云、徐秀丽、王伊欢:《国际发展援助:非发达国家的对外援助》,世界知识出版社2013年版。

李小云等:《国际发展援助:非发达国家的对外援助》,世界知识出版社2013年版。

李昕蕾:《美国非国家行为体参与全球气候治理的多维影响力分析》,载《太平洋学报》2019年第6期。

李兴乾:《国际援助规划决策的经验及其启示》,载《国际经济合作》2009年第3期。

廖丽:《国际知识产权新趋势:TRIPS-Plus知识产权执法研究》,中国知识产权出版社2015年版。

林毅夫、王燕:《超越发展援助:在一个多极世界中重构发展合作新理念》,北京大学出版社2016年版。

联合国开发计划署和商务部国际贸易经济合作研究院:《兼容并蓄与因地制宜? 各国开展发展合作的方式及其对中国的借鉴意义》,中国商务出版社2016年版。

刘飞涛:《美国"印太"基础设施投资竞争策略》,载《国际问题研究》2019年第4期。

刘宏松:《国际组织的自主性行为:两种理论视角及其比较》,载《外交评论》2006年第3期。

刘宏松:《为什么冷战后国际制度的形成不由美国所愿》,载《世界经济与政治》2013年第8期。

刘宏松、解单:《再论欧盟在全球气候治理中的领导力》,载《国际关系研究》2019年第4期。

刘宏松、刘玲玲:《威胁退出与国际制度改革:以英国寻求减少欧共体预算摊款为例》,载《世界政治研究》2019年第1期。

刘宏松、钱力:《非政府组织在国际组织中影响力的决定性因素》,载《世界经济与政治》2014年第6期。

刘宏松、吴桐:《国家间论辩、关键节点与国际制度改革》,载《世界经济与政治》2021年第9期。

刘莲莲:《国际组织理论:反思与前瞻》,载《厦门大学学报(哲学社会科学版)》2017年第5期。

刘莲莲、吴焕琼:《美国设计和领导联合国教科文组织何以失败》,载《国际展望》2022年第5期。

刘铁娃:《霸权地位与制度开放性:美国的国际组织影响力探析》,北京大学出版社2013年版。

刘玮:《崛起国创建国际制度的策略》,载《世界经济与政治》2017年第9期。

刘贞晔:《全球治理与国家治理的互动:思想渊源与现实反思》,载《中国社会科学》2016年第6期。

刘贞晔:《美国全球治理战略新转向及其动因》,载《人民论坛·学术前沿》2018年第22期。

刘宗义:《"二十国集团"转型与中国的作用》,载《现代国际关系》2015年第7期。

卢静:《当前全球治理的制度困境及其改革》,载《外交评论》2014 年第 1 期。

卢静:《全球经济治理体系变革与中国的角色》,载《当代世界》2019 年第 4 期。

罗辉:《国际非政府组织在全球气候变化治理中的影响——基于认知共同体路径的分析》,载《国际关系研究》2013 年第 2 期。

[美]罗伯特·吉尔平:《世界政治中的战争与变革》,宋新宁译,上海人民出版社 2007 年版。

[美]玛莎·芬尼莫尔:《国际社会中的国家利益》,袁正清译,上海人民出版社 2012 年版。

马建英:《国际气候制度在中国的内化》,载《世界经济与政治》2011 年第 6 期。

毛维准:《大国基建竞争与东南亚安全关系》,载《国际政治科学》2020 年第 2 期。

毛小菁:《中国对外援助方式回顾与创新》,载《国际经济合作》2012 年第 3 期。

门洪华:《"一带一路"规则制定权的战略思考》,载《世界经济与政治》2018 年第 7 期。

门洪华:《构建新型国际关系:中国的责任与担当》,载《世界经济与政治》2016 年第 3 期。

潘英丽:《国际货币与金融体系改革》,格致出版社 2012 年版。

庞中英:《效果不彰的多边主义和国际领导赤字——兼论中国在国际集体行动中的领导责任》,载《世界经济与政治》2010 年第 6 期。

庞中英:《全球治理的"新型"最为重要——新的全球治理如何可能》,载《国际安全研究》2013 年第 1 期。

庞珣:《新兴援助国的"兴"与"新"——垂直范式与水平范式的实证比较研究》,载《世界经济与政治》2013 年第 5 期。

蒲晓宇:《中国与国际秩序的再思考:一种政治社会学的视角》,载《世界经济与政治》2010 年第 1 期。

[法]皮埃尔·布迪厄:《实践感》,蒋梓骅译,译林出版社 2009 年版。

秦亚青:《国际体系的延续与变革》,载《外交评论》2010 年第 1 期。

秦亚青:《全球治理失灵与秩序理念的重建》,载《世界经济与政治》2013 年第 4 期。

秦亚青主编:《实践与变革:中国参与国际体系进程研究》,世界知识出版社 2016 年版。

秦亚青:《世界政治的关系理论》,上海人民出版社 2012 年版。

曲博:《因果机制与过程追踪法》,载《世界经济与政治》2010 年第 4 期。

任琳:《"退出外交"与全球治理秩序——一种制度现实主义的分析》,载《国际政治科学》2019 年第 1 期。

任琳:《反思全球治理:安全、权力与制度》,中国社会科学出版社 2021 年版。

任晓、郭小琴:《解析中国对外援助:一个初步的理论分析》,载《复旦学报(社会科学版)》2016 年第 4 期。

任晓:《以共生思考世界秩序》,载《国际关系研究》2015 年第 1 期。

[美]斯蒂芬·克莱斯勒:《结构冲突:第三世界对抗全球资本主义》,李小华译,浙江人民出版社 2001 年版。

宋锦:《美国在世界银行的影响力下降了吗——从世界银行发展融资分布得出的证据》,载《世界经济与政治》2019 年第 10 期。

宋静:《美国制度霸权的变迁与中国的国际角色》,载《社会科学》2020 年第 9 期。

宋新宁、田野:《国际政治经济学概论》,中国人民大学出版社 2015 年版。

苏长和:《发现中国新外交:多边国际制度与中国外交新思维》,载《世界经济与政治》2005 年第 4 期。

苏长和:《全球治理体系转型中的国际制度》,载《当代世界》2015 年第 11 期。

苏长和:《从关系到共生——中国大国外交理论的文化和制度阐释》,载《世界经济与政治》2016 年第 1 期。

苏长和:《中国大国外交的政治学理论基础》,载《世界经济与政治》2019 年第 8 期。

苏长和:《互联互通世界的治理和秩序》,载《世界经济与政治》2017 年第 2 期。

苏长和:《全球公共问题与国际合作——一种制度分析》,上海人民出版社 2009 年版。

孙伊然:《亚投行、"一带一路"与中国的国际秩序观》,载《外交评论》2016 年第 1 期。

孙吉胜:《传统文化与十八大以来中国外交话语体系构建》,载《外交评论》2017 年第 4 期。

孙吉胜:《当前全球治理与中国全球治理话语权提升》,载《外交评论》2020 年第 3 期。

孙吉胜:《中国国际话语权的塑造与提升路径——以党的十八大以来的中国外交实践为例》,载《世界经济与政治》2019 年第 3 期。

孙晓、孙国良:《中国、IMF 与资本账户开放的双向社会化》,载《外交评论》2016 年第 5 期。

孙振清:《全球气候变化谈判历程与焦点》,中国环境出版社 2013 年版。

汤蓓:《财政危机下的国际组织变革路径》,载《世界经济与政治》2019 年第 9 期。

汤蓓:《伙伴关系与国际组织自主性的扩展:以世界卫生组织在全球

疟疾治理上的经验为例》,载《外交评论》2011年第2期。

唐晓阳:《中非经济外交及其对全球产业链的启示》,世界知识出版社2014年版。

田野:《礼治与国家建设——将中国元素植入政治秩序理论》,载《世界经济与政治》2020年第9期。

田野:《作为治理结构的正式国际组织:一种新制度经济学的视角》,载《教学与研究》2005年第1期。

田野:《中国参与国际合作的制度设计:一种比较制度分析》,社会科学文献出版社2017年版。

田野:《国家的选择:国际制度、国内政治与国家自主性》,上海人民出版社2014年版。

[美]托马斯·弗里德曼:《世界是平的:21世纪简史》,何帆等译,湖南科学技术出版社2006年版。

王存刚:《中华人民共和国外交的内质与追求》,载《世界经济与政治》2019年第6期。

王谋、陈迎主编:《全球气候治理》,中国社会科学出版社2021年版。

王胜文:《中国援助非洲基础设施建设的经验与展望》,载《国际经济合作》2012年第12期。

王玉主:《中国的国际社会理念及其激励性建构——人类命运共同体与"一带一路"建设》,载《当代亚太》2019年第5期。

王逸舟:《创造性介入:中国之全球角色的生成》,北京大学出版社2013年版。

王中美:《多边体制的改进路径和未来——以WTO为例》,载《世界经济研究》2011年第11期。

王正毅:《边缘地带发展论(第二版)》,上海人民出版社2018年版。

[美]威廉·诺德豪斯:《均衡问题:全球变暖的政策选择》,王少国译,社会科学文献出版社2011年版。

韦宗友:《非正式集团、大国协调与全球治理》,载《外交评论》2010年第6期。

韦宗友:《新兴大国群体性崛起与全球治理改革》,载《国际论坛》2011年第2期。

吴文成:《选择性治理:国际组织与规范倡导》,上海人民出版社2017年版。

吴心伯:《论中美战略竞争》,载《世界经济与政治》2020年第5期。

吴志成、吴宇:《人类命运共同体思想论析》,载《世界经济与政治》2018年第3期。

谢来辉:《巴黎气候大会的成功与国际气候政治新秩序》,载《国外理论动态》2017年第7期。

谢来辉:《"一带一路"与全球治理的关系——一个类型学分析》,载《世界经济与政治》2019年第1期。

谢世清:《国际货币基金组织份额与投票权改革》,载《国际经济评论》2011年第2期。

熊洁:《知识产权保护的国际政治经济学:一项研究评估》,载《世界经济与政治》2013年第2期。

熊小平、戴彦德、康艳兵:《碳交易制度研究》,中国发展出版社2014年版。

徐佳君:《新型援助附加条件?——评析世界银行绩效导向的援助分配政策》,载《国际政治研究》2012年第3期。

徐进:《理念竞争、秩序构建与权力转移》,载《当代亚太》2019年第4期。

徐进:《中美战略竞争与未来国际秩序的转换》,载《世界经济与政治》2019年第12期。

徐秀丽、李小云:《发展知识:全球秩序形成与重塑中的隐形线索》,载《文化纵横》2020年第1期。

徐秀丽、李小云:《平行经验分享:中国对非援助理论的探索性构建》,载《世界经济与政治》2020年第11期。

徐秀军:《规则内化与规则外溢——中美参与全球治理的内在逻辑》,载《世界经济与政治》2017年第9期。

薛澜、关婷:《多元国家治理模式下的全球治理——理想与现实》,载《政治学研究》2021年第3期。

杨帆:《知识产权的国际保护》,中国人民大学出版社2020年版。

俞可平:《全球治理引论》,载《马克思主义与现实》2002年第1期。

[美]约翰·伊肯伯里:《大战胜利之后:制度、战略约束与战后秩序重建》,门洪华译,北京大学出版社2008年版。

[美]约翰·米尔斯海默:《大幻想:自由主义之梦与国际现实》,李泽译,上海人民出版社2019年版。

[美]约翰·鲁杰主编:《多边主义》,苏长和等译,浙江人民出版社2003年版。

阎学通:《道义现实主义的国际关系理论》,载《国际问题研究》2014年第5期。

阎学通:《大国领导力》,李佩芝译,中信出版社2020年版。

杨娜、程弘毅:《国际组织的非核心职能拓展——以世界银行参与全球治理为例》,载《世界经济与政治》2021年第10期。

袁正清:《国际政治理论的社会学转向》,上海人民出版社2005年版。

张发林:《经济方略与美元霸权的生成》,载《世界经济与政治》2022年第1期。

张发林:《全球金融治理议程设置与中国国际话语权》,载《世界经济与政治》2020年第6期。

张发林、杨佳伟:《统筹兼治或分而治之——全球治理的体系分析框架》,载《世界经济与政治》2021年第3期。

张发林:《全球金融治理议程设置与中国国际话语权》,载《世界经济与政治》2020年第6期。

张海冰:《发展引导型援助:中国对非洲援助模式研究》,上海人民出版社2013年版。

张辉:《人类命运共同体:国际法社会基础理论的当代发展》,载《中国社会科学》2018年第5期。

张骥、方炯升:《中国外交安全智库国际话语权分析》,载《国际展望》2018年第5期。

张骥主编:《国际领导:权力的竞争与共享》(复旦国际关系评论第27辑),上海人民出版社2020年版。

赵剑治:《国际发展合作:理论、实践与评估》,中国社会科学出版社2018年版。

赵可金、马钰:《全球意识形态大变局中的人类命运共同体》,载《国际论坛》2020年第2期。

赵可金:《全球治理知识体系的危机与重建》,载《社会科学战线》2021年第12期。

赵行姝:《美国国际发展融资机构的改革》,载《现代国际关系》2019年第8期。

赵洋、袁正清:《国际组织与国际干涉行为》,载《外交评论》2015年第2期。

周弘:《中国对外援助与改革开放30年》,载《世界经济与政治》2008年第11期。

周弘、张浚、张敏:《外援在中国》,社会科学文献出版社2013年版。

周小川:《人民币资本项目可兑换的前景和路径》,载《金融研究》2012年第1期。

周玉渊:《美国国际发展合作新战略探析——兼论其对中国的影响》,载《太平洋学报》2019年第12期。

郑宇、李小云主编:《国际发展合作新方向》(复旦国际关系评论第19辑),上海人民出版社2016年版。

郑宇:《援助有效性与新型发展合作模式构想》,载《世界经济与政治》2017年第8期。

郑宇:《21世纪多边主义的危机与转型》,载《世界经济与政治》2020年第8期。

朱杰进:《崛起国改革国际制度的路径选择》,载《世界经济与政治》2020年第6期。

朱杰进:《新型多边开发银行的运营制度选择:基于历史制度主义的分析》,载《世界经济与政治》2018年第8期。

朱杰进:《中国与全球经济治理机制变革》,上海人民出版社2020年版。

朱京安、王鸣华:《TRIPS-plus扩张的新制度经济学解析》,载《知识产权》2014 年第 11 期。

朱磊、陈迎:《"一带一路"倡议对接 2030 年可持续发展议程——内涵、目标与路径》,载《世界经济与政治》2019 年第 4 期。

朱立群、聂文娟:《国际关系理论研究的"实践转向"》,载《世界经济与政治》2010 年第 8 期。

朱立群:《中国参与国际体系的实践解释模式》,载《外交评论》2011 年第 1 期。

朱立群:《中国与国际体系:双向社会化的实践逻辑》,载《外交评论》2012 年第 1 期。

朱云汉:《全球化的裂解与再融合》,中信出版社 2021 年版。

二、英文文献

Aarie Glas, "Habits of Peace: Long-Term Regional Cooperation in Southeast Asia," *European Journal of International Relations*, Vol.23, No.4, 2017.

Adrian Bazbauers, "The World Bank as a Development Teacher," *Global Governance*, Vol.22, No.3, 2016.

Alastair Iain Johnston, "Is China a Status Quo Power?" *International Security*, Vol.27, No.4, 2003.

Alastair Iain Johnston, *Social States: China in International Institutions(1980—2000)*, Princeton University Press, 2014.

Alastair Iain Johnston, "How New and Assertive is China's New Assertiveness?." *International Security*, Vol.37, No.4, 2013.

Alexander Betts, "Regime Complexity and International Organizations: UNHCR as a Challenged Institution," *Global Governance*, Vol.19, No.1, 2013.

Alexander Wendt, *Social Theory of International Politics*, Cambridge University Press, 1999.

Alexandru Grigorescu, "The Spread of Bureaucratic Oversight Mechanisms Across Intergovernmental Organizations," *International Studies Quarterly*, Vol.54, No.3, 2010.

Ali Burak Güven, "The IMF, the World Bank, and the Global Economic Crisis: Exploring Paradigm Continuity," *Development and Change*, Vol.43, No.4, 2012.

Alice D. Ba, "Who's Socializing Whom? Complex Engagement in Sino-ASEAN Relations," *The Pacific Review*, Vol.19, No.2, 2006.

Alice De Jonge, "Perspectives on the Emerging Role of the Asian Infrastructure Investment Bank," *International Affairs*, Vol.93, No.5, 2017.

Alice Hoffenberg Amsden, *Asia's Next Giant: South Korea and*

参考文献

Late Industrialization, New York: Oxford University Press, 1992.

Amartya Sen, *Development as Freedom*, New York: Knopf Doubleday Publishing Group, 2011.

Ame Rucken, "The Forgotten Dimension of Social Reproduction: The World Bank and the Poverty Reduction Strategy Paradigm," *Review of International Political Economy*, Vol.17, No.5, 2010.

Amitav Acharya, "How Ideas Spread: Whose Norms Matter? Norm Localization and Institutional Change in Asia Regionalism," *International Organization*, Vol.58, No.2, 2004.

Amitav Acharya, "Norm Subsidiarity and Regional Orders: Sovereignty, Regionalism, and Rule-Making in The Third World," *International Studies Quarterly*, Vol.55, No.1, 2011.

Amitav Acharya, *The End of American World Order*, Cambridge and Medford: Polity, 2018.

Amy Kapczynski, "The Access to Knowledge Mobilization and the New Politics of Intellectual Property," *The Yale Law Journal*, Vol.117, 2008.

André Broome, "Back to Basics: The Great Recession and the Narrowing of IMF Policy Advice," *Governance*, Vol.28, No.2, 2015.

Andrew Bennett and Jeffrey T. Checkel, *Process Tracing: From Metaphor to Analytic Tool*, Cambridge: Cambridge University Press, 2014.

Andrew Jordan, et al., "Emergence of Polycentric Climate Governance and Its Future Prospects," *Nature Climate Change*, Vol.5, No.11, 2015.

Ann E. Kent, *Beyond Compliance: China, International Organizations, and Global Security*, Stanford University Press, 2007.

Ann Kent, "China's International Socialization: The Role of International Organizations," *Global Governance*, Vol.8, No.3, 2002.

Arjan De Haan, "Will China Change International Development as We Know It?" *Journal of International Development*, Vol.23, No.7, 2011.

Atul Kohli, *State-Directed Development: Political Power and Industrialization in the Global Periphery*, New York: Cambridge University Press, 2004.

Axel Dreher and Martin Gassebner, "Do IMF and World Bank Programs Induce Government Crises? An Empirical Analysis," *International Organization*, Vol.66, No.2, 2012.

Axel Dreher, Florian Mölders and Peter Nunnenkamp, "Aid Delivery Through Non-Governmental Organisations: Does the Aid Channel Matter for the Targeting of Swedish Aid?" *World Economy*, Vol. 33, No. 2, 2010.

Axel Dreher, Peter Nuuenkamp and Rainer Thiele, "Are 'New' Donors Different? Comparing the Allocation of Bilateral Aid Between Non-DAC and DAC Donor Countries," *World Development*, Vol. 39, No. 11, 2011.

Barbara Koremenos, Charles Lipson and Duncan Snidal, "The Rational Design of International Institutions," *International Organization*, Vol. 55, No. 4, 2001.

Barry Buzan, *From International to World Society? English School Theory and The Social Structure of Globalisation*, Cambridge, UK: Cambridge University Press, 2004.

Ben Cormier, "Empowered Borrowers? Tracking the World Bank's Program-for-Results," *Third World Quarterly*, Vol. 37, No. 2, 2016.

Bessma Momani, "Limits on Streamlining Fund Conditionality: The International Monetary Fund's Organizational Culture," *Journal of International Relations and Development*, Vol. 8, No. 2, 2005.

Burkard Eberlein, "Who Fills the Global Governance Gap? Rethinking the Roles of Business and Government in Global Governance," *Organization Studies*, Vol. 40, No. 8, 2019.

Catherine Weaver and Ralf J. Leiteritz, "Our Poverty is a World Full of Dreams: Reforming the World Bank," *Global Governance*, Vol. 11, No. 3, 2005.

Charis Enns, "Knowledges in Competition: Knowledge Discourse at the World Bank During the Knowledge for Development Era," *Global Social Policy*, Vol. 15, No. 1, 2015.

Charles A. Kupchan, "The Normative Foundations of Hegemony and the Coming Challenge to Pax Americana," *Security Studies*, Vol. 23, No. 2, 2014.

Charles Gore, "The Rise and Fall of The Washington Consensus as A Paradigm for Developing Countries," *World Development*, Vol. 28, No. 5, 2000.

Charles Parker, Christer Karlsson and Mattias Hjerpe, "Assessing the European Union's Global Climate Change Leadership: From Copenhagen to the Paris Agreement," *Journal of European Integration*, Vol. 39, No. 2, 2017.

Christian Bueger and Frank Gadinger, *International Practice Theory*, Cham: Palgrave Macmillan, 2018.

Christopher May and Susan K. Sell, *Intellectual Property Rights: A Critical History*, Boulder, CO: Lynne Rienner, 2006.

Chukwumerije Okereke, "Equity Norms in Global Environmental Governance," *Global Environmental Politics*, Vol.8, No.3, 2008.

Clair Gough and Simon Shackley, "The Respectable Politics of Climate Change: The Epistemic Communities and NGOs," *International Affairs*, Vol.77, No.2, 2001.

Dani Rodrik, "Goodbye Washington Consensus, Hello Washington Confusion? A Review of The World Bank's Economic Growth in the 1990s: Learning from a Decade of Reform," *Journal of Economic Literature*, Vol.44, No.4, 2006.

Daniel Flemes, "India-Brazil-South Africa(IBSA) In The New Global Order: Interests, Strategies and Values of The Emerging Coalition," *International Studies*, Vol.46, No.4, 2009.

Daniel L. Nielson and Michael J. Tierney, "Delegation to International Organizations: Agency Theory and World Bank Environmental Reform," *International Organization*, Vol.57, No.2, 2003.

Darren G. Hawkins, David A. Lake, Daniel L. Nielson, and Michael J. Tierney, eds., *Delegation and Agency in International Organizations*, New York: Cambridge University Press, 2006.

David A. Baldwin, "Power Analysis and World Politics: New Trends Versus Old Tendencies," *World Politics*, Vol.31, No.2, 1979.

David A. Lake, "Rightful Rules: Authority, Order, and the Foundations of Global Governance," *International Studies Quarterly*, Vol.54, No.3, 2010.

David Belis and Bart Kerremans, "The Socialization Potential of The CDM in EU-China Climate Relations," *International Environmental Agreements: Politics, Law and Economics*, Vol.16, No.4, 2016.

David Collier, Henry E. Brady eds. *Rethinking Social Inquiry: Diverse Tools, Shared Standards*, Rowman & Littlefield Publishers, 2004.

David Harvey, *A Brief History of Neoliberalism*, New York: Oxford University Press, 2007.

David Williams, "Development, Intervention, and International Order," *Review of International Studies*, Vol.39, No.5, 2013.

Deborah Bräutigam and Xiaoyang Tang, "'Going Global in Groups': Structural Transformation and China's Special Economic Zones Overseas," *World Development*, Vol.63, 2014.

Deborah Bräutigam, "Aid 'With Chinese Characteristics': Chinese Foreign Aid and Development Finance Meet the OECD-DAC Aid Regime," *Journal of International Development*, Vol.23, No.5, 2011.

Deborah Bräutigam, *The Dragon's Gift: The Real Story of China in Africa*, Oxford: Oxford University Press, 2009.

Deborah D. Avant, Martha Finnemore and Susan K. Sell, eds., *Who Governs the Globe?* New York: Cambridge University Press, 2010.

Deborah Welch Larson and Alexei Shevchenko, "Status Seekers: Chinese and Russian Responses to US Primacy," *International Security*, Vol.34, No.4, 2010.

Denghua Zhang and Graeme Smith, "China's Foreign Aid System: Structure, Agencies, and Identities," *Third World Quarterly*, Vol.38, No.10, 2017.

Devin Joshi and Roni Kay O'Dell, "Global Governance and Development Ideology: The United Nations and The World Bank on The Left-Right Spectrum," *Global Governance*, Vol.19, No.2, 2013.

Diarmuid Torney, "Bilateral Climate Cooperation: The EU's Relations with China and India," *Global Environmental Politics*, Vol.15, No.1, 2015.

Diego Hernandez, "Are 'New' Donors Challenging World Bank Conditionality?" *World Development*, Vol.96, 2017.

Dominik Kopiński and Qian Sun, "New Friends, Old Friends? The World Bank and Africa When the Chinese Are Coming," *Global Governance*, Vol.20, No.4, 2014.

Ebbe Thisted and Rune Thisted, "The Diffusion of Carbon Taxes and Emission Trading Schemes: The Emerging Norm of Carbon Pricing," *Environmental Politics*, Vol.29, No.5, 2020.

Emanuel Adler and Vincent Pouliot, *International Practices*, Cambridge: Cambridge University Press, 2011.

Emanuel Adler, "Seizing the Middle Ground: Constructivism in World Politics," *European Journal of International Relations*, Vol.3, No.3, 1997.

Emanuel Adler, "The Spread of Security Communities: Communities of Practice, Self-Restraint, and NATO's Post-Cold War Transformation," *European Journal of International Relations*, Vol.14, No.2, 2008.

Emanuel Adler, *Communitarian International Relations: The Epistemic Foundations of International Relations*, New York: Routledge, 2004.

Emanuel Adler, *World Ordering: A Social Theory of Cognitive Evolution*, Cambridge: Cambridge University Press, 2019.

Eri Saikawa, "Policy Diffusion of Emission Standards is There a Race to the Top?" *World Politics*, Vol.65, No.1, 2013.

Eric Helleiner, *The Status Quo Crisis: Global Financial Governance*

After the 2008 Meltdown, New York: Oxford University Press, 2014.

Eul-Soo Pang, "Embedding Security into Free Trade: The Case of the United States-Singapore Free Trade Agreement," *Contemporary Southeast Asia*, Vol.29, No.1, 2007.

Fahimul Quadir, "Rising Donors and the New Narrative of 'South-South' Cooperation: What Prospects for Changing the Landscape of Development Assistance Programmes?" *Third World Quarterly*, Vol.34, No.2, 2013.

Falin Zhang, "Holism Failure: China's Inconsistent Stances and Consistent Interests in Global Financial Governance," *Journal of Contemporary China*, Vol.26, No.105, 2017.

Fariborz Zelli, Aarti Gupta and Harro Van Asselt, "Institutional Interactions at The Crossroads of Trade and Environment: The Dominance of Liberal Environmentalism?" *Global Governance*, Vol.19. No.1, 2013.

Frank Biermann, Philipp Pattberg, Harro Van Asselt, and Fariborz Zelli, "The Fragmentation of Global Governance Architectures: A Framework for Analysis," *Global Environmental Politics*, Vol.9, No.4, 2009.

Frederik De Roeck, Jan Orbie, and Sarah Delputte, "Mainstreaming Climate Change Adaptation into the European Union's Development Assistance," *Environmental Science & Policy*, Vol.81, 2018.

Gaëlle P. Krikorian and Dorota M. Szymkowiak, "Intellectual Property Rights in the Making: The Evolution of Intellectual Property Provisions in US Free Trade Agreements and Access to Medicine," *The Journal of World Intellectual Property*, Vol.10, No.5, 2007.

Geert De Cock, "The European Union as a Bilateral 'Norm Leader' on Climate Change vis-a-vis China," *European Foreign Affairs Review*, Vol.16, Issue 1, 2011.

Goran Hyden and Rwekaza Mukandala, eds., *Agencies in Foreign Aid*, London: Palgrave Macmillan, 1999.

Gregory Chin and Eric Helleiner, "China as a Creditor: A Rising Financial Power?" *Journal of International Affairs*, Vol.62, No.1, 2008.

Gregory Chin, "Asian Infrastructure Investment Bank: Governance Innovation and Prospects," *Global Governance*, Vol.22, No.1, 2016.

Hamish Van der Ven, Steven Bernstein and Matthew Hoffmann, "Valuing the Contributions of Nonstate and Subnational Actors to Climate Governance," *Global Environmental Politics*, Vol.17, No.1, 2017.

Hannah Murphy, "The World Bank and Core Labour Standards: Between Flexibility and Regulation," *Review of International Political Economy*, Vol.21, No.2, 2014.

Heike Schroeder and Heather Lovell, "The Role of Non-Nation-State

Actors and Side Events in the International Climate Negotiations," *Climate Policy*, Vol.12, No.1, 2012.

Sachin Chaturvedi, Thomas Fues, and Elizabeth Sidiropoulos, eds., *Development Cooperation and Emerging Powers, New Partners or Old Patterns*, London: Zed Books, 2012.

Hongying Wang and Erik French, "China in Global Economic Governance," *Asian Economic Policy Review*, Vol.9, No.2, 2014.

Howard Stein, "Deindustrialization, Adjustment, the World Bank and the IMF in Africa," *World Development*, Vol.20, No.1, 1992.

Ian Taylor, *China's New Role in Africa*, Boulder: Lynne Rienner, 2009.

Ilene Grabel, "Not Your Grandfather's IMF: Global Crisis, 'Productive Incoherence,' and Development Policy Space," *Cambridge Journal of Economics*, Vol.35, No.5, 2011.

Injoo Sohn, "Asian Financial Cooperation: The Problem of Legitimacy in Global Financial Governance," *Global Governance*, Vol.11, No.4, 2005.

Injoo Sohn, "Between Confrontation and Assimilation: China and the Fragmentation of Global Financial Governance," *Journal of Contemporary China*, Vol.22, No.82, 2013.

Injoo Sohn, "Toward Normative Fragmentation: An East Asian Financial Architecture in the Post-Global Crisis World," *Review of International Political Economy*, Vol.19, No.4, 2012.

Jacqueline Best, "When Crises Are Failures: Contested Metrics in International Finance and Development," *International Political Sociology*, Vol.10, No.1, 2016.

Jacqueline Best, *Governing Failure: Provisional Expertise and the Transformation of Global Development Finance*, New York: Cambridge University Press, 2014.

James F. Paradise, "The Role of 'Parallel Institutions' in China's Growing Participation in Global Economic Governance," *The Journal of Chinese Political Science*, Vol.21, Issue 2, 2016.

James Mahoney and Kathleen Thelen, *Explaining Institutional Change: Ambiguity, Agency and Power*, Cambridge: Cambridge University Press, 2010.

James N. Rosenau, "Governance in the Twenty-First Century," *Global Governance*, Vol.1, No.1, 1995.

James N. Rosenau, Ernst-Otto Czempiel, and Steve Smith, eds., *Governance Without Government: Order and Change in World Politics*, Cambridge: Cambridge University Press, 1992.

Jane Golley and Ligang Song, eds., *Rising China: Global Challenges and Opportunities*, Canberra: ANUE Press, 2011.

Jean-Frédéric Morin and Edward Gold, "An Integrated Model of Legal Transplantation: The Diffusion of Intellectual Property Law in Developing Countries," *International Studies Quarterly*, Vol. 58, Issue 4, 2014.

Jean-Frédéric Morin and Jenny Surbeck, "Mapping the New Frontier of International IP Law: Introducing a TRIPs-plus Dataset," *World Trade Review*, Vol. 19, No. 1, 2020.

Jean-Frédéric Morin, "Paradigm Shift in the Global IP Regime: The Agency of Academics," *Review of International Political Economy*, Vol. 21, No. 2, 2014.

Jean-Frédéric Morin, Omar Serrano, Mira Burri, and Sara Bannerman, "Rising Economies in the International Patent Regime: From Rule-breakers to Rule-changers and rule-makers," *New Political Economy*, Vol. 23, No. 3, 2018.

Jeffrey M. Chwieroth, "Controlling Capital: The International Monetary Fund and Transformative Incremental Change from Within International Organisations," *New Political Economy*, Vol. 19, No. 3, 2014.

Jeffrey M. Chwieroth, "Normative Change from Within: The International Monetary Fund's Approach to Capital Account Liberalization," *International Studies Quarterly*, Vol. 52, No. 1, 2008.

Jeffrey M. Chwieroth, "How Do Crises Lead to Change? Liberalizing Capital Controls in The Early Years of New Order Indonesia," *World Politics*, Vol. 62, No. 3, 2010.

Jeffrey M. Chwieroth, "Managing and Transforming Policy Stigmas in International Finance: Emerging Markets and Controlling Capital Inflows after the Crisis," *Review of International Political Economy*, Vol. 22, No. 1, 2015.

Jeffrey M. Chwieroth, "Organizational Change 'from within': Exploring the World Bank's Early Lending Practices," *Review of International Political Economy*, Vol. 15, No. 4, 2008.

Jeffrey M. Chwieroth, *Capital Ideas: The IMF and the Rise of Financial Liberalization*, Princeton: Princeton University Press, 2010.

Jeffrey McGee and Ros Taplin, "The Role of The Asia Pacific Partnership in Discursive Contestation of The International Climate Regime," *International Environmental Agreements: Politics, Law and Economics*, Vol. 9, No. 3, 2009.

Jeffrey T. Checkel, "International Institutions and Socialization in Europe: Introduction and Framework," *International Organization*,

Vol.159, No.14, 2005.

Jeffrey T. Checkel, "Norms, Institutions, and National Identity in Contemporary Europe," *International Studies Quarterly*, Vol.43, No.1, 1999.

Jeffrey W. Legro, "Which Norms Matter? Revisiting the 'Failure' of Internationalism," *International Organization*, Vol.51, No.1, 1997.

Jing Gu, John Humphrey, Dirk Messner, "Global Governance and Developing Countries: The Implications of the Rise of China," *World Development*, Vol.36, Issue 2, 2008.

John D. Ciorciari, "China's Structural Power Deficit and Influence Gap in the Monetary Policy Arena," *Asian Survey*, Vol. 54, No. 5, 2014.

John Dewey, *Human Nature and Conduct*, Southern Illinois University Press, 1988.

John Ikenberry, "The Rise of China and The Future of the West: Can the Liberal System Survive," *Foreign Affairs*, Vol.87, No.1, 2008.

John Ikenberry, *A World Safe for Democracy: Liberal Internationalism and The Crises of Global Order*, Yale University Press, 2020.

John Ikenberry and Charles A. Kupchan, "Socialization and Hegemonic Power," *International Organization*, Vol.44, No.3, 1990.

John Hudson and Alexandru Minea, "Innovation, Intellectual Property Rights, and Economic Development: A Unified Empirical Investigation," *World Development*, Vol.46, 2013.

John J. Mearsheimer, "The False Promise of International Institutions," *International Security*, Vol.19, No.3, 1994.

John Pender, "From 'Structural Adjustment' to 'Comprehensive Development Framework': Conditionality Transformed?" *Third World Quarterly*, Vol.22, No.3, 2001.

John Ruggie, "International Regimes, Transactions, and Change: Embedded Liberalism in the Postwar Economic Order," *International Organization*, Vol.36, No.2, 1982, pp.379—415.

Jonas Tallberg, Thomas Sommerer, Theresa Squatrito, and Christer Jönsson, "Explaining the Transnational Design of International Organizations," *International Organization*, Vol.68, No.4, 2014.

Josef Drexl, Henning Grosse Ruse-Khan, and Souheir Nadde-Phlix, eds., *EU Bilateral Trade Agreements and Intellectual Property: For Better or Worse?* Springer, 2014.

Joseph E. Stiglitz, "Capital-Market Liberalization, Globalization, And the IMF," *Oxford Review of Economic Policy*, Vol. 20, No. 1, 2004.

Joseph S. Nye and John D. Donahue, eds. *Governance in a Globalizing World*, Washington, D. C. : Brookings Institution Press, 2000.

Joseph S. Nye, "Soft Power," *Foreign Policy*, No.80, 1990.

Judith Kelley, "The More the Merrier? The Effects of Having Multiple International Election Monitoring Organizations," *Perspectives on Politics*, Vol.7, No.1, 2009.

Julia C. Morse and Robert O. Keohane, "Contested Multilateralism," *The Review of International Organizations*, Vol.9, No.4, 2014.

Karen Alter and Sophie Meunier, "The Politics of International Regime Complexity," *Perspectives on Politics*, Vol.7, No.1, 2009.

Kathryn Hochstetler and Manjana Milkoreit, "Responsibilities in Transition: Emerging Powers in the Climate Change Negotiations," *Global Governance*, Vol.21, No.2, 2015.

Kenneth W. Abbott, "Strengthening the Transnational Regime Complex for Climate Change," *Transnational Environmental Law*, Vol.3, No.1, 2014.

Kenneth W. Abbott and Duncan Snidal, "Why States Act through Formal International Organizations," *Journal of Conflict Resolution*, Vol.42, No.1, 1998.

Kenneth W. Abbott, Jessica F. Green and Robert O. Keohane, "Organizational Ecology and Institutional Change in Global Governance," *International Organization*, Vol.70, No.2, 2016.

Kenneth C. Shadlen, Andrew Schrank, and Marcus J. Kurtz, "The Political Economy of Intellectual Property Protection," *International Studies Quarterly*, Vol.49, No1, 2005.

Kevin P. Gallagher, "Contesting the Governance of Capital Flows at the IMF," *Governance*, Vol.28, No.2, 2015.

Laurence R. Helfer, "Regime Shifting: The TRIPs Agreement and New Dynamics of International Intellectual Property Lawmaking," *Yale Journal of International Law*, Vol.29, 2004.

Lawrence S. Finkelstein, "What is Global Governance," Global Governance, Vol.1, No.3, 1995.

Leonhard Dobusch and Sigrid Quack, "Framing Standards, Mobilizing Users: Copyright Versus Fair Use in Transnational Regulation," *Review of International Political Economy*, Vol.20, No.1, 2013.

Liam Clegg, "Global Governance Behind Closed Doors: The IMF Boardroom, The Enhanced Structural Adjustment Facility, and the Intersection of Material Power and Norm Stabilisation in Global Politics," *The Review of International Organizations*, Vol.7, No.3, 2012.

Lisa L. Martin and Beth A. Simmons, eds., *International Institu-

tions: An International Organization Reader, Cambridge: The MIT Press, 2001.

Lutz Weischer, Jennifer Morgan, and Milap Patel, "Climate Clubs: Can Small Groups of Countries Make a Big Difference in Addressing Climate Change?" *Review of European Community & International Environmental Law*, Vol.21, No.3, 2012.

Manfred Elsig, "Principal-agent Theory and the World Trade Organization: Complex Agency and 'Missing Delegation'," *European Journal of International Relations*, Vol.17, No.3, 2011.

Manuela Moschella, "When Ideas Fail to Influence Policy Outcomes: Orderly Liberalization and The International Monetary Fund," *Review of International Political Economy*, Vol.16, No.5, 2009.

Manuela Moschella, *Governing Risk: The IMF and Global Financial Crises*, Springer, 2010.

Margaret Keck and Karthryn Sikkink, *Activists Beyond Borders: Advocacy Networks in International Politics*, Ithaca: Cornell University Press, 1998.

Mark T. Buntaine, "Accountability in Global Governance: Civil Society Claims for Environmental Performance at the World Bank," *International Studies Quarterly*, Vol.59, No.1, 2015.

Martha Finnemore and Kathryn Sikkink, "International Norm Dynamics and Political Change," *International Organization*, Vol. 52, No.4, 1998.

Martin Ravallion, "The World Bank: Why It Is Still Needed and Why It Still Disappoints," *Journal of Economic Perspectives*, Vol.30, No.1, 2016.

Matt Andrews, "The Good Governance Agenda: Beyond Indicators Without Theory," *Oxford Development Studies*, Vol.36, No.4, 2008.

Matthew Auer, "Who Participates in Global Environmental Governance? Partial Answers from International Relations Theory," *Policy Sciences*, Vol.33, No.2, 2000.

Matthew D. Stephen, "Emerging Powers and Emerging Trends in Global Governance," *Global Governance*, Vol.23, No.3, 2017.

Matthew D. Stephen, "Rising Powers, Global Capitalism and Liberal Global Governance: A Historical Materialist Account of the BRICs Challenge," *European Journal of International Relations*, Vol.20, No.4, 2014.

Matthew Hoffmann, *Climate Governance at The Crossroads: Experimenting with A Global Response After Kyoto*, Oxford: Oxford University Press, 2011.

Matthew Hoffmann, *Ozone Depletion and Climate Change: Constructing a Global Response*, New York: State University of New York Press, 2005.

Matthew Paterson, "Who and What are Carbon Markets for? Politics and the Development of Climate Policy," *Climate Policy*, Vol.12, No.1, 2012.

Matthew Paterson, Matthew Hoffmann, Michele Betsill, and Steven Bernstein, "The Micro Foundations of Policy Diffusion Toward Complex Global Governance: An Analysis of the Transnational Carbon Emission Trading Network," *Comparative Political Studies*, Vol.47, No.3, 2014.

May Tan-Mullins, Giles Mohan, and Marcus Power, "Redefining 'Aid' in the China-Africa Context," *Development and Change*, Vol.41, No.5, 2010.

Merriden Varrall, "Domestic Actors and Agendas in Chinese Aid Policy," *The Pacific Review*, Vol.29, No.1, 2016.

Michael Barnett and Martha Finnemore, *Rules for The World: International Organizations in Global Politics*, Ithaca: Cornell University Press, 2004.

Michael Bluman Schroeder, "Executive Leadership in the Study of International Organization: A Framework for Analysis," *International Studies Review*, Vol.16, No.3, 2014.

Michael P. Dooley and Jeffrey A. Frankel, eds. *Managing Currency Crises in Emerging Markets*, University of Chicago Press, 2007.

Michael Zürn, "Contested Global Governance," *Global Policy*, Vol.9, No.1, 2018.

Michele Betsill and Elisabeth Corell, "NGO Influence in International Environmental Negotiations: A Framework for Analysis," *Global Environmental Politics*, Vol.1, No.4, 2001.

Michele Betsill and Elisabeth Corell, eds., *NGO Diplomacy: The Influence of Nongovernmental Organizations in International Environmental Negotiations*, Cambridge: MIT Press, 2008.

Michele Betsill and Harriet Bulkeley, "Cities and the Multilevel Governance of Global Climate Change," *Global Governance*, Vol.12, No.2, 2006.

Michele Betsill and Harriet Bulkeley, "Transnational Networks and Global Environmental Governance: The Cities for Climate Protection Program," *International Studies Quarterly*, Vol.48, No.2, 2004.

Mohammed El Said, "Radical Approaches During Unusual Circumstances: Intellectual Property Regulation and the COVID-19 Dilemma," *Development*, Vol.63, No.2, 2020.

Ngaire Woods and Narlikar Amrita, "Governance and the Limits of Accountability: The WTO, the IMF, and the World Bank," *International Social Science Journal*, No.53, 2001.

Ngaire Woods, "Whose Aid? Whose Influence? China, Emerging Donors and the Silent Revolution in Development Assistance," *International Affairs*, Vol.84, No.6, 2008.

Ngaire Woods, *The Globalizers: The IMF, the World Bank, and Their Borrowers*, Ithaca: Cornell University Press, 2006.

Nicholas Onuf, *World of Our Making: Rules and Rule in Social Theory and International Relations*, New York: Routledge, 2012.

Olav Stokke, *Aid and Political Conditionality*, New York: Routledge, 2013.

Oliver Stuenkel, *Post-Western World: How Emerging Powers are Remaking Global Order*, John Wiley & Sons, 2017.

Patrick Sharma, "Bureaucratic Imperatives and Policy Outcomes: The Origins of World Bank Structural Adjustment Lending," *Review of International Political Economy*, Vol.20, No.4, 2013.

Peter Evans, "Development as Institutional Change: The Pitfalls of Monocropping and the Potentials of Deliberation," *Studies in Comparative International Development*, Vol.38, No.4, 2004.

Peter Ferdinand and Jue Wang, "China and the IMF: From Mimicry Towards Pragmatic International Institutional Pluralism," *International Affairs*, Vol.89, No.4, 2013.

Peter Koehn, "Underneath Kyoto: Emerging Subnational Government Initiatives and Incipient Issue-Bundling Opportunities in China and the United States," *Global Environmental Politics*, Vol.8, No.1, 2008.

Peter Kragelund, "The Return of Non-DAC Donors to Africa: New Prospects for African Development?" *Development Policy Review*, Vol.26, No.5, 2008.

Peter Rosendorff and Helen Milner, "The Optimal Design of International Trade Institutions: Uncertainty and Escape," *International Organization*, Vol.55, No.4, 2001.

Philipp Pattberg, "The Institutionalization of Private Governance: How Business and Nonprofit Organizations Agree on Transnational Rules," *Governance*, Vol.18, No.4, 2005.

Phillip Lipscy, "Explaining Institutional Change: Policy Areas, Outside Options, and the Bretton Woods Institutions," *American Journal of Political Science*, Vol.59, No.2, 2015.

Phillip Lipscy, *Renegotiating the World Order: Institutional Change in International Relations*, Cambridge University Press, 2017.

Pierre Bourdieu, *Outline of a Theory of Practice*, Cambridge: Cambridge University Press, 1977.

Pippa Morgan and Yu Zheng, "Old Bottle New Wine? The Evolution of China's Aid in Africa 1956—2014," *Third World Quarterly*, Vol.40, No.7, 2019.

Radoslav Dimitrov, "Hostage to Norms: States, Institutions and Global Forest Politics," *Global Environmental Politics*, Vol.5, No.4, 2005.

Ralf J. Leiteritz, "Explaining Organizational Outcomes: The International Monetary Fund and Capital Account Liberalization," *Journal of International Relations and Development*, Vol.8, No.1, 2005.

Ramon Pacheco Pardo and Pradumna B. Rana, "Complementarity Between Regional and Global Financial Governance Institutions: The Case of ASEAN+3 and the Global Financial Safety Net," *Global Governance*, Vol.21, No.3, 2015.

Randall Germain, "Global Financial Governance and the Problem of Inclusion," *Global Governance*, Vol.7, Issue 4, 2001.

Randall L. Schweller and Xiaoyu Pu, "After Unipolarity: China's Visions of International Order in an Era of US Decline," *International Security*, Vol.36, No.1, 2011.

Randall W. Stone, *Controlling Institutions: International Organizations and the Global Economy*, New York: Cambridge University Press, 2011.

Rawi Abdelal, *Capital Rules: The Construction of Global Finance*, Cambridge: Harvard University Press, 2007.

Ren Xiao, "A Reform-Minded Status Quo Power? China, the G20, and Reform of the International Financial System," *Third World Quarterly*, Vol.36, No.11, 2015.

Richard Clark and Lindsay R. Dolan, "Pleasing the Principal: U. S. Influence in World Bank Policymaking," *American Journal of Political Science*, Vol.65, No.1, 2021.

Robert Axelrod and Michael Cohen, *Harnessing Complexity*, New York: Basic Books, 2008.

Robert Cox and Harold Jacobson, *The Autonomy of Influence: Decision Making in International Organization*, New Haven: Yale University Press, 1973.

Robert Denemark and Matthew Hoffmann, "Just Scraps of Paper? The Dynamics of Multilateral Treaty-Making," *Cooperation and Conflict*, Vol.43, No.2, 2008.

Robert Falkner, Hannes Stephan and John Vogler, "International

Climate Policy After Copenhagen: Towards a 'Building Blocks' Approach," *Global Policy*, Vol.1, No.3, 2010.

Robert K. Fleck and Kilby Christopher, "World Bank Independence: A Model and Statistical Analysis of US influence," *Review of Development Economics*, Vol.10, No.2, 2006.

Robert O. Keohane and David Victor, "The Regime Complex for Climate Change," *Perspectives on Politics*, Vol.9, No.1, 2011.

Robert O. Keohane, *After Hegemony: Cooperation and Discord in The World Political Economy*, Princeton: Princeton University Press, 2005.

Robert Wade, "Japan, the World Bank and the Art of Paradigm Maintenance: The East Asian Miracle in Political Perspective," *New Left Review*, No.217, 1996.

Robyn Eckersley, "Ambushed: The Kyoto Protocol, the Bush Administration's Climate Policy and the Erosion of Legitimacy," *International Politics*, Vol.44, No.2, 2007.

Roland Vaubel, "Principal-Agent Problems in International Organizations," *The Review of International Organizations*, Vol.1, No.2, 2006.

Ryder McKeown, "Norm Regress: US Revisionism and the Slow Death of the Torture Norm," *International Relations*, Vol.23, No.1, 2009.

Sam Hickey, "Beyond the Poverty Agenda? Insights from The New Politics of Development in Uganda," *World Development*, Vol.43, No.1, 2013.

Sander Chan, et al., "Reinvigorating International Climate Policy: A Comprehensive Framework for Effective Nonstate Action," *Global Policy*, Vol.6, No.4, 2015.

Sarah Babb, "The IMF in Sociological Perspective: A Tale of Organizational Slippage," *Studies in Comparative International Development*, Vol.38, No.2, 2003.

Sarah Babb, "The Washington Consensus as Transnational Policy Paradigm: Its Origins, Trajectory and Likely Successor," *Review of International Political Economy*, Vol.20, No.2, 2013.

Scott L. Kastner, Margaret M. Pearson and Chad Rector, "Invest, Hold up, or Accept? China in Multilateral Governance," *Security Studies*, Vol.25, No.1, 2016.

Sebastian Paulo and Helmut Reisen, "Eastern Donors and Western Soft Law: Towards a DAC Donor Peer Review of China and India?" *Development Policy Review*, Vol.28, No.5, 2010.

Sebastian Schindler and Tobias Wille, "Change in and through Practice: Pierre Bourdieu, Vincent Pouliot, and the End of the Cold War," *International Theory*, Vol.7, No.2, 2015.

Sebastian Schmidt, "Foreign Military Presence and the Changing Practice of Sovereignty: A Pragmatist Explanation of Norm Change," *American Political Science Review*, Vol.108, No.4, 2014.

Selina Ho, "Infrastructure and Chinese Power," *International Affairs*, Vol.96, Issue 6, November 2020.

Shiping Tang, *The Social Evolution of International Politics*, Oxford: Oxford University Press, 2013.

Silla Sigurgeirsdóttir and Robert H. Wade, "From Control by Capital to Control of Capital: Iceland's Boom and Bust, and the IMF's Unorthodox Rescue Package," *Review of International Political Economy*, Vol.22, No.1, 2015.

Songying Fang and Randall W. Stone, "International Organizations as Policy Advisors," *International Organization*, Vol.66, No.4, 2012.

Sophie Harman and David Williams, "International Development in Transition," *International Affairs*, Vol.90, No.4, 2014.

Stephen D. Krasner, *Structural Conflict: The Third World Against Global Liberalism*, Berkeley: University of California Press, 1985.

Stephen D. Krasner, "Structural Causes and Regime Consequences: Regimes as Intervening Variables," *International Organization*, Vol.36, No.2, 1982.

Steven Bernstein and Matthew Hoffmann, "The Politics of Decarbonization and The Catalytic Impact of Subnational Climate Experiments," *Policy Sciences*, Vol.51, No.2, 2018.

Steven Bernstein and Matthew Hoffmann, "Climate Politics, Metaphors and The Fractal Carbon Trap," *Nature Climate Change*, Vol.9, No.12, 2019.

Steven Bernstein, "Liberal Environmentalism and Global Environmental Governance," *Global Environmental Politics*, Vol.2, Issue 3, 2002.

Steven Bernstein, Michele Betsill, Matthew Hoffmann, and Matthew Paterson, "A Tale of Two Copenhagens: Carbon Markets and Climate Governance," *Millennium*, Vol.39, No.1, 2010.

Susan K. Sell, "Revenge of the Nerds: Collective Action against Intellectual Property Maximalism in the Global Information Age," *International Studies Review*, Vol.15, No.1, 2013.

Susan K. Sell, "TRIPS was Never Enough: Vertical Forum Shifting, FTAs, ACTA, and TPP," *Journal of Intellectual Property Law*,

Vol.18, Issue 2, 2010.

Susan K. Sell, "TRIPS-plus Free Trade Agreements and Access to Medicines," *Liverpool Law Review*, Vol.28, No.1, 2007.

Susan Park and Antje Vetterlein, eds., *Owning Development: Creating Policy Norms in the IMF and the World Bank*, New York: Cambridge University Press, 2010.

Susan Park, *World Bank Group Interactions with Environmentalists: Changing International Organization Identities*, New York: Oxford University Press, 2010.

Tamar Gutner, "Explaining the Gaps Between Mandate and Performance: Agency Theory and World Bank Environmental Reform," *Global Environmental Politics*, Vol.5, No.2, 2005.

Tana Johnson and Johannes Urpelainen, "International Bureaucrats and the Formation of Intergovernmental Organizations: Institutional Design Discretion Sweetens the Pot," *International Organization*, Vol.68, No.1, 2014.

Thomas G. Weiss, "How United Nations Ideas Change History," *Review of International Studies*, Vol.36, No.1, 2010.

Thomas Hale and Charles Roger, "Orchestration and Transnational Climate Governance," *The Review of International Organizations*, Vol.9, No.1, 2014.

Thomas Hale, "'All hands on Deck': The Paris Agreement and Nonstate Climate Action," *Global Environmental Politics*, Vol.16, No.3, 2016.

Thomas Risse, "'Let's argue!': Communicative Action in World Politics," *International Organization*, Vol.54, No.1, 2000.

Timothy Sinclair, "Global Monitor: Bond Rating Agencies," *New Political Economy*, Vol.8, No.1, 2003.

Tora Skodvin and Steinar Andresen, "An Agenda for Change in US Climate Policies? Presidential Ambitions and Congressional Powers," *International Environmental Agreements: Politics, Law and Economics*, Vol.9, No.3, 2009.

Ulrich Brand, "Order and Regulation: Global Governance as a Hegemonic Discourse of International Politics?" *Review of International Political Economy*, Vol.12, No.1, 2005.

UN Commission on Global Governance, *Our Global Neighborhood: The Report of the Commission on Global Governance*, Oxford, New York: Oxford University Press, 1995.

Valbona Muzaka, "Linkages, Contests and Overlaps in the Global Intellectual Property Rights Regime," *European Journal of Internation-*

al Relations, Vol.17, No.4, 2011.

Vanesa Castan Broto and Harriet Bulkeley, "A Survey of Urban Climate Change Experiments in 100 Cities," *Global Environmental Change*, Vol.23, No.1, 2013.

Vincent Pouliot, "The Logic of Practicality: A Theory of Practice of Security Communities," *International Organization*, Vol.62, No.2, 2008.

Walter Carlsnaes, Thomas Risse, and Beth Simmons, *Handbook of International Relations (Second Edition)*, SAGE Press, 2013.

William A. Callahan, "China's 'Asia Dream' the Belt Road Initiative and the New Regional Order," *Asian Journal of Comparative Politics*, Vol.1, No.3, 2016.

World Bank, *Accelerated Development in Sub-Saharan Africa: An Agenda for Action*, Washington, D. C.: The World Bank, 1981.

World Bank, *Adjustment Lending Retrospective*, Washington, D. C.: The World Bank, 2001.

World Bank, *Assessing Aid: What Works, What Doesn't, and Why*, New York: Oxford University Press, 1998.

World Bank, *Entering the 21st Century: World Development Report 1999/2000*, New York: Oxford University Press, 1999.

World Bank, *Sub-Saharan Africa: From Crisis to Sustainable Growth: A Long-Term Perspective Study*, Washington, D. C.: The World Bank Group, 1989.

Xiaoyu Pu, "Socialisation as a Two-way Process: Emerging Powers and the Diffusion of International Norms," *The Chinese Journal of International Politics*, Vol.5, No.4, 2012.

Xiaoyun Li, Dan Banik, Lixia Tang, and Jin Wu, "Difference or Indifference: China's Development Assistance Unpacked," *IDS Bulletin*, Vol.45, No.4, 2014.

Xiuli Xu, Xiaoyun Li, Gubo Qi, Lixia Tang, Langton Mukwereza, "Science, Technology, and the Politics of Knowledge: The Case of China's Agricultural Technology Demonstration Centres in Africa," *World Development*, Vol.81, 2016.

Yanzhong Huang, "Domestic Politics and China's Health Aid to Africa," *China: An International Journal*, Vol.12, No.3, 2014.

Yaqing Qin, "Continuity Through Change: Background Knowledge and China's International Strategy," *The Chinese Journal of International Politics*, Vol.7, Issue 3, 2014.

Ye Qi, Li Ma, Huanbo Zhang, and Huimin Li, "Translating a Global Issue into Local Priority: China's Local Government Response to Climate Change," *The Journal of Environment & Development*, Vol.17,

No.4, 2008.

Yuen Yuen Ang, *How China Escaped the Poverty Trap*, Ithaca: Cornell University Press, 2016.

Yves-Heng Lim, "How (Dis)satisfied Is China? A Power Transition Theory Perspective," *Journal of Contemporary China*, Vol.24, No.92, 2015.

Zachary Elkins, Andrew T. Guzman, and Beth A. Simmons, "Competing for Capital: The Diffusion of Bilateral Investment Treaties, 1960—2000," *International Organization*, Vol.60, No.4, 2006.

后 记

我的学术研究活动可用"一个路径、一个关切和一类议题"来概括。我很早就开始尝试使用建构主义路径来理解和解释国际政治现象。建构主义，或者说广义的国际政治社会学路径总是教导人们更积极地反思所谓"常态"，并探究它们如何从历史中走来，又会向何处去。这种思维方式不仅非常有利于研究问题的寻找，也常能让研究者提出一些令人耳目一新的观点，这无疑令人着迷。一个合格的建构主义者应该关注变化，尤其是许多国际政治的基础性要素（如规范、价值观、各类组织等）的变革问题。从在中国人民大学求学时起，我便开始有意识地关注变化，而当时国际政治中最突出的变化要属二十国集团和金砖国家集团的出现以及全球治理的变革。因此，在理论倾向和硕士论文选题的引导下，我自然地开始将研究的焦点落于全球治理中的变革问题，并尤其关注变革的理念维度。正是在这些初步思考和研究的基础上，我写了一份关于"地方性实践如何塑造全球治理中的规范"的研究计划书，并以此成功申到了多伦多大学这一全球治理和建构主义研究重镇的博士修读资格。有趣的是，虽然我在那份计划书里提到了"实践"概念，但我其实只是从一般意义上理解实践的，并不知道社会实践理论原来非常复杂精深。在多伦多大学的学习极大地夯实了我的理论基础并拓宽了我的视野。我不但更加系统全面地修读了国际关系理论，还通过修读辅修专业（发展研究）、做科研助理等工作深入了解了全球环境治理、国际发展合作、国际金融合作等具体议题,以及与之相关联的各类国际组织。这些经历合在一起,使我能更加得心应手地运用新理论进行跨议题研究。

过去几年来,我开始有计划地围绕国际发展、全球环境治理、国际政治经济学等议题中偏理念性要素(如规范、理念、治理方案等)的变革问题开展研究。我就全球气候治理的变革、碳定价规则的传播、气候俱乐部的发展、世界银行的改革、中国国际发展合作模式的生成与演化、"一带一路"倡议的升级、国际知识产权规则的变化、中国改革全球治理的宏观方法论等问题发表了一系列论文。这些论文均属于广义的全球治理研究议程之下,都关注变革问题,也都使用了建构主义路径(有时是综合运用多种路径),我的学术研究的特色也逐步形成。

本书正是建立在上述研究的基础上,是对这些研究的综合和超越。本书进一步明确了我的主要研究关切,即"以治理方案变革界定的全球治理深度变革",这使本书的研究与那些讨论正式国际制度和宏观理念的研究区分开来。在此基础上,我进一步综合使用与权力、话语和实践相关的理论,来讨论什么情况下变革的推动者才能提出既新颖又具有操作性的全球治理方案,并推动新方案获得全球影响力。在这里,虽然我使用了复杂的语言来进行理论推演,但全球治理深度变革归根结底仍遵循着我们耳熟能详的两大真理:"实践出真知"和"实践是检验真理的唯一标准"。在本书的实证案例选择上,读者们可以看到对金融、知识产权、气候、发展等不同领域的研究。这既符合理论检验的要求,也体现了我全球性、多元化的研究兴趣。值得注意的是,本书虽然重视竞争的影响,但仍认为各国最终还是要寻求全球性问题的解决方案。从这个意义上说,本书的总基调是中立偏乐观的。但是,在如今加速变化的国际形势下,各国是要继续寻找有效的全球治理方案,还是强调竞争压倒一切?对这一问题的回答将影响我们对全球治理未来的判断。

本书的写作得到了上海市哲学社会科学规划课题"'权力'-

'话语'-'实践'三元驱动下的全球治理方案变革研究"的资助。党的十八大以来,中国不断发起新的全球治理改革倡议,并不断将中国方案做实做细,发展中国家和各类国际组织也不断发起新的改革议程,这些不断涌现的新现象为书稿提供了丰富的素材。书稿的部分内容曾发表在《世界经济与政治》《国际政治研究》《国际关系研究》以及 The Chinese Journal of International Politics, Global Environmental Politics, Journal of Contemporary China 等国内外学术期刊上。编辑部和匿名审稿人的意见对相关内容质量的提升大有裨益。

本书可谓对我过去十余年求学和研究生涯的阶段性总结。这个过程得到了非常多的支持和帮助。我在中国人民大学的导师李庆四教授指导了我在硕士期间关于全球治理领导集团演变问题的研究。我在多伦多大学攻读博士学位期间有幸得到了诸多师长的悉心指导。其中,在伊曼纽尔·阿德勒(Emanuel Adler)和塞瓦·古尼茨基(Seva Gunitsky)讲授的博士核心课程上一整年的国际关系理论学习不仅使我的知识体系得到了质的提升,也是我最快乐的一段时光。路易斯·波利(Louis Pauly)、王慧玲(Lynette Ong)、斯蒂文·伯恩斯坦(Steven Bernstein)、王红缨(Hongying Wang)、威尔逊·普里查德(Wilson Prichard),以及我的博士论文导师马修·霍夫曼(Matthew Hoffmann)等教授的指导也使我掌握了更多关于全球环境治理、国际政治经济学、中国政治和全球治理改革理论的知识。

我到复旦大学工作后,国际关系与公共事务学院良好的工作环境和浓厚的学术氛围使我的研究得以顺利开展。与复旦同事们的交流总能激发我新的研究灵感。优秀的复旦学子们也不时在课上给我惊喜和启发。国务学院院长苏长和教授非常关心年轻教师的成长,他不但鞭策我继续深入开展对国际组织变革问题的研究,还积极支持本书的写作和出版。他的鞭策和支持对我来说尤为珍贵!

本书的出版要感谢上海人民出版社的史美林女士和项仁波女士。她们对本书的出版工作给予了大力支持,使本书的出版流程得以顺利推进。项仁波女士作为本书的责任编辑,做了大量的编辑校对工作。她认真负责的工作使书稿的质量进一步提升。

　　最后,我要感谢我的家人一直以来对我的支持。家和万事兴!希望我的小家和我的国家都能越来越好!更希望世界重回那个开放包容、蒸蒸日上的黄金年代!

余博闻

2023 年 3 月 27 日

于复旦大学文科楼

图书在版编目(CIP)数据

权力・话语・实践:全球治理深度变革的逻辑/余博闻著.—上海:上海人民出版社,2023
(中国与全球治理丛书)
ISBN 978-7-208-18188-5

Ⅰ.①权… Ⅱ.①余… Ⅲ.①国际政治-研究 Ⅳ.①D5

中国国家版本馆CIP数据核字(2023)第041024号

责任编辑 项仁波
封面设计 零创意文化

中国与全球治理丛书
权力・话语・实践:全球治理深度变革的逻辑
余博闻 著

出 版	上海人氏★做社
	(201101 上海市闵行区号景路159弄C座)
发 行	上海人民出版社发行中心
印 刷	上海商务联西印刷有限公司
开 本	635×965 1/16
印 张	17.5
插 页	2
字 数	221,000
版 次	2023年6月第1版
印 次	2023年6月第1次印刷

ISBN 978-7-208-18188-5/D・4095
定 价 85.00元

中国与全球治理丛书

权力·话语·实践:全球治理深度变革的逻辑	余博闻	著
全球治理的组织逻辑	汤 蓓	著
——国际组织行政机构运作与国际公共政策		
中国与全球经济治理机制变革	朱杰进	著
中国与国际规则的制定	潘忠岐	等著
跨国公司与全球治理	黄 河	等著
中国与全球气候治理机制的变迁	薄 燕 高 翔	著
美国与联合国安理会改革	毛瑞鹏	著